東郷和彦
森　哲郎
中谷真憲　編

秋富克哉　ロルフ・エルバーフェルト　氣多雅子
ブレット・デービス　福井一光　川合全弘
小倉紀蔵　金泰昌　岑智偉　焦従勉
植村和秀　中西寛　滝田豪　王敏
ロー・ダニエル　高原秀介　北澤義之

日本発の「世界」思想

哲学／公共／外交

藤原書店

巻頭言

二〇一六年一一月八日、アメリカ大統領にドナルド・トランプ氏が選出された。おおかたの予想に反し、ヒラリー・クリントン氏の二三二人を上回る二九〇人の選挙人を獲得、共和党の推薦する候補として、大統領の座を確実にした。

歯に衣を着せずに「アメリカ第一（First）」を主唱したトランプ政権はどのような政権になるのか。トランプ氏が選挙戦の期間中に主張した、いわゆる「プワー・ホワイト」としてくくられる貧困白人層の利益の確保、メキシコをはじめとするヒスパニック系移民の排斥は、すでにして米国社会に深刻な亀裂と大統領忌避運動を引き起こしている。他方、大統領に当選したトランプ氏は、選挙戦が終わった後のアメリカとしての「統一」をその主張に加え、新政権の布陣にも、選挙戦を勝ち抜いてきた幹部と共に共和党主流から多数の人材の登用を図り始めた。世界の首脳も、トランプ氏の新政策から、可能な限り自国にとって有利なものをひきだそうと、それぞれが機を見た接触を開始した。トランプ新政権がこれまでのアメリカの「価値」と「利益」の均衡点をどこに見出し、その中身に何を持ち込むか、それはこれからしばらくの間、米国国内政治と世界政治の焦点であり続けるだろう。

いずれにせよ、現下の世界は、まったく性質の違った様々な「自分第一（First）」の世界形成に向かって、激しい軋みを起こしている。世界は、冷戦の終了後のある時点からか、二〇〇一年の「九・一一」からか、二〇〇八年のリーマン・ショックからか、力と力、価値と価値、理念と理念がぶつかり合い火花をちらす中を彷徨し始めた。

中東の世界からはＩＳＩＳというテロ組織が戦いと難民をうみだし、かつてない難民とテロの交錯する欧州からはＢＲＥＸＩＴが始まり、韜光養晦を脱した中国は「中国の夢」を語り、クリミアを取り戻したロシアではプーチンの下での新スラブ思想といったものが生まれつつある。トランプ氏の大統領当選は、いわばその総仕上げの感を呈する。

こういう世界的な「自分第一（First）」現象の中で、好むと好まざるとにかかわらず、日本もまた、「日本第一（First）」とは何かと問をつきつけられているのである。

＊　＊

私たちは、世界がそういう混沌の中にあるという明確な認識の下に、発せられるべき日本からの思想は、決して日本人や日本という国の利益にのみ奉仕する、世界という場を分断する狭義のナショナリズムとポピュリズムに基づく思想であってはならないという確信をもって集まった。

二〇一二年のことである。

そして私たちが行うべきは、「日本という場所」からの「世界」思想の探求でなければならないとの確信を育みつつ、哲学と公共と外交の三分野の研究を同時並行的にすすめ、五年間の研究を経て本書にたどり着いた。

二〇一七年一月二〇日、米国において究極の「アメリカ第一（First）」政権たるトランプ政権が成立する直前に、以下の言葉をもって、本書を上梓することができたことを嬉しく思う。

「外交の目的は、相手を完璧にやりこめることにあるのではない。正しさと正しさがぶつかりあう哀しさを自覚したうえで、問題を生じさせている場それ自体を徹底的に考えぬき、双方を包摂する場をあらためて見出すことにある。争点を無理に単純化すること、矛盾を完全に取り除くことは、ロゴスとしての整理、解決であって、それのみに頼ることは、心をもつ人の生きる世界、「生命」の明滅する世界を窒息させる可能性がある。

私たちが日本の思想から汲みだすべきは、そうした対立的世界ではない。「無《む》」と「間《あわい》」を根本的に意識することでえられる「和《やわらぎ》」の世界なのである。」（本書三七一ページ）

東郷和彦
森　哲郎
中谷真憲

二〇一六年一一月二三日

日本発の「世界」思想

目次

第二部　〈間《あわい》〉としての公共

第三部　〈和《やわらぎ》〉としての外交

日本発の「世界」思想

哲学／公共／外交

序章　本書はいかにして書かれたか

東郷和彦

本書は、世界問題研究所の二〇一二年以来の問題意識と継続的な努力によって形をなすに至った。集められた論考は、京都産業大学及びそれ以外の諸大学・研究所から合計二〇名、全く専門の異なる内外の研究者が集まり、議論を積み重ねてきた結果である。

最初に、このプロジェクトが何を目標とし、どのような経緯で立ち上がったかを、簡潔に述べておきたい。

プロジェクトをやりたいと考えた最大の理由は、国際情勢に対する危機感からである。私は、一九六八年に外務省に入省し二〇〇二年に退官してから、オランダで二年、アメリカで二年、さらに台湾・韓国等で二年、計六年間、外国の大学で教鞭をとってきた。この間、外国から日本と周辺の情勢を見るに、かつては東アジアの成長の星であった日本の影がまったく薄れ、代わりに「台頭する中国」という巨大な影が諸外国の圧倒的な関心をあつめるという事態につきあたった。

二〇〇〇年代の初めの中国の台頭は、圧倒的に経済力が中心だった。七八年の鄧小平改革が始まって以来、八〇年代には、二桁経済成長によって躍進し、世界の工場として生産と貿易がこれからどのくらい伸びるのか、予測のつかない事態がおきていた。九〇年代には、この経済力は、APEC（アジア太平洋経済協力）への加盟を始めとして、東アジアの地域協力をすすめる政治力に転化していた。二〇〇〇年代も後半になると中国の台頭の中核として海軍力をはじめとする軍事力が取りざたされるようになった。二〇〇八年のアメリカ発の金融危機が顕在化した時から、中国は「韜光養晦」の旗を下し、国益を前面にだすようになったとの評価が一般化した。

私は、外務省時代中国について深い勉強をしてきたわけではなかったが、外務省退官後中国を見るにつけ、この国が、一九世紀なかばの阿片戦争以来の一〇〇年の屈辱をのりこえ、中国共産党の指導の下に、いまこそ世界の第一の強国になろうとするならば、経済・政治・軍事としての発展は、必ず「文化」にくると考えてきた。アメリカをも超える世界の帝国たらんとすることは、かつての中国の栄光をとりもどそうとすることであり、それを「文化」の言葉で言うならば「新しい中華思想」の発布になるにちがいないと、考えてきた。

その時に日本に対し、日本外交に対し、必ずや突きつけられる問いがある。それは、「新中華が中国発の世界思想になったとき、日本発の世界思想はなんですか」という問いである。もちろん日本には、明治以来、そして太平洋戦争敗北以来経験してきた「欧米化」の流れがあり、その流れの中で創ってきた経済大国としての国造りの目標や、民主主義と市場原理という価値もある。

けれども、それでは、自由・民主主義・市場原理といったアメリカの価値を遵守し、日米同盟を外交の基軸に据えていれば、それですべてが満たされると日本人は考えるのか。そうではあるまい。その時にかならずや、日本の国としての大本は何なのかという問いに迫られる。その時に日本は何を語れるのか。語ることが何もない日本なら、経済・政治・軍事の分野ですでに影が薄くなっている日本は、今度こそ徹底的に影の薄い存在になるにちがいない。手遅れになる前に、日本として世界に発する思想はなにかという研究を進めておかねばならないと思った。

これが、中国問題を勉強するに従い、一種の強迫観念のように、私に取り憑いて来た思いだった。それが、世界問題研究所の仲間に対する、「日本発の世界思想はあるか」という問題提起となっていったのである。

それでは、「日本発の世界思想」という分析をどういう枠組みで行うか。これについて私は、「根としての哲学・幹としての国家論又は公共論・枝としての国際政治論または外交論」という、一本の樹に例えた三分野による分析を提案した。

＊　＊　＊

二〇一二年六月一二日付で、二〇一三年度からの三年間の世界問題研究所の作業の最大の柱を書いた最初の一枚紙の提言に、以下のように書いた。

「これには三つの層の分析が不可欠である。

（1）第一の層は、分析の「根」にあたる部分であり、日本が、これからよって立っていくべき国家・民族・市民社会の根源を形造る「アイデンティティ」とは何かという、哲学・思想・宗教の分析を基本とする文明論である。

（2）第二の層は、「幹」にあたる国家目標そのものであり、日本の一番よいもの、すなわち、日本の自然と伝統を生かし、その上に、技術を最大限に発展させ、新しい公共を分かち合う、人間を大切にした共同体形成を核心とすべきと考えている。

（3）第三の層は、「枝」にあたる外交政策の部分である。基本的安全保障と防衛政策、対中国・米国政策、それ以外の対欧州、ロシア、その他のアジア諸国への対応、地域共同体のありかた、グローバル化の下で提起されるあらゆる問題にどう対応すべきかなどの問題に解を与えていかねばならない。」

どうして、「根としての哲学」を必要不可欠と考えたのか。「日本発の世界思想はあるか」などという、大層な課題を立てる以上、その「根」としての研究に哲学を持ってくるというのは、私にとって、僭越な言い方を許していただければ、ほとんど自明だった。それはおそらく四年間を過ごした東京大学での勉強の記憶から発するものだった。大学一年の秋学期、井上忠という先生の「哲学」の授業をとった。最初のクラスにさっそうと現れた先生は、しばらく黒板を見ていた後に「何か？」と書かれた。そして哲学の根本は、一切の妥協を排してどこまでも「何か？」問いかけることであるといい、そこからギリシアに生まれた哲学の起源の講義に入っていった。本当に「驚き」だった。本書で、氣多雅子氏が、西田哲学の全体像を説明する出発点において、「驚き」こそ「哲学する」ことの出発点であると述べておられる。本当にそうだと思う。

福井一光氏は、グローバリゼーションの中で多様性から普遍性を追求する現代の課題を、人類が多様性の中から普遍性を求めていた紀元前五世紀のころを「枢軸時代」として考察した、カール・ヤスパースを引いて説明しておられる。本当に懐かしい名前だった。大学で専門学部に入り、外務省入省後の研修期間一年間を加えて哲学の勉強を自分なりに三年半続けてきた最後に、最も魂をゆさぶられたのは「根拠への不思議な信頼を保ち続ける」ヤスパースの実存主義だった。日本の思想の根本に遡るなら、哲学という視点こそがふさわしいのではないだろうか。

もう一つ、この時私を哲学に向けて考えさせるものがあった。二〇〇八年に外国での教鞭を終えて日本に帰ってきた私は、明治から敗戦、戦後に至る日本史についての右と左の対立は、「もうそろそろ、終わりにしなくてはいけない」（拙著『歴史と外交』講談社現代新書、二〇〇八年、二〇頁）時にきていると考えてきた。にもかかわらず、左右の対立は先鋭化し、特に左を押しつぶそうとする右の力が顕在化し、しかも、反中・反韓・反米という安易な排外主義とリンクする「日本の名誉」論を叫ぶ書籍が書店で平積みになっていた。そこででてくる「日本の名誉」の姿は、謙虚で、自己抑制力をもち、勉強を怠らず、日本の正義を世界の正義に、世界の正義を日本の正義に変えようとしていた誇るべき日本人の姿とは程遠いものに見えた。「日本発の世界思想」は、このようなレベルで語るべきものであるはずがない。今の時代に第一線で「哲学」を研究しておられる方の教えを乞いたかった。

どうして「幹としての国家論又は公共論」を必要不可欠と考えたのか。「哲学」からいきなり「外交」に行くわけにはいかなかった。その間に、どういう日本を創るかという国家像を考えることは不可欠に見えた。外交の仕事をやっていた時に、国の大本がしっかりしており、方向性を持って躍動している時は、また外交の課題も輝いた。国の大本がガタガタしている時には、外交もまたその光を失うことは、骨身にしみて感じることだった。平成の日本は、戦後昭和の「経済大国」「富国平和」の目標を達成してから、明らかにその目標を失っていた。少子高齢化・財政赤字・社会保障（年金・医療・教育）の脆弱化、労働格差という四大問題への事後的対応に追われる中から、将来に向かっての国造りのビジョンとそれを実現する力が生まれているようには見えなかった。そういう国家目標、それを実現するための公共政策をどう考えるのか、そこに喫緊の課題があるように思われた。

もう一つ、外務省勤務時代、三回のモスクワ勤務は別として、イギリス・フランス・オランダ・アメリカと欧米勤務が長かった私にとり、帰国出張にせよ、転勤のためにせよ、ヨーロッパから帰る度に目につくのが、外国人観光客なら二度と見たくない無機質コンクリート空間の都市と地方への拡散であり、日本の宝であった自然と歴史の中で蓄積されてきた文化の破壊だった。この壮絶感を文字にしたく、二〇〇八年『戦後日本が失ったもの――風景・国家・人間』を上梓し、第一部に日本の景観と風景の崩壊を、第二部にその背後にある心の崩壊を、第三部にそれを乗り越える方向としての「開かれた江戸」について書いた。そのような視点もふまえて、日本の国の姿を考え、それをつくりあげる新しい公共をとりあげられたらと思った。

そういう「根としての哲学」と「幹としての国家像」のうえに、「枝としての外交」が展開する。ただいま現在の日本外交の課題として言えば、台頭する中国への抑止と対話、それを実現する基礎としての日米同盟、韓国・ロシアとの関係改善、北朝鮮の脅威に対する協働対応、ＡＳＥＡＮ（東南アジア諸国連合）、ＳＡＡＲＣ（南アジア地域協力連合）、中東をはじめとする地球俯瞰的な外交強化といったことに的確に対応するということになると思う。「根としての哲学」と「幹としての国家像」をもつことにより、現下の日本外交にさらに、深みと幅を付け加えることはできないだろうか。

＊　＊　＊

しかし、本書の最も大きな困難が、そこにあった。

「根としての哲学」と「幹としての国家像」をもつことにより、日本外交に一体何が付け加わるのか。さらにいうなれば、「根としての哲学」をもつことにより、「幹としての国家像」に、一体何が付け加わるのか。さらにもう一つ問うなら、「幹としての国家像」、「枝としての外交」と対話することによって、「哲学」自体には、何らかの変化が生じるのか。

思えば、私たちは、大胆なプロジェクトを始めたのである。

二〇一二年度をかけて、二〇一三年度・二〇一四年度・二〇一五年度と向こう三年間の世界問題研究所の活動計画を立案するにあたり、私たちは、性質の異なった三分野を合体させることにより、それぞれをばらばらの学問として追究するよりもより大きく豊かな知見が生まれるかどうかについて、まったくの成案を持っていなかった。いわば、すべて白紙であった。このことは、特筆・強調しておかなくてはいけない。三つの分野の混淆（アマルガム）から何が生まれるのか、生まれないのか、私たちにはあらかじめ用意された回答はなかったのである。にもかかわらず、このプロジェクトをやるということについては、かなりの強い意志が働き続けた。そうなっていった理由をもう二つ挙げておきたい。

京都産業大学の私の知る知的空間において、哲学と公共の分野で、実に興味深いことが起きていた。一つには、二〇一一年一一月一九日、世界問題研究所に昔から所属し、文化学部で哲学の教鞭をとる森哲郎教授主催の「人《にん》と人《にん》――禅・哲学・心理学からみる十牛図の世界」シンポジウムが開かれ、その意義は、本書のブレット・デービス氏の論考に詳しく述べられている。大学時代に二年間曹洞宗の座禅に通ったことはあっても、「十牛図」については詳らかにしなかった筆者にとって、誠に刺激的なシンポジウムであった。

もう一つは、法学部で公共政策を教え、同じく世界問題研究所の主要メンバーである中谷真憲教授の主導により、公共政策の授業が、教室内の理論学習から、京都産業界のかかえる公共問題への対話と参加に発展、さらにこのローカルな動きは、世界で起きている問題解決に結びつけるグローバルな活動に発展していた。この動きは、「グローカル」というキーワードの下で、京都市・京都府・国の関心をひくところとなった。「グローカル・センター」という大学と京都企業の間に立つＮＰＯが立ちあがり、ＯＥＣＤ（経済協力開発機構）傘下の活動への参加と拡大を見たのである。

このときには、この二つの活動は全くバラバラに行われていた。だが、これらの生き生きとした素晴らしい活動の間に、なにかかけるべき橋はないのか。さらに、右派の排外的なナショナリズムによって正当化されかねない日本外交思想に、そういう生き生きとした息吹きを連結する方策はないのか。

とにかく一度、垣根を取っ払う努力をしてみようではないか。それぞれの分野の第一線に立って研究を進めていると思われる方に御願いして、学問の壁を乗り越えた議論をやってみたい。

静かではあるが、知的冒険の世界がこうやって始まったのである。

二〇一三年春から、京都産業大学「むすびわざ館」で一連のセミナーが始まった。

二〇一三年三月二九日に、第一回のセミナー「現代日本の〈世-界〉理解の問題——日本思想（京都学派）の可能性」が開催された。

二〇一四年三月一四日及び一五日に、第二回のセミナー「アジアにおける〈普遍〉思想のゆくえ——儒教の再考と日本思想（西田哲学）」が開催された。

二〇一五年三月一三日及び一四日に、第三回のセミナー「「日本という場所」からの「世界」思想の探求」が開催された。

二〇一六年三月二六日には、この三つのセミナーの総括をかねるシンポジウム「「日本の普遍性」を問う——「見るもの」から「働くもの」へ」が開催され、基調講演は、大橋良介・日独文化研究所所長及び川勝平太・静岡県知事によって行われた。

＊　＊　＊

会合が重ねられるにしたがって、本書の骨格をなす考え方が少しずつ固まってきた。

まず、本書の総合テーマを、「「日本という場所」からの「世界」思想の探求」と厳密に定義してみた。「日本発の世界思想はあるか」という当初の言い方では、「日本」の意味がはっきりせず、「日本人」の考える思想と誤解されかねない。様々な思想を包摂してきたことが思想的特質である日本のニュアンスをだすためにも、「日本という場所」が適当だろうということになった。

次に、「哲学」をカバーする第一部の標題は、「無からの包摂――「世界」問題」ということになった。哲学を「根」として比喩する当初の表現は、哲学の専門家からは厳しく批判された。本来無前提である哲学思考に、「根」としてあらかじめ一定の役割を規定するなど、とんでもないというわけである。これはまったく正論なので、議論の末、「無からの包摂」におちついた。西田幾多郎後期の思想の到達点が「絶対無」であり、あらかじめ定義できない哲学の役割を表現するにもふさわしいと感ぜられた。

さらに、「公共」をカバーする第二部を、どうやって「無からの包摂」につなげるかが議論された。第二部では、思想と現実との〈間〉が、また、思想の〈間〉の距離感がより大きなテーマになっている。思想系統から分析に入る小倉紀蔵氏は孔子について〈第三の生命論〉という、主客の〈間〉に立ち現れるものに焦点をあてる。金泰昌氏は西田幾多郎・鈴木大拙を「ともに公共する」という視点から、未来への創造という〈間〉に導き出す。実学的な分析が中心となる中谷真憲、岑智偉、焦従勉各氏についても、思想と現実の〈間〉が課題になる。「〈間（あわい）〉としての公共」を考えた次第である。

最後に、「外交」をカバーする第三部を、いかにして、全体思想に結びつけるか。「日本という場所」から発する思想の特徴は、世界をいったんすべて受容し包摂し、それをふまえて自らに厳しい自己否定をし、そこから、新しい、より自由で、より深い生き方が生まれてくることであると集約できないか。この「受容―否定―自由」というメッセージにおける最後の部分、今までよりもやわらかで柔軟な部分に着目して「〈和（やわらぎ）〉としての外交」というまとめ方を考えた次第である。

さらに出版を前に、私たちの議論になじみのうすい多くの読者に対して本書の方向性を解りやすく伝えるために、本書の表題を、「日本発の「世界」思想――哲学／公共／外交」とすることとした。

本書の作成の経緯についての解題は、ここでうちどめにしたい。私たち二〇名が専門分野の垣根をはらって議論したことが、いかなる結果を産み出したかは、本書の中身にふれることにより、読者各位の判断に委ねることとしたい。

第一部　無からの包摂——「世界」問題

〈問題提起〉「世界」問題と「日本的霊性」

森 哲郎

I

第一回目のセミナー以来、最初に東郷氏から出された問いは、「日本発の普遍思想」とは何か、しかも「根（哲学）と幹（国造り）と枝（外交）を統合する普遍思想とは何か？」という問いであった。哲学を「一本の木」に譬えるデカルトによれば、自然学を幹とし諸学問を枝とし、その根を「形而上学」とした。ハイデッガーは、さらに「形而上学の根底」へと帰って、その根が根差す土壌としての「存在」を問題とした。ここでの「形而上学」は、まさにこの「根」と「地」（地盤）とが乖離するかどうかで、両義的である。

この「存在問題」（Seinsproblem）が、実は「世界問題」（Weltproblem）でもある（GA27-391）。そこで従来の「普遍」思想を今回は、「世界」思想に置き直して再考してみたい。

しかし「哲学の根」には、哲学の根源性、深さが問われ、「普遍思想」の「普遍性」には、その思想の広さが問われる。この「深さ」と「広さ」は相互に矛盾しないであろうか。かつて禅を世界へ向けて発信した鈴木大拙は、「東西雑感」という随筆の中で、「**外は広い、内は深い**」（S20-263）と述べた。その意味は、東（日本）は内向的で「広さ」を欠き、西（洋）は外向的で「深さ」を欠くという趣旨だったが、大拙自身が求めた「課題」を我々自身もまた求め、その方向を学ぶという意味で、この言葉を受け止めようとする時、現在の我々はやや別の意味での戸惑いを覚える。現代世界はグローバルと言われながら、その語源グローブス（地球）の有限性もあり、例えば核のゴミを捨てる場所もないという閉塞感に追われて、「外は広い」と本当に言えるのかという懐疑に襲われる。また「内が深い」を、例えばP・ティーリッヒの「深みの次元としての宗教」と重ねて見るならば、現代日本の空虚感は、「深み」を喪失して既にニヒリズムの完遂に来ているかもしれない。〈外は狭く、内は浅い〉我々に、はたしてどのような「普遍」思想、「世界」思想の可能性があるのであろうか？

わたしどもの「世界問題研究所」の「世界問題」とは、国際政治など「世界の中の諸問題」という意味のみならず、そもそも「世界とは何か、どのような世界が到来しつつあるか、世界経験の新たな可能性は如何」等々の「世界の本質」（das Wesen der Welt 世界の現成）を問い直すという意味を含んでいる。即ち「世界そのものを問いとして受容する」という意味での〈世界＝問題〉という哲学的課題を担うのである。

＊　＊　＊

この本書に頻出する「日本という場所」も、必ずしも地理的・政治的な概念ではなく、多義的、象徴的な意味を孕んでいる。「日本という場所には、単に日本というだけでなく、インド、中央アジア、中国、朝鮮半島などから伝播流入してきた様々な伝統が貯蔵され、それらを糧にして形成されてきた一つの大きな非西洋的な伝統が沈殿している。（中略）日本という場所は、またそのような非西洋的な伝統と西洋の文化・文物との大規模な出会い、ぶつかり合い、交流の一世紀以上の経験を蓄えている。明治開国と第二次大戦の敗戦という二段階を経て、社会全体としては伝統の完全な忘却に支配されているが、それだけに異質の二つの伝統のギャップに身を置いてそこから新しい世界原理を投企することを自覚的に課題とした個々人の思索の努力の蓄積がある」（上田閑照『折々の思想』一二四頁）と上田は述べ、「日本という場所」の「経験」こそが、「日本を世界に映し、世界を日本に映す思索のトポスとなり得る」可能性として「日本の哲学」への道になるとしている。

このように「日本という場所」は、地政学的な位置からする「日本の辺境性」（内田樹）や独特の「中空」構造（河合隼雄）等の独自な「日本文化論」を喚起するでもあろうが、筆者としては、「日本というトポス」は、西田哲学の「無の場所」や、鈴木大拙の「日本的霊性」に照らされた「大地性」というような究極的な宗教性を含む哲学的な概念にも通底するのではないか。鈴木大拙の「日本的霊性」も、根源的には「日本」に限定されず、世界的・普遍的な霊性（宗教性）を言うのであるが、その「霊性」は決して実体的な原理ではなく、その都度の「霊性の自覚」として具体化・現成する。大拙の有名な「即非の論理」は、金剛経に由来するが、そこには「世界は即ち世界に非ず、それ故に世界と名づく」（世界非世界是名世界）という不思議な問いかけがある。これは禅の公案にもなっているが、この「世界は世界に非ず」という否定がどこから来るのであろうか？

これを第一部の「無からの包摂——「世界」問題」では、主として「世界」概念の問題として、ハイデッガーと西田幾多郎、二人の哲学者に問い直してみたい。西田とハイデッガー、この二人には、「世界」の不思議な見方、世界の二重性と言うか、世界概念の転換のような問題が看取される。

＊　＊　＊

ちなみに「日本という場所」を、現実的観点から見直すと、大きくグローバルに見ても、「人口変動の激減」の時代、「ポスト成長」の時代と言われる現今の世界の、「中心」ではないが、まさに「先端」をゆく「実験の現場」という意味をも込めて、「日本という場所」という観点を挙げてみた。それは、絶えず世界の中心を目指す「超越論的な発想」からは逸脱した場所、「非中心・脱中心」としての「無の場所」になるかもしれない。

人口の激減や脱成長の問題は、時間・空間の枠を巨視的に越えるような発想を喚起する。

既述の「核のゴミを捨てる場所がない」という問題は、喫緊の現実問題であるとともに、二五〇〇年前の「枢軸時代」(K. Jaspers)に出現した「普遍」思想(宗教)以来の「普遍性」或いは「無限性」概念の再検討が迫られているという哲学的問題でもある。新たな「無限性・有限性」の究明が希求されるであろう。

現代世界の経済にも政治にも素人であるような者の感覚で恐縮であるが、利潤追求の資本主義にもはやフロンティアはなく、架空の空間(金融工学)のみがあると言われている。これは「グローバルな資本主義の終焉」(水野和夫)であり、経済における「力への意志」(ニヒリズム)の危機に外ならない。他方、ローカルには、グローバル・システム世界の閉塞感への反動のような内向きの自国中心主義(ナショナリズムというよりも自己偏愛のナルシシズム)の危機が出来している。この二つのN(Nihilism と Narcissism)に抗して、第三の道、新たな「普遍」、新たな「世界」への探求を、ここで一緒に考えてみたい。

II

(1)「世界」問題とは?

「存在」問題が同時に「世界」問題であるというハイデッガーの立場と対比しながら西田幾多郎の思想を分析するのが、第一章の秋富克哉氏の論考である。「場所」と「世界」と関係性について、ハイデッガーについて「世界」から「場所」へ、西田については「場所」から「世界」へと対比させることにより、前期西田の頂点である『善の研究』(一九一一年)を基礎に、西田の思想を浮き彫りにする。簡単な見方を少しだけ述べてみたい。

「世界」は、「有るもの全体」とか、「創造された世界」とか、「神に背を向けた世俗の世界」とか、あるいは人間の制作する「道具連関」としての「世界性（＝有意味性）」とか言われているが、根源的には「世界」は「存在するもの」(Seiendes) ではない。科学等の諸学問は「存在するもの」を対象とするが、どこにも「世界の場所」はない。「存在するもの」(Seiendes) と「存在すること」(Sein) との区別を「存在論的差異」と言うが、これを分かりやすく言うと、〈「地」(じ) と「図」(ず)〉の違いに相応する。我々は、「図」にのみ執着して「図にのる」が、世界は図でなく地に近いのである。丸と三角は、図と図との違いであって、一本の線すらも、その背後の目立たない地なしには見ることはできない。この〈地の世界〉を究明したい。意味連関（世界性）だけの図のみの虚構世界は、「形而上学」として「現代技術」の本質であり、或いは東アジアの「朱子学化」（小倉氏）になり息苦しくなる。どうしたら「地」の世界、「地」の開けを空けるかが、まさに「世界」問題の発端となる。何か「世界」の「遠さ」と「存在」の「近さ」は響き合うのではなかろうか。

第二章では、ロルフ・エルバーフェルト氏が、「世界の中の世界関係、つまり自己もまた世界内部の一要素であるような世界関係を基礎」として「地」に迫る、後期西田の思想（一九三二年以降）を分析する。

第三章では、氣多雅子氏が、西田哲学の時代的位置づけを広くかつ深くほりさげ、『驚き』によって『哲学する』ことの出発点に立っただけではなく、哲学史における探求の共同性に参画することが必用だった」西田が、「自己の根底を自己矛盾的なものとして捉え」る哲学的立場に到達し、「悲哀」ともいえる思想に完遂する様相を分析する。

第四章では、私（森哲郎）が、一九四〇年、日本が太平洋戦争に入る一年前に西田が記した『日本文化の問題』を考察する。『働くものから見るものへ』（「場所」）としていったん掘り下げられた場所論から、今度は『見るものから働くものへ』（表現）として新たな「世界への問い」を「世界の自己表現」として究明する中で、西田に見えてきた「日本文化の問題」とは何か、その中で、西田が、「哲学の立場」の探求と同時に、ひたすら追求してきた禅と東洋思想の意味を考える。

＊　＊　＊

（2）「日本的霊性」とは？

鈴木大拙は、敗戦の前年（一九四四）に『日本的霊性』を書き、当時の過熱した国粋主義的な「日本精神」への静かな批判を込めて、日本人の宗教性を「鎌倉仏教」の成立の中に探求した。日本的霊性とは、法然と親鸞を一人格と見る「浄土系思想」と、日本人の日常生活に浸透した「禅」の、二つである。「不思議に禅は日本人のものになった」（S5-370）と大拙は語る。筆者（森）としては、法然と親鸞の二人を一人とみなす大拙の発想を応用して、〈西田と大拙〉とを重ねてみる独自の「宗教／哲学」の立場を構想したい。より具体的には、禅の『十牛図』の最終の⑧⑨⑩の連関と各々の立場において、⑧図「人牛倶忘」は、西田幾多郎の「無の場所」、⑨図「返本還源」は、西谷啓治の「自然性」の立場、⑩図「入鄽垂手」は、大拙の「人（にん）と人（にん）」の立場、あるいは上田閑照の「虚空／世界」の立場に相応する。この〈大拙／西田・西谷・上田〉全体の立場を、今回、仮に広義の「日本的霊性」と見なしたい。それゆえに「無分別の分別」（大拙）でも「絶対矛盾の自己同一」（西田）でも、内容的には同じである。大拙のメモ「霊性的自覚の日本的形成」（S33-111）から、「世界」問題に関わる以下の文を引用して置きたい(1)。

「霊性的自覚の上に、世界はその真実の姿を現す。世界――普通に理性で組み立てた世界、吾等が一般に受けとつて居る世界、――は、「夢の如くに相似たり」と云ふところのものである。この世界は真実在ではないのである。霊性的自覚に入つて本当の世界が見える、世界が世界を見ることになる、自覚が世界である。世界は霊性的自覚に入るとき成就すると云ふべきであらう。それまでは、まだ世界が出来ぬのである。どこかに霊性的自覚

があるとき、そこに世界がその本有の一切の荘厳を以て出現する。大地の中から湧出する。」（S33-114強調筆者）

この「大地」こそ、西田の「絶対無」であり、吾々の「そこからそこへ」であり、わたしどもは、「はじめのはじめ」（無）に帰って出直すことを学ぶべきであろう。

第一部の標題「無からの包摂」とは、おそらく、「はじめのはじめ」（無）に帰って出直すこと、まさに「見るものなくして見る」こと、あるいは「物になって考える」ことであろう。

西田の言い方ならば、「これ迄の人が世界を考えても、世界は自分に対立しているものとばかり考えているが、本当の世界は我々が作ると共に我々を作る世界である。我々が作ることにより我々が作られる世界であるから、我々が其処から生まれる世界であると言ってもよい。」（「歴史的身体」一九三七年、N14-270強調筆者）と述べている。この世界を生きるわたしどもの身体は、「世界の自己表現」に他ならないと言うのである（第一部の拙論参照）。

＊　＊　＊

この第一部は、「対話」を軸とする興味深い二つの章によって締めくくられる。

第五章は、ブレット・デービス氏による「東西対話に向けて日本哲学は何を寄与できるか」という問いかけによって始まる。そして西田幾多郎、その弟子西谷啓治の思想を受け継ぐ上田閑照氏を参照しつつ、「賓主互換」という禅における対話の在り方に対話の本質を求め、異文化対話への日本という場からの貢献を示唆する。

第六章では、福井一光氏が、グローバリゼーションによって一見世界は「一様化」に向かっているが、実は、様々な「多様化」に向かって分裂しており、「多様性の中にバラバラに成り立っている思想の中からなんとか道筋をつけ、普遍性を見出すこと」が現代の深刻な課題であると問題提起する。そして、「多様性」の中に「普遍性」を求める「対話」のありかたを、中村元氏の研究の中に探求している。

「**十牛図**」（天章周文筆　京都・相国寺所蔵）

1）尋牛

2）見跡

3）見牛

4）得牛

5）牧牛

6）騎牛帰家

7）忘牛存人

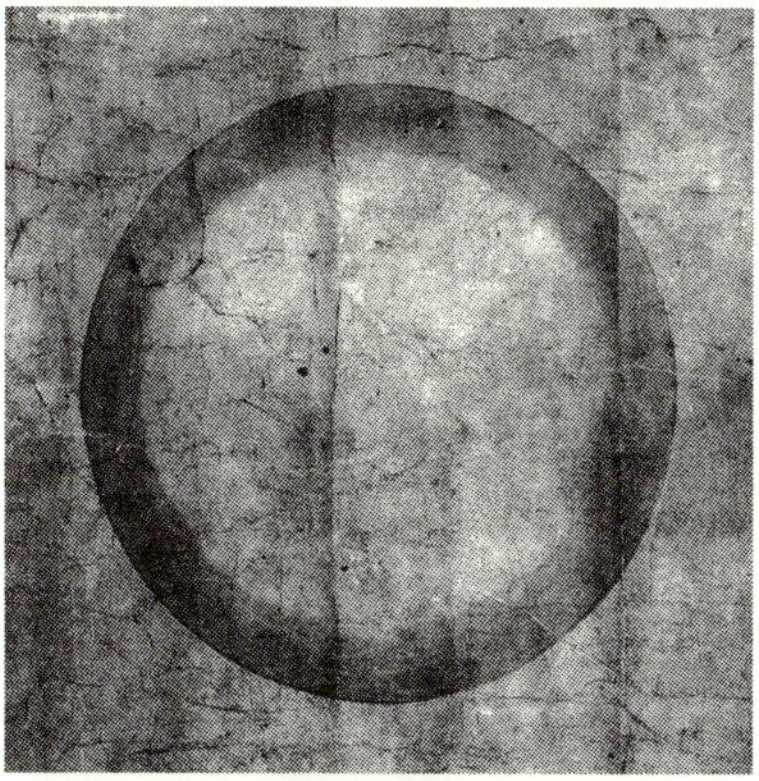

8）人牛俱忘

9）返本還源

10）入鄽垂手

注

（1）西田幾多郎、鈴木大拙、ハイデッガーの全集からの引用は、それぞれ以下の版に依拠して、各略号とともに、巻数と頁数を記す。

『西田幾多郎全集』、岩波書店、一九七八―八〇年。[N]

『鈴木大拙全集』、岩波書店、二〇〇〇―二〇〇三年。[S]

Martin Heidegger Gesamtausgabe, Klostermann. 1975-. [GA]

第一章　問題としての世界——西田幾多郎とハイデッガー

秋富克哉

はじめに

西田幾多郎（一八七〇—一九四五）が日本の生んだ世界的哲学者であることは、言を俟たない。そして、その哲学的な独自性をもたらしたのが「場所」の思想であることも広く知られている。「「日本という場所」からの「世界」思想の探求」という枠組みに当て嵌めるなら、西田はまさに日本という場所から、その名も「場所」という画期的な思想を提示することで「世界」的哲学になりえたと言うことができる。しかも、「世界」ということ自体が西田において「場所」の思想と密接に結びついて主題化されていくので、二つの術語をその相互連関において明らかにすることは、西田哲学の独自性を取り出すことと一つになる。

もっとも、西田が哲学的思想として提示した「場所」は、日本という具体的な地理的場所を意味するのではない。しかし、「場所」という思想がきわめて日本的であることもまた事実である。論文「場所」が収められた著作『働くものから見るものへ』（一九二八）の「序言」の締め括りでは、「形相を有となし形成を善となす」ことによって絢爛たる発展を示してきた西洋文化に対置させる仕方で、「形なきものの形を見、声なきものの声を聞く」ことを求めて已まない東洋文化の伝統を捉え、その立場に哲学的根拠を与えるのが自らの課題であることを印象深く語り出している（N4, 6）。そのようにして確立されていくのが「場所的論理」であることを踏まえるなら、東洋とりわけ日本の伝統的思考の論理構造を考察するなかから取り出された「場所」は、独自な論理を作り上げていった西洋文化との対話の舞台に出て行くための道具にして且つ土台となる。しかも、西田自身が、場所的論理の立場から西洋の諸思想との対話・対決を遂行しつつ、最後まで場所的論理を彫琢していったことから、場所の思想はその独自な方向に深まるとともに、普遍的な広がりを獲得していった。そのような場所の思想は、西田自身が遂行した対話・対決を超えて、今なお私たちが世界の諸思想を受け止めていく際の貴重な地盤になりうるように思われる。

小論では、西田と同様二十世紀を代表する世界的哲学者マルティン・ハイデッガー（一八八九―一九七六）を取り上げ、その思想と対照することで西田の思想的立場の特性を明らかにしてみたい。表題との連関で言うなら、西田とハイデッガーは、ともに「世界」を独特な仕方で大きく問題にした。それは、世界が問題になるということがそもそもどういうことであるかを、両者ともに徹底して問うたということである。ただし、ともにほぼ同時代を生きた世界的哲学者でありながら、両者の間に積極的な交流関係が生まれることはなかった。その意味で、両者の思想を突き合せることは、われわれ後代の者が課題として受け止めていくべきものである。以下では、その課題に向かう一つの試みとして、両者の思想的共通点を確認し、そこから特に「場所」と「世界」という共通の術語に着目して、双方の思想を検討する。各々の独自性を相互に照らし出しつつ、そのことを通して西田の思想の普遍性を明らかにすることができればと思う。

一　実現しなかった対話と哲学的共通点

西田より年下の同僚や直接の弟子が数多くハイデッガーのもとに留学して多大な影響を受けたにもかかわらず、上記のように、生前両者の間に直接の交流が生まれることはなかった。たしかに西田のテキストには、ハイデッガーに対する批判が見受けられる。しかしながら、西田が読むことのできたハイデッガーのテキストが限られていたこともあり、それが十全な理解に基づいてなされたとは言い難い。他方、ハイデッガーに西田の思想がしっかり伝わることもなかった。しかし、この一連の事実は、双方の哲学的内実がすれ違いに終わることを意味するのではない。むしろ、そこには多くの共通性を見出すことができるし、上で触れたように、西田の同僚や弟子としてその思想的気圏に接した思想家たちが、ハイデッガーからも影響を受けて独創的な思想を展開したこと、しかもそこに様々なタイプがあることを踏まえれば、両者の思想的対話の可能性は多様に広がりうることが予想される。その意味で、実現しなかった両者の思想的対話を遂行することは、各々の思想の可能性を改めて確認することになるのであり、しかもそれは両思想にとってのみならず、今日の世界にとっても有効であると思われる。まずは、両者の哲学的共通点を列挙してみたい。

①一九一〇年代に哲学的活動を開始

両者が本格的な哲学的活動を始めたのは、ともに一九一〇年代である。この時期に思想形成を迎えたことは、両者の思想を理解するうえで重要な意味をもつ。十九世紀後半以降、哲学から独立した諸学がそれぞれ実証性の旗印を掲げて哲学に対峙してくるなか、哲学もまた生や意識や歴史など実証的諸学と共通の主題への取り組みを通して改めて自らの普遍性を確保しようと試み、内部では様々な潮流が乱立する傾向を強めてくる。そのような状況下、ハイデッガーが新カント派との対決を経てフッサールの現象学に接近し、同時にディルタイの解釈学やベルクソンの生の哲学に触れながら自らの立場の確立を目指すとき、当時の講義に名を連ねるこれら同時代の思想家たちは、同じく西田が集中的に取り組む対象でもあった。ヨーロッパのただなかでそれらの思想に触れることのできたハイデッガーに対し、今日とは情報事情も全く異なる時代の極東の一国にあって、それらの意義を見出していった西田の先見の明と洞察力は驚くべきである。

❷近代主観的な「意識」の立場の乗り越え

そのようにして両者は、同時代の哲学潮流のなかに身を置いてその諸傾向に敏感に反応するとともに、古代以降の西洋哲学を積極的かつ批判的に摂取しながら、近代的主観性つまり「意識」の哲学を乗り越えようと試みた。そしてその過程で、両者はそれぞれ独立に「場所」(Ort)」の思想に到達した。両者が「場所」をどのようなところからどのように捉えたかは、次節以下の課題である。

❸第一作の位置づけ(1)

両者の第一作、西田の『善の研究』(一九一一)とハイデッガーの『有と時(Sein und Zeit)』(一九二七)は、各々の膨大な著作群のなかにあって唯一体系的な構成を持ち、それ以後のものがすべて論文集スタイルになっているのと対照的である。前者は完結、後者は未完のうえ最終的に途絶という違いこそあれ、双方にとって第一作以後の思索の展開は、最初に見て取られた事柄を絶えず新たに受け取り直し、そこに含まれていた問題を克服しようとする試みであった。したがって、その長い過程を通して様々な主題が扱われていき、立場の変化や転回は認められるが、両者ともに基本的立場は一貫している。別の言い方をすれば、『善の研究』と『有と時』各々を導いていた洞察に叶う方法や言葉を見出していく営みが、両者のその後の思索の道になった。

❹今日の世界哲学的古典へ

両著作は、ともに発表直後から大きなインパクトをもって受け入れられた。さすがに前者は公刊以来しばらくは日本国内に限られるが、今では後者同様多くの外国語に翻訳され(2)、ともに両哲学者の揺るぎない主著として、世界的な哲学的古典となって読み続けられている。

❺直接の原初へ

両者は、先入観を排して哲学知の成立のもとに立ち返ることを目指した。そこは、従来の哲学が飛び越してきた「直接のところ」でもある。そこに遡るため、西田は「事実そのまま」と語り、ハイデッガーは「事柄そのものへ(zu den Sachen selbst!)」という現象学のモットーを掲げた。そのようにして探られる「原初」は、古代ギリシア哲学が「アルケー」と呼んだところでもある。しかし、それは確固としてあるものではなく、両者はともに、アルケーが求められた事態の根底に遡っていく。原初は、思索の深まりとともにそのつど新たな姿を見せてくるのである。

❻情意ないし気分の知

そのような原初を開く本質的契機として、「知」よりも深く直接的なレベルが、「情意」(西田)ないし「根本気分」(ハイデッガー)として見出されてくる。両者の哲学知は、情意や根本気分によって開かれてくる領域を受け止めながら、知としての立場を確保していくことになる。具体的には、西田において後年「哲学の動機」(N6, 116)として位置づけられる「悲哀」が、実は『善の研究』以前から語り出されていることは西田の哲学知を理解するうえで忘れられてはならないし、ハイデッガーもまた早い時期から「根本気分」として「不安」や「退屈」を語る。いくつかの気分が語られることになるが、根本気分という契機自体は最後まで一貫している。

⑦無への問い

両者の思想の展開のなかで、ともに「無」の契機が決定的な役割を果たした。もっとも、「無」の意味合いは両者において同じではないし、思想の展開とともに深化を見せる。そして、たとえば西田における「無の場所」、ハイデッガーにおける「世界の無」など、「無」は小論の主題とも密接に関係している。

⑧世界への問い

両者はともに「世界」を哲学的術語に取り込み、その語に独自な意味を与えた。世界とは、われわれの外なる対象界ではなく、われわれを超え包むとともにわれわれがその内に自らを見出すところ、決して対象化を許さない全体である。上記の項との連関で先取り的に言うなら、そのような世界とは、われわれにとって最も直接的に出会われているべきものに他ならず、場所や自己といった事柄も、世界との連関において考察される。「世界」と世界における「自己」、それら相互の関係をいかに問うかが、哲学的展開を規定することになる。

⑨歴史への問い

「世界」理解の深まりとともに、「歴史」理解も深まりを見せていく。世界が対象化を許さない、主体をそのつど包み込む全体であるように、歴史もまた主体の外に眺められるものではなく、主体を常に動かし規定する全体であるとともに、そのなかにいる個々の主体によって動かされ作られていく。

⑩現実の政治的問題

世界と歴史は共にそのような全体でありながら、それらが問題にならざるを得ないところには、常に具体的な現実が関係しているのであり、いずれの哲学も二十世紀の歴史的世界と切り離すことができない。戦争の世紀を生きた哲学者の宿命として、両者いずれも現実政治の渦に巻き込まれ、生前も死後も政治的参与をめぐる議論に晒されている。思想的営為が現実を離れてありえないかぎり、上記の事態も各々の思想に即した検討が必要とされるが、今は指摘のみにとどめる。

以上、両者の哲学的共通点を大まかに列挙してみたが、次節以下ではこれらの共通点を踏まえつつ、特に両者の思想の道筋における「場所」と「世界」に主眼を置いて考察を試みる。共通の術語に定位しての考察は、ともすれば生きた思想を図式化する危惧なしと言えない。しかし対応する「場所」や「世界」がそもそもどのような事態を名指しているか、それらを導入せざるを得なかったところでどのようなことが見て取られていたか、このような問題意識をもって、それぞれの内実に向けて考察を試みたい。

二　西田における「場所」と「世界」――「場所」から「世界」へ

（一）純粋経験から自覚へ、そして場所へ

『善の研究』において主題化した「純粋経験」は、「自覚」の立場を経て、「場所」の立場に展開する。上田閑照氏が鮮明に取り出されたように、「純粋経験」において見て取られた事柄は「場所」に至って一つの落着を見たのであり、その意味で「純粋経験／自覚／場所」という内的連関の全体が西田の思想の展開を跡づけることになる。[3] その展開は、上記のように、西洋とは異なる東洋の伝統的世界観に哲学的基礎を与えようとする関心に導かれていた。しかし、それは決して、「場所」の立場が単に東洋的世界観を説明するための道具立てであることを意味しない。「場所」が東洋的世界観に哲学的基礎を与えることを目指しての成果であるとしても、哲学的論理であろうとするかぎり、西洋哲学の諸問題を基礎づけることが自らの思想的普遍性を主張するために求められてくる。そのため西田の哲学的努力は、場所の立場を見出したところで終わるのでなく、そこから様々な哲学的主題との対決に出て行かなければならなかった。その思想的展開のなか、場所の思想も深化し、自己が自らを見出す包括的且つ具体的な場所として「世界」が語られるようになる。まずは、「純粋経験／自覚／場所」の内的連関について若干のことを概観しておきたい。

主客の枠組みを前提とする知の一般的理解に対して、西田が純粋経験のもとに見ようとしたのは、主と客が未だ分れる以前、事実と知が一つの事態であった。そこに西田は、真実在の姿を見、知の原初を見る。しかも、そのように最も直接的なところに立脚する純粋経験が、同時にすべてを説明する哲学的原理となる。すべての意識現象は純粋経験の自発自展であり、自然と精神の区別から実在の究極である神に至るまで、そして芸術や道徳、

さらに哲学の終結としての宗教と、すべてが純粋経験をもとに説明されていく。芸術や道徳や宗教が重視されることは、本書で繰り返される「知情意」の語に即せば、知より情意が深いこと、しかも哲学の知はそのこと自体を説明しなければならないことを意味している。言い換えれば、知的説明によっては届かない深い情意の次元があることがわかっている知、すべてを説明しようとする立場にとっては、その知の基礎づけが求められてくる。

『善の研究』公刊とともに、やがてその問題点も西田自身に明らかになっていった。当時の新カント派や現象学に代表される厳密な論理的思惟の立場、高次の反省的思惟の立場に直面するなか、主客未分の経験知がいかにそのような知の基礎づけとなりうるかを深刻な課題として受け止める一方、純粋経験の立場をベルクソンの哲学に重ね合わせる仕方で、これら相対峙する二つの哲学的立場を調停する道を求めて、自覚の立場に到達する。『自覚に於ける直観と反省』は、そのようにして著されたものであった。

「自覚」とは、自己が対象的に自己を知るという意味での「自己意識」と異なり、「自己において自己を見る」あるいは「自己の中に自己を写す／映す」と定式化される。この「自覚」において、直観と反省が関係づけられる。すなわち自覚は、純粋経験の主客未分における「我なし」に触れつつ、そこから端的な「我あり」の直観になるとともに、他方で「我」について「我は我である」として反省を成立させる。我は我であると知る我は、知る働きそのものであり、しかもその働きは無限な運動となる。このような自覚の動性を、西田は、J・ロイスの『世界と個人』の記述をもとに「英国に居て完全なる英国の地図を写す」という行為を例に説明する（N2, 6f.）。たとえば我が英国の外にいて英国の地図を写す場合、一枚描けばその行為は完結する。しかし、英国にいて英国の地図を写す場合、西田によれば、写し得たということがさらに新しい企図を生じさせる。なぜなら、完全な英国であるためには新たに描かれた地図が描き加えられなければならないからである。そのように考えると、描かれる地図に終わりはなく、それは同時に我の描く行為そのものが無限に続くことを意味する。しかも、描く我は、描かれる英国と切り離されたものではなく、我は英国にいる我であり、英国は描く我を包む英国であるから、英国にいる我が、我がその内にある英国を写すことは、我が我を写すとともに、描く私を焦点[4]として英国が英国を写すとも言うべき事態になるのである。

ここでロイスの例に少し立ち入ったのは、「英国にいて」ということで語られる「我」の存在構造が、ハイデッガーが人間存在の基本構造として取り出した「世界の内に有ること（In-der-Welt-sein）」にきわめて近いからである。英国とは具体的な国名であるよりはむしろ、我が差し当たってたいていその内に自らを見出す場所に他ならない。それは、ハイデッガーの術語を使うなら、日常的な「周囲世界（Umwelt）」である。ハイデッガーが人間存在を「世界の内に有ること」という術語で捉えたのは、人間存在にとって世界が決して対象的なものではないこと、たとえ世界が対象化されるとしても、世界はそのような対象化以前に、対象化する自己を包み込んでそこにあること、換言すれば、人間は常に周囲世界に開かれて存在していることを示すためである。そのような人間存在の本質構造を表わすため、ハイデッガーは「日常性」についての独自な分析から考察を始めた。ただし、ここで肝心なことを先取りしておけば、ハイデッガーの分析において世界は日常的世界では終わらないということである。この点については、次節の考察を待ちたい。

西田の記述においてもう一つ確認すべきは、この自覚のうちに、既に場所への展開の契機が含まれているということである。それは、上述の自覚の定式が示すように、自覚の成立が「自己において」「自己の中に」と表記されるところに認められる。自覚の成立の場は、主もなく客もない主客未分の「無」の立場を引き受けつつ、同時に自覚の運動の全体を担うものとして、ということは同時に、反省の知の展開をも担うものとして受け止められるのである。その事態は、西田の思想の実際の展開においては、知の基本単位である判断の構造、つまり主語と述語の結合に沿って説明されていく。すなわち、個物的な主語と普遍的な述語を繋辞の語で結ぶ包摂判断の形式「SはPである（S ist P.）」において、主語の方向に徹底して最後に「主語となって述語とならないもの」を「実体」として見出したアリストテレスに対し、西田は、包摂という語に沿って「述語が主語を包む」、つまり「主語が述語においてある」と捉え、述語の方向に「述語となって主語とならないもの」を探っていく。そして述語を主語が「おいてある場所」と捉え、述語が主語を限定することに知の成立を認めるのである。それは、現象学の「意識の野」に定位して意識を場所的に捉えるとともに、さらに意識の場所をも超えて、もはや如何なる限定もできない究極のところを「無の場所」と捉えるに至る。これは西田が、意識に定位する現象学の立場に沿いながら、そこから自らを分かつところでもある。こうして「場所」は、無の場所として主客未分の純粋経験の立場を離れることなく、同時に反省知の運動を担うものとなる。しかも肝心なことは、場所が自覚の運動を成すものであるかぎり、それが自己と別ではないということである。

（二）場所から世界へ

「場所」の思想の成立は、純粋経験において始まった立場がいったんの落着を得たことを意味する。しかし、それは落着の発端であって終結ではない。場所の立場が掘り下げられていくなか、やがて「場所」はわれわれの自己の具体的な存在の場所として「世界」へと展開する。ただし「世界」は、西田において決してこの時期になって初めて現れたものではない。言葉としては既に『善の研究』にも見られるし、『自覚に於ける直観と反省』では、最後に「跋」として「種々の世界」が置かれた。それによれば、世界は、数学や物理学などの自然科学が捉える抽象的世界から歴史学が扱うようなより直接的で具体的な歴史的世界、さらに芸術や道徳や宗教の世界というように、対象界から最終的に対象化不可能なところまでを含んだ全体であり、その種々の世界を行き来するところに自己の自由が見て取られた。自己は、そのつど自己がその内にある世界と切り離せず、自己の深まりに応じて最終的な包括的世界に自らを見出すことになる。

そのようにして捉えられる世界理解の展開にとって決定的な一歩となったのは、『哲学の根本問題』の続篇（一九三四）において西田自身が語るように、自己から世界を見るのでなく、世界から自己を見る立場への転換であった。そのような世界理解を表わすものとして、たとえば、論考「現実の世界の論理的構造」のなかの言葉、「現実の世界とは如何なるものであるか。現実の世界とは単に我々に対して立つのみならず、我々が之に於て生れ之に於て働き之に於て死にゆく世界でなければならない。……真の現実の世界は我々を包む世界でなければならない」（N7, 217）という箇所を挙げることができるであろう。そして、自己の運動である自覚は、世界と自己の関係から捉え直され、やがて「世界が自覚する時、我々の自己が自覚する、我々の自己が自覚する時、世界が自覚する」（N10, 559）というように語り出されてくる。これは、世界から見るという決定的な転換を経たものとは言え、先に言及した「英国に居て完全なる英国の地図を写す」自覚の構造が、世界と自己の両方において深められたものと言うことができるであろう。世界は無数の自己を包みつつ、その無数の自己を規定するとともに、逆に無数の自己によって規定されつつ作られていく。世界と自己とがともに「作る‐作られる」の関係で相互に限定し合うこと、ここに、後年の西田が繰り返し語る「作られたものから作るものへ」として動いていく歴史的現実の世界の姿が認められる。しかも、「作る」ということ、西田の術語としてはギリシア語の「制作」から取ってこられた「ポイエシス」は、まさしく社会的で歴史的な苦難や悲劇など否定的・破壊的な契機を含みつつ、それによってなおいっそう創造的となる。その思想的展開を追っていくことはここでは叶わないが、西田の最後の完成論文となった「場所的論理と宗教的世界観」（一九四五）が、『善の研究』以来哲学の終結として考えられた宗教を扱うものであること、しかも場所的論理の立場から宗教の独自な世界を基礎づけようと試みたことは、「場所」と「世界」が密接な関係を保ちながら、そしてその関係自体が問題となりながら、西田の思想を規定していったことを示しているのである。

三　ハイデッガーにおける「場所」と「世界」――「世界」から「場所」へ

(一)「世界の内に有ること」と不安の「無」

ハイデッガーは、『有と時』で、人間存在を「現有(Dasein)」と名付ける。それは、西洋哲学の根本の問いである「有/存在」に対し、人間は漠然とであれ有を理解するという仕方で有への通路を持つものだからである。そして、この現有の存在の根本構造を、先述のように「世界の内に有ること」と規定する。それは、西田同様、すべてを主客の枠組みで捉える近代哲学の意識の立場に対し、その一歩手前のところで人間を捉えようとする試みであり、その意味では、ハイデッガーもまた、最も直接的なところから出発しようとしたのである。しかし、その直接的なところは、主客未分の経験ではなく、人間が「差し当たってたいてい」存在している様態、つまり日常性であった。それは、われわれにとって最も身近でありながら、その目立たなさゆえに従来の哲学もたえず跳び越してきたあり方に他ならない。ということはすなわち、最も直接的なあり方のうちには既に、それ自体を露わにしない契機が本質的に含まれていることであり、現有の分析論はそのことを含めて問わなければならないということである。「事柄そのもの」に向かうことを目指すハイデッガーの現象学が独自なものとなる所以である。

そこでハイデッガーは、日常的な存在構造を取り出すため、人間が関わりゆくものを客観的な対象としてではなく、むしろ対象となる以前の様態において捉えようとし、「……するためのもの」という道具的性格を取り出した。そして、そのような道具的性格をもとに、現有の存在可能性を要に成り立っている意味連関を「有意義性」と名付け、これを世界の世界性として規定した。有意義性とは、人間がそのつど物や他者との関わりを通して自らの周囲に作り上げている存在可能性の全体構造に他ならないが、人間は差し当たってたいてい様々な物や他者との関わりに没頭しているため、この世界性をことさらに意識することはない。

しかし、諸々の物や他者との関わりに没頭していることによって忘れられている世界が、まさに世界として露わになる経験がある。それが、根本情態性（後に根本気分）としての「不安」に他ならない。不安に襲われる時、有意義性の世界は「無意義性」に沈み落ちる。不安における「無気味さ（Unheimlichkeit）」、つまり「くつろげなさ（das Un-zuhause）」のなか、世界が世界として開示される（SZ. 187）。それは、日常性において覆われている世界が、覆いを剝ぎ取られて立ち現われてくる事態である。同じ事態をハイデッガーはまた「世界の無」（SZ. 343）とも語るが、有意義性として成り立っている日常的な世界とそれから区別される無意義性の世界、世界としては一つであるはずの世界のこの二義性をどのように捉えるかは、ハイデッガー解釈の根本問題である。しかし、それは取りも直さず、世界の本質に関わる事態としてハイデッガーの思索そのものを規定する根本問題となる。と言うのも、ここで問題になるのは、二義性の区別を規定する「無」、そしてそこで連関して語られる「無」をどのように捉えるかということであり、それは結局ハイデッガーにおける「無」の問題、つまり有と無との問題へと繋がっていくからである。

（二）技術的世界と場所の思想

繰り返すなら、ハイデッガーの思索の展開とともに、世界理解の内実、そして世界の二義性の内実もまた変化していった。一九三〇年代の半ばには、芸術作品によって開かれる世界に、技術的支配の対象として「像」となる世界が対置され、さらに戦後になると「技術」の位置づけがいっそう問題化して、世界の二義性はそれに伴った展開を示す。現代技術の本質についての独自な思想を展開させていく背後には、原子力技術や情報技術の急速な発達があった。ただしハイデッガーは、そのような技術世界に対し、一九五〇年代のある講演のなかで、「本当に無気味なのは、世界が徹頭徹尾技術的になることではない……はるかに無気味なのは、人間がこの世界の変動に対して準備をしていないことである」(GA16, 525) と語っている。

注目すべきは、『有と時』では不安という根本気分が世界を世界として開示するときに伴うものであった「無気味さ」が、ここでは、現代の技術的世界における人間のあり方に認められていることである。実はハイデッガーは、一九三〇年代の半ばにも、『形而上学入門』(一九三五) という講義の中、古代ギリシアの悲劇詩人ソポクレスの代表作の一つ『アンティゴネー』の「人間讃歌」として有名な合唱歌を取り上げ、一般に「恐ろしきものはあまたあれど　人よりもなお恐ろしきはなし」と訳される冒頭詩句の「デイノン」というギリシア語を「無気味な (unheimlich)」とドイツ語訳し、自然界の猛威に技術を用いて侵出していく人間存在を無気味なものと受け止めていた。すなわち、自然の猛威自体が無気味であるが、自然の一部でありながらその猛威を技術知によって露わにしつつ、自然を征服しようとする人間こそが最も無気味なものだとするのである。技術の力に自らを任せていくことの無気味さは、上記の講演では人間が技術的世界の変動に準備していないことに関して指摘された。ただし、この無気味さがそのまま覆われたままで終わることはない。それが世界の内にある人間存在を規定するかぎり、やがていっそう深い「退屈」という根本気分となって人間に打ち当たってくる。そのことについては指摘するにとどめざるを得ないが、要は、ハイデッガーにおいて世界そのものは、常に無的契機を含んだ根本気分において開示されると見られているのである。

このように、ハイデッガーは今日にまで通じるような射程の広い技術論を展開するが、他方技術的世界をネガとするポジの世界として、天空と大地、神的なるものたちと死すべき者たちの四者の映し合いによる「四方界 (Geviert)」という世界を対置させた。人間は四方界の一隅を占めつつ、今や「死すべき者たち」と規定される。

それは、人間が「死を死として能くする」からである。言い換えれば、人間が死を自らの本質の最も固有なものとして受け止めるとき、人間は死すべき者として四方界に「住む」ことが可能となる。このとき、世界の中で出会われて関わり合う「物」は、四方界の四者を摂り集める（versammeln）ものとなる。このような「物」について、ハイデッガーは「場所としての物（Dinge als Orte）」（GA7, 161）と語る。

ハイデッガーにおいて、「場所（Ort）」の語は様々な文脈で使われる。そもそも人間存在を世界内有として捉える前期から、ハイデッガーの思想が本質的に場所的契機を含んでいることは明らかである。しかし、四方界が語り出されるとともに、その世界のなかで出会われる諸々の物が四方界を摂り集めるという仕方で四者を映す事態が見られ、そこに「摂り集める」ところとしての「場所」が語られるようになる。個々の物がどのように四方界を映すかは物によって様々である。人間が死すべき者たちというあり方をすることと物が場所として出会われることは、事態として一つである。後年のハイデッガーが「有のトポロギー」を提示するとき、場所（トポス）の論理（ロゴス）としてのこのトポロギーについてハイデッガー自身必ずしも主題的に掘り下げているわけではない。しかし、様々な連関で語られる「場所」の内実を究明することによって、その真意に近づくことはできるであろう。それは、西田においてと同様、世界と自己の関係についてのハイデッガーの最終的な立脚点を探る課題となる。このハイデッガーの「有のトポロギー」を西田の「[無の]場所の論理」と突き合せることは、東西それぞれの哲学的伝統をくぐり抜けた二つの巨大な哲学相互の汲み尽くせない対話の場を開くものとなるであろう。最後に、再び世界の二義性ということに引き戻して指摘するなら、猛威とも言うべき現代技術の支配の中で四方界という世界がいかに可能となり、そうして個々の物が場所として出会われるか、それは、理論のレベルでも実践のレベルでも容易に片付く問題ではない。そこになお、ハイデッガーからわれわれが受け止めるべき大きな課題が残っている。

おわりに

世界を問題にするということは、世界を対象的に主題化して問うことに尽きない。一般に諸学が世界を、それぞれの立場から切り取って、あるいは独自の角度から照らして分析し考察するのに対し、哲学はその全体を問うとされてきた。しかし、従来の哲学がそのような理念に相応しく世界を問い得てきたかどうか、そのことがまず問題になる。西田もハイデッガーもそのような洞察のもと、われわれが常にその内にありながら往々にして素通りしている世界、対象化することで却って抜け落ちてしまう世界を、全体として問題にしようとしたと言うことができる。ただし、世界の全体を問おうとしても、世界はそのように問う者を包み込んでなお全体となる。

世界を問題にするとは、世界を対象の側に立てて全体にまで押し広げて問うことではない。世界は、それが丸ごと全体として、つまり世界が世界としてぶつかってくる事態を、もともと世界の内にある人間の経験のなかに探ることによってのみ近づきうるのである。そのような経験は、主客の枠組みが制約とならざるを得ない知よりも、いっそう直接的な情意や根本気分のレベルに見出される。世界がどこまでも広がりと深みを湛えつつ、しかも端的にそこにあるという紛れもない事実。西田とハイデッガーが示したのは、情意や根本気分の内に働く知の限りない運動を通して、世界を問い自己を問う試みであった。

小論は、両者が、「世界」との密接な連関のもと「場所」をそれぞれの思想の本質的契機として問い出したことに着目した。試みに西田を「「場所」から「世界」へ」、ハイデッガーを「「世界」から「場所」へ」というように対照させたが、もちろん絶対的な区別ではない。主客未分の統一的自己が場所的自己であることを見て取り、自己がおいてある場所が歴史的現実の世界に具体化していくなか、しかし最終的に「絶対無の場所」を見据える西田。他方人間存在を世界内有と捉えつつ、有意義性と無意義性の二重性を帯びた世界が技術的世界と四方界に広がりと深まりを見せるなか、後者の世界を映す「物」を「場所としての物」として捉えるハイデッガー。安易な比較は差し控えなければならないが、二十世紀を代表するそれぞれの哲学が二つの概念を必然的契機として求め、その両概念の連関を問い出すことで独自な思想を展開したこと、しかもそこに「自己」を捉える視座が一貫していること、およそ以上を確認したことで、ひとまず小論を閉じることにしたい。

注

（1）西田の『善の研究』とハイデッガーの『有と時』の哲学的突き合せについては、以下の拙論を参照されたい。「哲学の家郷――西田とハイデッガーの哲学的対話に向けて（一）」『文明と哲学　第七号』こぶし書房、二〇一五年、六五―八三頁。「同（二）」『同　第八号』同、二〇一六年、三九―五四頁。

（2）二〇一五年九月時点で、英語、ドイツ語、フランス語、スペイン語、イタリア語、中国語、韓国語に翻訳がなされており、複数の種類があるものもある。

（3）上田閑照『上田閑照集　第二巻』岩波書店、二〇〇二年、二六三―二九二頁、『上田閑照集　第三巻』岩波書店、二〇〇三年、一―一八〇頁を参照。

（4）「焦点」という表現を含め、この箇所の理解については、以下を参照。前掲上田、第三巻、七五―八〇頁。

参考文献

西田幾多郎とハイデッガーの全集からの引用は、それぞれ以下の版に依拠して、各略号とともに巻数と頁数を表記する。ただし、『有と時（Sein und Zeit）』からの引用に関しては、以下の版の略号と頁数を記す。

『西田幾多郎全集』岩波書店、一九七八―八〇年。［N］
Martin Heidegger Gesamtausgabe, Klostermann, 1975-. [GA]
Sein und Zeit, 16. Aufl. Niemeyer, 1986. [SZ]

第二章　絶対無と世界的世界

ロルフ・エルバーフェルト

はじめに

一九世紀末における日本の近代化と立憲国家設立の開始期、その発展は非ヨーロッパ圏では類稀な規模で進められていた。ヨーロッパ圏内においても、当時は、すべての国がそれぞれ国家をつくりあげていくということは、並大抵のことではなかった。その中で、ドイツも日本と時を同じくして、一つの国家へと発展していった。しかしこの状況は、二一世紀初頭に変動を迎える。知らぬ間に世界は、ほぼ一貫して、国連での国際的連携が縮小してしまうような主権国家のかたちをとるようになったからである。冷戦の終結後、政治的権力の重さが見えなくなると同時に、新しい連携を可能にしながらも新しい衝突をも生み出すような、多中心的な（polyzentrisch）情勢が生まれた。このような状況の分析を可能にするには、この多中心主義を正当に評価すると同時に、積極的な意味での発展の可能性を示す考え方のモデルが必要である。西田幾多郎は、彼の諸世界についての哲学において、今日においても考慮されるべき、そのような考え方のモデルを展開した。以下、このモデルについて詳らかにしたいと思う。

ここでは、後期西田哲学（一九三二年以降）における世界概念を分析し、その様々な意味について述べたいと思う。西田は世界という概念を様々な現象に対して使っている。彼のいう世界概念はその言葉そのものが様々な意味をもっている。

一九三二年以降の西田における世界概念の基礎づけは、場所の思想（一九二六年）から始まる。西田哲学における場所の思想は、まずは自覚、または自己意識という問題と徹頭徹尾結びついている。場所の思想は、自覚の問題を、自己が自己の中に自己を見るという新しい方法で解決するとされている。簡潔に言うと、区別をふくんだ内面的関係がこの場所の思想を通じて、考えられるようになる。区別をふくんだ内面的関係とは、すなわち、ある場所において、また、ある場所の自己限定として、自己が考えられるような関係である。まず第一に、自己の内部で区別されたあり方に関するものであり、それは、主として自己の反省的関係を意味している。西田は場所の比喩によって、ヨーロッパ哲学史における自己意識理論に比べて新しい局面を導いた。新しい局面とは、つまり、これまでの自己意識理論が、主観に拘束されていたことを変改しようと試みるものであった。西田哲学の場合、場所とは、自己の自己自身への関係の一要素ではなく、この関係を自己の内で成立させているもの、したがってそれ自身としては何物でもないものである。場所というメタファーは連想する余地を広範に与えてくれる。とりわけこのメタファーは、もはや主観概念とは結びついておらず、むしろ何ものかが置かれている大きな広がりを思わせる。すなわちそれは地理的な意味での広がりをも連想させる。柔軟性に富んだ場所のメタファーは主観概念と結びついていないので、社会的現象に転用することができる。言い換えれば、二つ又はそれ以上の自己との関係にも転用される。その転用は、「私と汝」（一九三二年）という論文に初めてみられる。ここでは、個人的な自己という意味での自己の内部での関係性を突破し、更に社会現象の内部の関係性あるいは媒介性に発展した。

私と汝の関係について探求すると、一つの自己に眼定された自己意識論の限界が見えてくる。社会的関係を出発点にすることによって、場所の意味が広がり、私と汝あるいは私と環境という関係の根拠として理解できるような関係にまで至る。この拡大された場所の現象の究明を通して、西田哲学における、新しい世界概念への決定的な転換が導入された。西田の思想は、個人の中の自己関係を基礎としているのではなく、世界の中の世界関係、つまりそこでは自己もまた世界内部での関係の一要素であるような世界関係を基礎としている。この世界関係を分析し、様々に絡みあった世界概念を明らかにしたいと思う。

世界についての思想は西田によって体系的または統一的には展開されなかったので、その世界概念の全体像を知るためには一九三二年以降の彼の論文を概観的に読まなければいけない。この世界概念は、西田においては大きく五つに分けられている。その一つ一つを簡潔に説明したいと思う。

1　弁証法的一般者としての世界

「弁証法的一般者としての世界」は、西田のある論文の表題であり、個物と一般者の関係構造を主に論じている。個物と一般者は、相互に深く関わりあっている。つまり、個物は一般者なしでは考えられず、また一般者も個物なしでは考えられない。個物は一般者の一部分であるだけではなく、それ自身は真の個物であるために、独立しなければならない。「個物は一般の限定として考えられると共に、逆に個物は一般を限定すると考えられる」(Z 7:306)。

この弁証法的世界概念は、インド的なものと中国的なものが混合した、東アジアの大乗仏教の影響と、近代ヨーロッパ哲学の機能的構造としての世界概念の影響を受け発展した。

個物と一般者の弁証法的構造は、四つの契機によって具体的になる。その四つとは、身体、表現、行為、知である。世界の関係的構造は、有るものの「身体」性を通して媒介され、具体的になる。すなわち、それぞれの有るものは個別的「表現」を持つ身体を有しているので、それは世界の関係的組織の中に織り込まれる。世界の中の「行為」は、表現的身体を通して限定、および具体化される。そして、あらゆるものがあらゆるものに対して、身体的表現を通して呼び掛ける行為というものが成立する。世界組織に身体的、表現的に織り込まれているというあり方から、世界についての「知」が、行為の中に生じてくる。このような世界についての知を反省的な形でもつことができるのは人間だけである。世界の弁証法的構造の、先に挙げた四つの契機を通して、世界概念は、大乗仏教の世界概念とヨーロッパ近代哲学のそれとに区別される。関係的な世界構造を顧慮しつつ、それら四つの契機を分析するとき初めて、弁証法的一般者という意味での完全な世界概念が生み出される。その場合、さしあたって世界はすべての有限的なものの全体として定義され、その全体は常に個物的身体の表現との関係を保っているので、具体的な出来事と切り離すことはできない。

しかし、この弁証法的一般者としての世界概念においては、世界が宇宙全体としての一つの世界なのか、又はある特定の文化世界であるのか、はっきりと区別することはできないし、またそのような世界概念は、それぞれの文化の歴史の違いを加味すると、抽象的すぎるかと思われる。

しかし、その違いは世界概念の第一のレベルで明らかになっていないにもかかわらず、この身体、表現、行為、知の四つの契機を通して、歴史的形成活動の運動の仕方が主題として扱われている。したがって、この世界概念は単数でも複数でもない世界の、その形式的哲学的分析を提供してくれる訳である。さらに、西田テキストの引用から弁証法的一般者の世界概念を裏づけてみよう。

「私の考えは矢張り世界を弁証法的に考えることで、ヘーゲルの考えに似て居る。けれどもヘーゲルの考えはただ過程的でヘーゲルには世界が一々の瞬間に絶対に触れると言う考えがない。私は「一が多」「多が一」と考えるが、之は東洋的な考え方である。東洋でも特に大乗仏教には弁証法がある、それは「一が多」「多が一」と言う考えである。私の考え方は之に依って考えた訳ではない、それに通じたものである。」

(N 14: 408)

世界の弁証法的構造は身体と表現の契機によってさらに詳しく限定され具体化される。

「我々の身体というものが、弁証法的世界の自己限定の中に含まれたる個物の自己限定として、それが歴史的である時に、それが表現作用的となる。而して物を表現作用的に見、物は表現的に自己自身を顕現する。」

(N 8: 173)

身体的表現的運動としての弁証法的構造は、直接的かつ現在的な行為的直観の遂行の中に収束されるが、その行為的直観において、各瞬間に生じ、形成されているのである。

「空間即時間、時間即空間なる矛盾の自己同一面が、行為的直観の世界としていつも現実の世界と考えられ、そこに世界が成立すると考えることである。」

(N 8: 123)

2　弁証法的世界の三通りの世界

西田は弁証法的一般者としての世界を物理的世界、生物的世界、歴史的世界の三つに区別している。初めの二つの世界は西田の自然哲学の研究の中で扱われているが、彼の全著書ではそれほど重要ではない。三番目の歴史的世界は特に、西田によって詳細に論じられている。

この三つの世界は、特にそれぞれの時間構造によって区別される。物理的世界は因果的で、個物の自己限定は非常に少ない。したがって物理的世界の中には根本的な変化がないように見える。生物的世界は目的論的な時間性をもっていて、その特徴は直線的であることである。生物的世界の中ではいつもある一定の目的論的な産出・成長関係が生起し、その関係において親と子は同類である。それに対して、歴史的世界は創造的であり、そこでは、常に新しいものが生み出される。

歴史的世界の担い手は、創造者または形成者としての人間である。西田は芸術的形成作用を、歴史的運動のモデルとして引き合いに出している。芸術的作用において、どのように創造がなされるかが典型的に示されるのである。しかし西田は、歴史を芸術の立場だけから考慮しているわけではないことを強調しており、むしろ逆に芸術的形成作用も歴史的世界形成のひとつの作用であるとして理解している。

「歴史的世界に至っては、真に個物が個物自身を限定すると考えられる、個物は個人と考えられる、それは何処までも直線的時間的と考えられる。是に於いて真に創造的世界というものが考えられる、真に非連続の連続の世界というものが考えられる、限定するものなくして限定する無の限定の世界というものが考えら

れる。」（N 8: 18）

無の限定は、歴史的創造運動としての、世界の創造的形成作用である。人間の行為によって遂行される歴史的世界の形成作用は、特に人間が自覚できるものである。このような世界形成の反省的なレベルによって、さらにもうひとつの世界概念が特徴づけられることになる。

3　世界自覚という意味での世界

この世界概念は創造的世界形成の一契機として、世界そのもののこうした創造性を自覚している個々の人間に関するものである。つまり、個人は芸術的歴史的行為という意味において世界を形成している。この形成活動によって人間は、世界と現実が生成する次元である歴史的世界の形成作用を、今ここで自覚することができる。この自覚は世界自覚であり、その自覚において人間は、物が生成消滅する根源を自覚する。この根源の次元は、西田にとってもはや哲学的な次元ではなく、真に宗教的な次元となっている。したがって宗教とは、特定宗派としてではなく、世界の歴史的創造的形成として実現されるものである。

「歴史的世界は宗教的契機を含んで居る。それは世界そのものの成立の立場である。多と一との矛盾的自己同一として、世界が自己自身を映すことによって、成立する立場である、世界自覚の立場であるのである。そこでは我々の自己の一々が世界の個として、一々が絶対的一者の自己表現点となる、一々の個が世界の出発点となるのである。これが世界宗教の立場である。」（N 12: 413）

この世界自覚の経験は或る意味で同時に世界の根源として絶対無の実現を意味する。この経験或いは実現は抽象的なものではなく、具体的・歴史的な経験或いは実現でなければならない。それを考えられるようにするために、西田はまた二つの世界概念の次元を考え出している。

4　ある一定の歴史的文化的世界としての世界

第一の世界概念において明らかになったのは、抽象的に限定し運動する弁証法的一般者としての世界であった。弁証法的一般者としてのこのひとつの世界は先に述べたように三つに区別され、そのそれぞれの世界は単数としても扱われるが、歴史的世界に関しては、考察の可能性が残っている。というのも歴史的世界は抽象的な分析の中では、ある一定の個別的な歴史的世界という意味ではテーマにされなかったからである。しかし、そのように歴史的個別的世界にまで拡張することによって様々な歴史的世界を複数でものべることができるようになる。歴史的世界の、そして個別化された考察によって、さらに新しい世界概念が生まれる。歴史的世界は、常に歴史的文化的諸世界「複数形の世界」の中でのみ、形成される。様々な歴史的諸世界は個別的な条件から出現し、ある歴史的世界はある一定の内的区別を成しており、それによって個別的な形態が歴史的世界に与えられる。一つの歴史的世界は、ある一定の環境の中で（地理的意味も含む）、社会的構造の形成によって生じる。この構造は、様々なレベルでの形成の方法を示し、それぞれ異なった記述のパラダイムによって探求されうるものである。西田の挙げているもっとも重要な記述のパラダイムは、文化、時代、共同体、社会、国民である。西田は社会的なアイデンティティーのレベルの分析を、個々の歴史的世界の個性と、その個性の創造的形成の視点から行なっている。

以下に、個々の社会的アイデンティティーのレベルに関して、代表的な例だけを挙げておきたい。

文化

「而して文化とは個性的生命の所産でなければならない……個性的文化発展には個性的世界が形成せられねばならない。」（N 10: 327）

民族

「人間の歴史は或民族が或土地に住むことから始まる……或民族が或土地に住むと言うには、そこに技術と言うものがなければならない……技術とは人間と自然とを結合するものである。」（N 12: 327 f.）

共同体

「ゲマインシャフトというのは、民族の文化的意義を有ったものである……ゲマインシャフトを統一するものはミトウス的なものである……伝統なくして文化というものはない。而して伝統はミトウスから始まるのである。」（N 8: 194）

国家

「真に国家となると言うことは、或一つの民族的社会が、過去未来を含んだ絶対現在の自己限定として、歴史的世界の個性的自己形成の主体となることでなければならない……永遠なる価値創造の力、歴史的世界創造の主体となることでなければならない。」（N 10: 304）

特別歴史的世界としての世界概念を指摘するために、先に述べた諸模範で十分に言い表わしているが、西田はさらに微妙な差異をつけている。西田の弁証法的な考え方に対応する次の世界概念は、諸世界の相互限定に関する概念である。

5　世界的「諸」世界という意味での世界

西田は彼の人生の中で、日本が西洋文化に対して開国し日本の形態全体が変化したということを切実に経験している。彼の人生と思考は、日本の文明開化なしでは考えられないが、もちろんそのすべてが西洋化された訳ではない。彼にとっては、日本文化のレベルを国際的に高めて、世界諸文化に開かれた議論に参加することが重要であった。この世界への開化は西田に「全世界が一つの世界になること」すなわちグローバリゼーションという意味での新しい世界情勢を明らかに認識させた。彼はそこに新しい世界概念の必要性を見出した。「然るに今日は真に全世界が一つの世界空間となったのである」(N 10: 336)。したがって、ある一つの世界が隔離された世界として形成され、生きている、ということは不可能である。この新たな世界情勢に対して西田は「世界的世界」という概念を作り出した。それは一方ではグローバルになった世界ということを表現し、他方ではある一つの世界が、世界的または地球全体的関係の中に位置しているということを表現している。従って、この概念は世界的世界それ自身において、やはりすでに弁証法的である。

「十八世紀は個人的自覚の個人主義的時代であったり十九世紀は国家的自覚の国家主義的時代即ち帝国主

義的時代であった。併し今日は世界的自覚の世界史的時代に入ったのである。」(N 10: 337)

「今日こそ世界自覚の時代なるが故である。」(N 12: 410)

西田はそれぞれの歴史的諸世界に関して、まず自己自身だけに関係づけられた個別的な構成体としての社会的組織形態を論じた。しかしそれだけには留まらず、次の段階として諸文化、国民、民族、国家の相互関係をテーマにしている。それによって、諸文化と国家の共同体としてのグローバルな世界状態というイメージを描きだしている。

それによって、それぞれの歴史的諸世界は、この世界自覚をもつ新しい時代においては、他の世界との出会いのみを通して、それ自身の個性的な世界を自覚するようになり、「世界的」となる機会が与えられる。世界的になるためには、二つの条件が必要である。

1．自覚：文化あるいは国家である個々の歴史的世界として世界は、自覚的に自己自身を形成する。

2．自己否定：歴史的世界は、自己を絶対化することなく、他の世界との関係の中で形成される。

世界的世界の二つの本質的契機を通して、それぞれの世界は、一方では自己自身に関係づけられ、また一方では他の世界と構成的な関係を持つ。この二つの観点は、切り離すことはできない。つまり自分の世界または文化を、絶対化してはならないのであり、むしろある文化は他の文化と交流すればするほど世界性の度合いが高まり、その交流を通して独自の伝統を批判的対決の中で創造的にさらに形成させようとするのである。

世界の哲学的分析から、西田は、諸文化が弁証法的、行為的、表現的に自己自身を限定し、「世界的（グローバルな）世界」の中で、様々に異なった「（諸）世界的世界」が互に形成しあう、ということを論じている。一つ一つの世界は、常に特殊な歴史的世界としての世界全体であるが、しかし自己否定によって他の世界と他文化との交渉が自由にできるようになる、と言っている。自己否定とは、自己同一性を失うことではなく、独自の伝統に縛られず他文化との交流が創造的自由的にできるようになることをさす。

「歴史は種々なるゲマインシャフトから始まる。種々なるゲマインシャフトはそれぞれの世界観を有ち、それぞれの人間観を有ち、それぞれに特殊なる一つの世界であったと言うことができる……併しそれは尚他を有たない世界であった、真の自己否定を含まない世界であった……真の現実の世界は絶対の否定を通った肯定の世界でなければならない、絶対の他に対する世界でなければならない……各国家民族が自己に即しながら自己を越えて一つの世界的世界を構成すると云ふことは、各自自己を越えて、それぞれの地域伝統に従って、先づ一つの特殊的世界を構成することでなければならない。而して斯く歴史的地盤から構成せられた特殊的世界が結合して、全世界がひとつの世界的世界に構成せられるのである。かかる世界的世界に於ては、各国家民族が各自の惰性的な歴史的生命に生きると共に、それぞれの世界史的使命を以て一つの世界的世界に結合するのである。これは人間の歴史的発展の終極の理念であり、而もこれが今日の世界大戦によって要求せられる世界新秩序の原理でなければならない。」（N 12: 428）

西田の分析は、当時の日本の歴史的情勢の中での直接的な自己経験に基づくものであった。西田の歴史思想は、日本の歴史的世界の中の一つの創造的契機として、諸文化との関係の中で、当時の日本の歴史的発展を哲学的に限定しようと試みている。変動する歴史的時代において、哲学的考察と政治的考察とを結びつけることは、非常に困難であり、また危険でもある。しかし、西田の諸世界概念は、根本的にまさにこの二つが連結している。したがって哲学と政治との困難な関係をテーマとして扱うのに、西田の置かれた状況は今日でもなお出発点となりうるものである。彼の思想は、おおざっぱに断罪するべきでもなく、また批判することなしに受け入れられるべきでもない。現代という時代を規定するために、西田の思想と批判的に対決しつつ、それをふたたび実り多いものにすることが重要だと思う。

6 諸近代の世界（Welt der verschiedenen Modernen）

ここで西田の思想をまた一歩深めてみたいと思う。彼の世界概念は様々な意味につなげていくのを可能にする、十分な抽象性をもっている。この世界というものはひとつの文化、あるいはまたひとつの宗教でもありうるのである。現代の世界は特に政治的、文化的、宗教的、経済的、そして技術的な力がそれぞれ変わった場所、組み合わせで共に作用するという特徴を示している。その意味で、一つの国家でさえも、その中で政治的世界、文化的世界、宗教的世界、経済的世界そして技術的世界といった諸世界がともに作用する一つの世界であると見なすこともできるのである。もちろん、いずれの国家にもまた異なった諸世界があると思う。しかしここでは、分析の概要がつかみやすいよう、既に述べた上記の諸世界のみにふれることにする。これに似た分析はすでに一九世紀末、ヤーコプ・ブルクハルト（Jakob Burckhardt）の有名な講義『世界史的諸考察』（原題 "Weltgeschichtliche Betrachtungen" 後に同題名で出版される）によってなされている。ブルクハルトはしかしながら、その分析を政治的、宗教的、そして文化的局面にとどめている。今日、私達は彼の分析を少なくとも残りの二つの局面、つまり経済的、そして技術的局面にまで持っていかなくてはならない。

上記の五つの局面を一つの前提として仮定すると、これらの局面が共存し、共に働き合う世界とはどのように名付けるべきか、という問いが生じる。私の提案はそのような世界を「一つの近代」として理解することである。それによって、今日の（西田の言葉でいう）「諸世界の世界」を、「諸近代の世界」として呼ぶことができると思う。これは、数ある中でも、とくにシュムエル・アイゼンシュタット（Shmuel N. Eisenstadt）と彼の「多近代（multiple modernities）」の考えにつなげたいと思う。様々な諸近代を区別するという私の提案において、アイゼンシュタットと意を異にするのは、一つの近代を、様々な諸世界を持った一つの世界として、先に述べたかたちで理解するという点にある。

或る特定の文化を他の文化から区別するものは何であるのか、を規定することそれ自体において、すでに規定基準についての問題が生じてしまうのである。これは実際に生じてきたし、常に生じ得るものである。はたして文化とは、その長い遡りを可能にする「一様な伝統」によって、或る特定の言語によって、あるいは近代になって初めて出来上がった国家領域というものによって、はたまた宗教によって等々、規定されるべきなのだろうか。一つの一様な定まった答えというものはもはや射程外のものである。同じ問題はまた、様々な「近代」というものを規定する際にも生じる。といっても様々な「近代」に関しては、一つの近代において、「文化」という集団をまとめる概念といった、集団概念を問題としてはおらず、むしろ、もともと一様な中心を持つ必要の無い、様々なサブシステムのまとまりが問題になっているため、はじめから基準が柔軟であるといえる。そこでは特定の宗教や言語が中心に置かれることも、明白な国家領域が見いだされることも必要でないのである。この多様な近代のためには、それらの近代の様々な分野におけるもっと多様なつながりやリンクの仕方が生じる必要がある。一つ一つの近代の構造によっては、例えば宗教、技術、経済といった特定の領域が支配的な姿を現すこともありえる。日本、中国、そしてインドの近代は、それぞれの国境の存在によって特に、独自の近代として認識可能である。ユダヤ、イスラムの近代は特に、それぞれの中心的な宗教への強いつながりによって区別可能である。今日のかたちのヨーロッパの近代は、今はまだ多様な所属領域を示す、諸国家の一つの結びつき、そして一つの経済共同体として見ることができる。アメリカ合衆国はその国土とその軍事的指導権でもって、近代としての特徴を示している。こうして「諸文化」や「諸文明」、「諸国家」及びその他の集団概念による位置づけとは独立に、或る近代を形成する可能性をもつような歴史的空間の連続について、より普遍的に語ることができるかもしれない。したがって多様な諸近代の区別は、個々の諸近代の形成過程に委ねられることになる。すべての近代においても妥当するような上位基準といったようなものをつくるのは不可能である。むしろ、それぞれの近代を続けて省察する営みの中で、それぞれの近代の形成、区別、そして解釈のための新しい視点が生まれるのである。

一つの近代の様々な領域を前提とする分析アプローチの仕方は、グローバルな視点から見た国際的な変容過程に関し、決定的な長所をもっている。その分析においては、文化「全体」ではなく、多様な諸近代の、一つ一つの領域が問われるのである。このようにしてその問題提起はその特殊性と明白さを失わずにすむ。さらに、経済分野における、国際的（international）な（あるいは「間・諸近代的な（intermodern）」とも言えるような）交流は、政治や文化の分野とは違った方法で行われるのは明らかである。いずれの分野についても、多様な近代の複雑さ、そしてその織りなすものを分析し、その実態を明らかにすべきであることは妥当する。なぜなら、いずれの近代も、多かれ少なかれ自主的にそれぞれの諸現実を生み出す、こういった多様な領域の集まりとしてのみ存在しているからである。

この、グローバリゼーションという、ますます多中心的かつ自者中心的（autozentrisch）に発展していく世界の中で、哲学はまさに、この近代の過程を反省的に見つめ直すという課題を担っている。それも、ヨーロッパ近代もが、いくつもの諸近代のうちの一つとして、常に過程のうちにとどまるような省察である。ヨーロッパ的自己形成に関しては、例えば、今日では各所で耳にすることができるのであるが、他の諸近代によるヨーロッパ近代批判もが、取り扱われる必要がある。その他の諸近代は異なった歴史的風土のもとで育まれてきた。そのためヨーロッパが、自己自身を過去と現在双方の非ヨーロッパ的思考でもって理解するということはヨーロッパの発展にとって大きな意味を持つことになる。したがって、多様な諸近代がヨーロッパ的諸近代の傍らに存在し、まさにそこにこそ実り豊かな対話の可能性が芽吹くような「間・諸近代的 (intermodern) 批判」の方法を発展させることが不可欠であるのである。このような背景のもと、他の諸近代によるヨーロッパ近代批判を学び、正面から受けとめることが、とりわけ重要なのである。というのも、近代の歴史がこれからどのように発展していくのかは、欧米圏内に限られることのない、非常に多様な諸近代の構想によって決定されていくからである。このような見通しのもと、今日でも未だによく求められている、所謂欧米における近代とその他の様々な諸伝統との間の対話が、その次の段階へ、つまり、多様な諸近代間の対話へと移し渡されるのである。ヨーロッパはそれによって自身の世界的にもはや伝統的となっていた、判断力という最後の城塞を失うのである。しかしながらそれは、近代が自ら導いたものでもあり、そしてそれによって生まれる多近代性 (Multimodernität) の結果そのものでもある。おそらくヨーロッパの近代によって押しのけられてしまったものによって、また新しい再発展を迎えることになるであろう。

そのような意味で、西田の「諸世界の世界」という考えは、今日において「様々な諸近代の世界」の一つとして、具体的に理解されることができる。しかしそこでは、様々な諸近代をもつ世界でさえ、動的であり、常なる変化にさらされた構造であるということを常に明白にし続けることができるよう、西田の哲学的分析の複雑な構造をとり損なわないようにすることが重要である。それによって、分析で見込まれる考察をイデオロギー化させたり、一面化させたりすることを避けることができるのである。重要なのは、個々の人間であれ、個々の近代であれ、いずれかが上部構造に昇り詰めてしまう、ということのないようにすること、いずれの自己形成段階にも自由の余地を、常に視野の中に持ち続けることである。

注

西田幾多郎の全集からの引用は、以下の版に依拠して、巻数と頁数を表記する。
『西田幾多郎全集』岩波書店、一九七八―八〇年。(N と略記)

第三章　西田哲学の世界性

氣多雅子

はじめに

近年、日本においても海外においても、西田幾多郎（一八七〇（明治三）〜一九四五（昭和二〇）年）の哲学に対して、ようやく本格的な関心が高まりつつある。これまで西田哲学への関心の高まりは幾度かあったが、彼の著作を哲学思想として読解してそれを解明しようとする態度は決して主流ではなかった。一般に支配的であったのは、西田哲学の内容に関心をもつことなく、西田哲学が戦前の日本人に与えた影響を把握しようとする態度であった。

このような状況であったことには、幾つか理由がある。たとえば一つは、西田の著作における日本語のわかりにくさである。西田は多くの論文を公刊したが、根本的なことを繰り返し同じように述べていて、ときどき論理的に飛躍があるとしか思えない叙述が挟まっている。彼は自分の思索の歩みを同時進行的に書き綴り、原稿を推敲するということをしなかったようである。読者にわかるように自分の考えを伝えるという発想は、西田にはあまりなかったとしか思われない。ただし、日本語で哲学的な思考を行うスタイルが当時まだできあがっておらず、それを作り出したのがまさに西田たちであることを念頭におかねばならないであろう。二つ目は、日本の哲学思想というものが研究に値する内容をもったものとしてなかなか認知されなかったということが挙げられる。哲学は古代ギリシアに始まり、ヨーロッパの学問・思想の歴史のなかで育まれてきた学知探求の形態であり、この地理的歴史的条件と切り離すことはできない、という考え方が根強く受け継がれてきた。西田の思想を哲学として認知するためには、「日本哲学」というものはそもそもあり得るのか、近代以前の日本に哲学というものはあったのか、哲学の固有性というものをどこに認めるのか、といった哲学の本質に関わる多様な議論が必要であった。三つ目を挙げると、西田哲学がハイデッガー哲学と深い所で共振する内容をもっていたために、ハイデッガーのナチスとの関係が問題になるときにすぐに京都学派の哲学者の戦争協力の話が持ち出されたことである。西田の言動は、当時の時代状況を考えると、きわめて抑制されたものであったと言えるが、そもそも彼の時局に関わる言動のみに注目が集まることが彼の哲学思想への理解をなおざりにさせる結果となった。

最近になってこれらの事情に変化が生じてきただけでなく、ヨーロッパにおけるオリエンタリズムへの反省が深まり広まってきたこと、人文学における知の多元性の主張が強まってきたことなどが、西田哲学への人々の関心の持ち方を変えてきたと言えよう。翻って考えると、西田哲学をめぐる状況の変化は、哲学と社会との関係の在りようを探索するよい手掛りを与えてくれるように思われる。本稿では、現代世界における西田哲学の意義についで考察してみたい。

1　哲学とは何か

まず、西田幾多郎はどのような意図をもって哲学を志したか、ということから見てゆきたい。

西田は一七～八歳頃（明治二〇～一年頃）、山本良吉宛の書簡で山本の「精神不朽の事」という論考を批評した後、「余はかく論ずるも猥りに理学の門戸を窺い哲学者を気取りて猥りに生意気に宗教を排するにあらず　余は性宇宙間の真理を究むるを以て非常の快楽とすれば　敢えて平素の疑惑を挙げて君に質すのみ」［傍点筆者、一八―五］[1]と述べている。ここで「宇宙間の真理」と言われているものは、詳しくはこう述べられるものである。「宇宙一大怪物にして疑惑の中に取り包かれ一事一物解すべき者は毫もなし　見よ夫れ仰て見よ夫蒼穹たる天はいずれに至て限らるるや　宇宙は　或は神は　何故に始なく終なきか　嗚呼無始無終果して無き乎　吾人は夢の如き乎　実にデカールトを気取るてはないが宇宙間　解し得べき者一物かあるや　嗚呼何術を以て之の疑を解かん　嗚呼余の為めに之の疑を解くの人ある乎　豈慨嘆に堪へけんや」［一八―五］。

この一節が興味深いのは、「宇宙間の真理を究むるを以て非常の快楽」とするという態度が、古代ギリシアにおいて哲学が誕生するときの思索のあり方を、ただちに思い起こさせるからである。哲学の創始者をイオニアのタレス（前六二四年頃～前五四六年頃）とすることは定説となっているが、タレスはゼロから哲学を始めたわけではない。初期の哲学は自然哲学であり、それは、世界全体はどのように形成されたのか、現にどのようにあるのか、という問いに集約され得る。[2]この問いは、哲学誕生以前には神話という形で育まれてきたものであった。神話には一般に多様な内容が含まれるが、特に重要なのは宇宙、人類、文化の起源についての創成神話である。ギリシアの創成神話が、自然哲学を準備したのである。ギリシア神話や日本神話というような後世で大きなまとまりをもって言われるような形態が最初からあったわけではなく、各地域に伝承された神話が融合され、編成され、さらに再構成されるという動的な過程を経ていったと考えられる。その過程に、さまざまな神話を辻褄の合う仕方でまとめていくという動向が働き、これが合理性という新しい知の特質を育んでいったと推測される。この動向が、神話的世界観とは異なるまったく新しい世界観を切り開いていったのであろう。ただし、ギリシアで特徴的であったのは、その知が実際の生活において必要な知や有用な知ではなく、知りたいという欲求のみによって促された知だということである。[3] 知を愛し求めるということこそ、ギリシア語のピロソピアー（哲学）の意味である。それ故、哲学とは第一義的には、得られた知ではなく、知を得たいという欲求、知を得ようとする営為を指す。それ故、哲学の本質は「哲学する」という動詞形であると、伝承されてゆくことになる。

さらに、この知への愛求を発動させるものが「驚き（タウマゼイン）」という語で捉えられていたことは、プラトンやアリストテレスの著作でよく知られている。「けだし、驚異することによって人間は、今日でもそうであるがあの最初の場合にもあのように、知恵を愛求し（哲学し）始めたのである。ただしその始めには、ごく身近の不思議な事柄に驚異の念を抱き、それからしだいに少しずつ進んで遥かに大きな事象についても疑念を抱くようになったのである。たとえば、月の受ける諸相だの太陽や星の諸態だのについて、あるいはまた全宇宙の生成について[4]」。

さて、若き西田の書簡にはまさに、哲学生成期の哲学者たちと同じ宇宙論的問い、合理性への志向、知への愛求が認められる。しかも、書簡に記された慨嘆は明らかにアリストテレスの言う「驚き」にほかならない。西田が知の愛求へと成形されるような慨嘆をもったのは、西洋の哲学や諸科学によって啓発されたことが発端である。そのような知への欲求はしばしば西洋への憧れや遅れた文化への劣等感などに彩られる。しかし、彼の知への愛求は純粋なものであり、西田は、少なくともその発端において、正統的な哲学することの継承者としての一つの要件を満たしていると言える。現代世界における西田哲学の意義を問おうとするとき、これまでたいてい後に遺された彼の哲学思想の内容が考察されてきたが、ここでは「哲学する」ことの継承という角度から考察してみたい。

2 「驚き」から「悲哀」へ

「驚き」を発端とする「哲学する」ことを西田が受け継いでいるとしても、それだけではまだ十分ではない。世界全体はどのように形成されたのか、現にどのようにあるのか、という問いは、哲学が神話から受け継いだものであり、「驚き」を発端とすることも両者に共通している。それ故、アリストテレスは、神話の愛好者（ピロミトス）もある意味では知恵の愛求者（ピロソポス　哲学者）であると言っている。[5] では、両者を区別するものは何か。

タレスは確かに哲学の創始者であると見なされているが、タレス、アナクシマンドロス、アナクシメネスといったミレトス学派という展開もまた重要である。彼らの間には、万物の「アルケー」は何であるか、という共通の問いがあった。世界全体はどのように形成されたのか、現にどのようにあるのか、という問いは、万物のアルケーは何であるか、という問いに凝縮されたのである。アルケーとは「はじめ、根源、元のもの」を意味するギリシア語である。このアルケーをキケロがプリンキピウム（原理）というラテン語に訳し、学問の構造を示す術語として広がってゆく。タレスは根源的原理を問うという態度によって、世界全体に対する新しい理解を開いたわけである。だが、その新しい理解は、それだけではまだ神話とは別の知のあり方として定着しない。神話とは別の語り方が獲得される必要があった。その語り方がロゴスである。

ロゴスという語を初めて哲学へと繋がる深い意味をこめて使い始めたのはヘラクレイトスであるとされるが、哲学の根幹をなす概念に展開してゆくのはソクラテス、プラトン、アリストテレスである。[6] ロゴスは、もともとは「拾い集める」という意味の動詞が名詞になったものである。ばらばらに散らばったものを拾い集めて取り纏めるということから、万物を支配する理法、ものごとの根拠、理性、言葉、論理など多様な意味で用いられるようになる。ロゴスという語には、ばらばらに散らばって見えるもののなかに一つの纏まりがあり、それを言葉の筋道によって示すことができる、という考え方が籠められている。この言葉の筋道は、論理学として仕上げられる。

原理を最初に言明することから学問的議論が始まり、原理を最初に立てて体系的に考察を展開することで学問が形成される。学問における言明は、何を意味し、どういう範囲のものを指すかということがはっきり規定された概念や命題の形をとることが求められる。そうすることによって、堅固な学知の体系を作り上げて行くことができる。根源的なものを探究する思考はロゴスという語り方を得て、学知の継承、それも批判的な継承が可能になる。この継承が、哲学史を形作っていく。原理的な思考は体系を作り上げることを理想としたが、この理想は根源的知のあり方が徹底的に反省されるなかで次第に失われ、現代の哲学は体系を構築すること自体に対して懐疑的である。体系の構築は知への愛求という性格を裏切ってしまうからである。哲学の知は根本的に多元的であり、一つの体系に納め込まれ得ないものであって、哲学史という形で継承されるものである。哲学史は単線的に一方向に進展するものではなく、抹消され上書きされ、反復され受け取り直されつつ進展する。哲学史はいわば開かれた知の構造体であり、それへの参画は方法論の習得のような単純なものではないにしても、哲学の探求がそもそも共同的なものであることを示している。

ヨーロッパの伝統から遠く離れた西田には、「驚き」によって「哲学する」ことの出発点に立つだけでなく、哲学史における探究の共同性に参与することが必要であった。西田は、哲学史のなかに自らの知の愛求を押し進める足掛りを見出すことについてはおおいに苦労している。彼が自らの思想と見なしうるものを一つの著作にまとめあげ、『善の研究』を公刊したのは、四一歳のときである。『善の研究』を著すことができたのは「純粋経験」という根源的原理を獲得したことによるが、この概念を獲得するのに長い年月を要したのである。難しかったのは、西田の場合、根源的原理だけでなく、それが置かれる問題系を一緒に獲得していかなければならなかった点である。西田がさまざまな人生の問題に悩み、二七歳の頃から禅に打ち込んでいたことはよく知られている。それは、自らの哲学の根源的原理をその問題系とともに見定め、発見する歩みであったと解される。「純粋経験」がおかれた問題系は「実在論」であるが、これは、ヨーロッパの伝統的な存在論とは異なる、独特の性格をもっている。

『善の研究』を境にして、西田の思索は「純粋経験」という概念を獲得するための思索から、新カント派を始めとする多くの哲学思想を照らし合わせつつ「純粋経験」の立場を検討し深化させてゆく思索へと性格を変化させる。後者の思索はやがて「場所」という独自の思想に行き着き、『無の自覚的限定』(一九三二年)において新しい哲学的立場を提示するに至る。その立場において、さらに歴史的実在の世界を説明する原理が受け取り直されてゆき、「矛盾的自己同一」の論理として定式化されてゆく。『善の研究』以前の思索は哲学史のなかに入り込むための思索であり、『善の研究』以後の思索は哲学史のなかに独自の一角を確保するための思索であると言ってもよかろう。

西田が自らの立場を概念化するのにこれほど苦労したのは、彼の「哲学する」ことの背景がヨーロッパの哲学者たちのそれと大きく異なっていたからである。その違いは、六〇歳になった西田の「上に云った如く眞に具体的対象の自己限定として考へられるヘーゲルの弁証法はパスカルが自己自身の底に見た自己矛盾の事実でなければならない。哲学は我々の自己矛盾の事実より始まるのである。哲学の動機は〈驚き〉ではなくして深い人生の悲哀でなければならない」〔六―一一六〕という言葉に象徴的に示されている。

一七、八歳の頃に「宇宙間　解し得べき者一物かあるや」と問うて慨嘆した西田が、どうして哲学の動機は「人生の悲哀でなければならない」と言うようになったのであろうか。彼がさまざまな人生の悲哀を味わった後だからということでは、説明にならない。ヘーゲルやパスカルの論考を徹底して読み込んだ上で、悲哀という動機を持ち出しているのである。「悲哀」「悲」ということは断片的にではあるが中期以降の著作で何度か触れられており、西田哲学の本質に関わる言葉であると言ってよい。「悲哀」とはいったい何をさすのであろうか。

3 悲哀という事実

西田の最後の論文となった「場所的論理と宗教的世界観」のなかで、悲哀についてこう言われる。「宗教の問題は、価値の問題ではない。我々が、我々の自己の根柢に、深き自己矛盾を意識した時、我々が自己の自己矛盾的存在たることを自覚した時、我々の自己の存在そのものが問題となるのである。人生の悲哀、その自己矛盾ということは、古来言旧された常套語である。併し多くの人は深く此の事実を見詰めて居ない。何処までも此の事実を見詰めて行く時、我々に宗教の問題と云ふものが起って来なければならないのである（哲学の問題と云ふものも実は此処から起るのである）」〔一一―三九三〜四〕。

先の引用でも、「悲哀」が「自己矛盾の事実」を指していることは明白であったが、ここで改めて、自己の根柢の自己矛盾ということが言われている。自己の根柢の自己矛盾とは、無にして自己自身を限定するという我々の真の自己のあり方を指す。「人生の悲哀」は哲学の言葉ではないが、「自己矛盾」は西田において哲学の論理の言葉である。自己が自己矛盾的存在であることは自覚の基本的構造であり、まさに西田の中期以降の論考の主題である。

そして、「人生の悲哀」についても「自己矛盾」についても、それが「事実」であることが強調されていることに注意を払う必要がある。西田が絶対無の自覚の立場から説明してゆくこの事実性について、(7) ここで詳しく紹介できないが、悲哀の事実性は身体の事実性と結びついて捉えられている。西田によれば、我々の自己は身体的に自己自身を限定することによって生きているのであり、我々の自己がそのように限定されていることが「悲」である［五―二九〇～九二］。そこから、悲哀が死と繋がることが明らかであり、「我々の自己存在の根本的な自己矛盾の事実は、死の自覚にある」［一一―三九四］と言われる。この考え方において、悲哀が単なる主観的情緒ではなく、身体の客観的事実性と通底する客観的事実性をもつものとして捉えられている点が重要である。悲哀は客観的事実性においてあるからこそ、つまり「客観的に映されたる自己自身の影」の質であるからこそ、自覚の構造における究極のものではない。悲哀は、身体が限界をもつのと同様の限界をもつ。「我々の自己は自己の身体を越ゆることによって、真の自己を見るのである、即ち自己自身の個性を得るのである。それで、我々はいつでも悲哀を通して、自己自身を見るものに至るのである」［傍点筆者、五―二九一～二］。悲哀は「真の自己」そのものではなく、それを通して「真の自己」へと至ることのできるものである。

悲哀は客観的事実であるからこそ、誰でもそれに触れることができる。誰でもそれを手掛りにすることができる。そこから根源的な問いを始めることができる。(8) その問いは哲学の問いとも、宗教の問いともなり得る。また、そこから芸術的な創作もなし得るし、そこに沈潜して人格を陶冶することもできる。

ここで、悲哀が哲学の動機であるということの意味が明らかになったであろう。悲哀は、驚きが「哲学する」ことの発端になるという意味での、哲学の動機ではない。西田に彼自身の根柢を自覚させ、「哲学する」ことへと動かし続けるものが、悲哀なのである。彼自身の根柢が自己矛盾であるが故に、「哲学する」ことは止むことがない。人生の悲哀が哲学の動機であるということのなかに、西田の哲学思想の特質とともに、彼の「哲学する」ことのダイナミズムの所以が示されている。

「悲哀」に関連して浮かび上がる西田の哲学思想の特質を改めて記しておくと、一つは、自己の根柢を自己矛盾的なものとして捉えることである。この捉え方が、その自己矛盾的構造を説明するものとして、場所の論理へと展開する。もう一つの特質は、哲学の問題と宗教の問題とが源泉を同じくするということである。これに類した考え方は近代の形而上学の系譜においても見られるが、二〇世紀以降の哲学では形而上学は退けられ、宗教の事柄を哲学の課題から排除するのが主流となっている。西田は哲学と宗教とを共に経験の事実というところから捉えることで、同じ源泉をもち同じ目的をもつと考える。ただし、西田は哲学と宗教を決して混同することはなく、彼自身が行なっているのはあくまで「哲学する」ことである。

4 「思想の統一」への欲求

以上のことから、「驚き」から「悲哀」へという動きは、西田の「哲学する」ことの変容を意味するのではなく、「哲学する」ことの深化を意味すると理解することができる。その深化は、西田の哲学思想を独自の内容をもつものへと成熟させていくことでもあった。西田哲学の独自性の背景にある重要な契機が禅仏教であることは、よく知られている。だが「哲学する」という観点からすれば、西田に禅仏教へと向わせたものこそ興味深い。

二十代三十代の西田を禅仏教に向わせたものは、彼の友人宛の手紙によれば、「思想の統一」に到ろうとする欲求である。(9) この思想の統一への欲求が、西田を哲学のなかでもメタフィジックスへと向わせる。(10) ただし、それまでのメタフィジックスとは異なり、西田は論理の上ではなく心理の上にメタフィジックスを立てようと考える。(11)

一九世紀末は、経験的心理学が一つの学問として独立しようとする時期であった。この時期の心理学には、諸分野にわたる総合的な学として大きな期待がかけられていた。「思想の統一」をめざした西田には、心理学は非常に魅力的な学問であったに違いない。西田がこの頃、メタフィジックスと呼んでいたものが『善の研究』における実在論であり、「思想の統一」は「純粋経験」という概念を得ることによって可能となる。「純粋経験を唯一の実在としてすべてを説明して見たい」という企図が、『善の研究』において実現されることになる。

「思想の統一」ということは、当時の西田の書簡などを見ると、西田だけでなく友人たちと共通の欲求であったことがうかがえる。西田の周辺だけでなく、当時の日本人、特に若者たちに共通の欲求であったと推測される。いや、これは明治期の日本だけのことではない。「思想の統一」への欲求は、非ヨーロッパ世界の人々が近代のヨーロッパ文明に触れたときに起こる共通の反応であると言うことができる。近代の科学的世界観と自分たちが生まれた地域の伝統的世界観との対立は、人々の行為の仕方や生き方を動揺させ、社会的規範を不安定にするだけではない。その対立が放置されるままであるなら、人は自己分裂を起こし、理念をもった生き方をすることができない。また、社会はその将来を積極的に構想することができない。では、この対立はどのようにして克服されるのか。

伝統的世界観にせよ、科学的世界観にせよ、どちらか一方を選ぶことによって、世界観の分裂を超えることはできない。何故なら、世界観というような自己と世界の根柢に関わる事柄においては、そのような選択は必ず置き去りにされる部分を残すからである。このような選択は、置き去りにされた部分を無いことにするというごまかしを伴うことによってしか成り立たない。そうかといって、二つの世界観を調停したり融合させたりすることによっても、その分裂を克服することはできない。何故なら、そのような調停や融合はどこまでいっても不徹底だからである。世界観の分裂を克服するには、そもそもの世界観の形成から生き直すことしかあり得ない。そのような生き直しは、いわば古代ギリシアにおいて起こった神話から哲学へという人類史的な知的活動の展開を自ら経験するということに相当する。逆に言えば、「哲学する」とはそのような生き直しを自覚的に行なう営為であり、自分がそこへと住み込むことのできるようなものへと世界を構造化する営みなのである。世界観とか宇宙観とかいうものは、意識における世界理解の枠組みというだけではなく、身体図式を構成するようなレベルの知を含み込んでいる。ここで問題になっているのは、近年よく言われる異文化理解などとは次元の違う知の枠組み相互の対立である。非ヨーロッパ地域における伝統的な精神世界が西洋近代化を経験するというときに生起する事態は、このような次元の対立である。

西田が置かれたような状況のもとでは、「哲学する」ことが「思想の統一」を志向するようになるのは不可避であったと言えよう。逆に言えば、「思想の統一」は「哲学する」ことを一つの根本的な道とせざるを得なかった。西田が禅ではなく哲学を自分の仕事として選んだのには、その確信があったからではないかと思われる。

だが、世界観の対立ということは、非ヨーロッパ地域だけに起ったわけではない。西田の同時代に、啓蒙的理性と科学的世界観によって自己形成したはずのヨーロッパ人の多くが、伝統的なキリスト教的世界観との軋轢に悩んでいたことが知られている。[12] その意味では、「思想の統一」は近代人の普遍的な課題であると言うこともできる。しかし、明治期の日本人が経験した西洋近代文明と東洋の精神的伝統との対立という葛藤は、近代と前近代、西洋の伝統と東洋の伝統という二重化された対立であるために、いっそう激烈であったと考えられる。

とはいえ、このような鮮明な対立の構図は、グローバル化した現代世界においてはもはや遠い過去のものであるように見える。もちろん地域によって大きな違いがあるものの、二〇世紀末に急速に進展した高度情報化の波は世界を覆い尽くし、その波のなかで伝統と近代化の対立のようなものは飛び越されて、その先の段階に進んでいるように見える。世界は情報や経済や文化などの面で一挙に均一化の方向に進んでおり、その均一化の根柢を支えるのは技術と一体化した近代科学である。つまり、現代では近代科学の統一的世界観が世界規模で共有されているとも言える。しかし、その科学技術はあまりに早い進展によって統一的な世界像をもたらすものではなくなっているばかりか、現代世界にはそもそも世界観というようなものを自覚的に形成することに対する根本的な懐疑がはびこっている。

　現代世界における世界理解の動向を概観するならば、一方に、自然科学の基盤をなすような自然主義による公的領域の支配がある。このような自然主義は、脳科学の進展や人工知能の発達に伴って、現代哲学のなかにも大きく浸透している。しかし他方で、そのような自然主義は、その内で人が生きられる世界理解を形成するには足りないものが多すぎる。個人の生活レベルでは、過去のいろいろな出来合いの世界観をあちこち断片的に継ぎ接ぎするような仕方で、各人の世界理解・価値理解が作り上げられていくというのが、現代の一般的な状況であろう。それらの世界観・価値観は、たとえ長い伝統に由来するものを含んでいても、その由来から取り外されて簡便に取り扱い得るものになっている。そのようなものを自分のものにしたとしても、人は伝統のなかに根を下ろすことなどできない。

　このように見てゆくと、現代世界は世界観の形成ということに関して、いっそう深刻な状況にあると言える。断片的な世界理解をどのように統合するか、あるいは統合への諦めから出発しながら如何にして理念をもった生き方ができるか、これからの社会が向かうべき方向を如何にして見定めることができるか、いっそう厳しい問いが突きつけられている。そういう意味では、若き西田が求めた「思想の統一」はいまなお我々の課題であり続けている。ただし、その課題への西田の答えが、現代の我々にとっての答えになるとは限らない。

5　言葉と思惟

「思想の統一」という言い方は誤解を招きやすい。「思想の統一」という語はもともと西田の友人の山本良吉の言葉であったようであるが、統一的原理による体系的な哲学思想を作り上げようとするようなイメージを与える。

『善の研究』を読むと、西田が「純粋経験」という根本概念によってやろうとしたことはまさにそうであったように見える。だが、この時期の西田は、自分のやろうとしたことをまだうまく言説化できていないと言ってよかろう。後年、西田はこう言う。「私はいつも同じ問題を繰返し論じて居ると云はれるが、『善の研究』以来、私の目的は、何処までも直接な、最も根本的な立場から物を見、物を考へようと云ふにあった。すべてがそこからそこへといふ立場を把握するにあった」〔九―三〕。この言い方は、西田のやろうとしたことの表現として、実に正確である。「思想の統一」とは、「すべてがそこからそこへ」という「そこ」に立つことを意味した。この「そこ」が、西田における根源的原理であったと言うべきである。対立する世界観の統合にせよ、断片的な世界理解を持ち堪えて進むべき方向を見定めるにせよ、西田の唯一の答えはそういう「そこ」に立つということである。「すべてがそこからそこへ」ということは、哲学も宗教も芸術も道徳も「そこからそこへ」である。西田の考え方は一貫している。

だが、いったいなぜ西田は「そこからそこへ」などという曖昧な言い方をするのであろうか。「そこ」をもっと端的に哲学の言葉で語ることはできないのか。ここですぐに思い浮かぶ説明は、「そこ」は言葉によって言い表すことのできないものを指し示している、という説明である。しかし、「そこ」は既に言葉であり、言葉によって言い表すことのできないものという説明も言葉によっているのであるから、哲学しようとする限り、簡単に、言葉によって言い表せないものなどと言うことはできない。西田は言う。「思想が思想となるには一度、公の場所に持ち出されなければならぬ、他人との共同の場所でなくとも、少くも自分自身の心の公の場所に持ち出されなければならぬ。之が言表である、言表は思惟の結果ではなく寧ろその成立条件とも云ひ得るであらう。……純なる思想は我々の思惟作用の中に含まれて居るのではなく、寧ろ言語の世界に宿って居るのである、言語は思想の身体の如きものである」〔四―一五九〕。

ただし、ここで「言表」と言われているものが、〝私が自分の思っていることを言い表す〟というような事態を指しているのではないことに注意する必要がある。西田は別の箇所で「赤が赤であると自分自身を言表した時、経験界の市民権を得るのである」〔傍点筆者〕という言い方をしているが、ここにはっきり示されているように、「言表」とは或るものが或るもの自身を露に示すということに他ならない。だが、「赤が赤である」と自分自身を言表する当のものは実はまだ「赤」ではない。「赤が赤である」と自分自身を言表したときに初めて、その当のものは赤になる。「赤が赤である」と自分自身を言表する当のものが「そこ」である。「そこからそこへ」の「そこ」は言葉の消失点であると共に言葉の発出点であると言ってよいであろう。しかし、これもまた誤解を招く言い方であろう。西田は「そこ」を問題としているのではなく、「そこからそこへ」という運動を問題にしているからである。さらに注意すべきであるのは、西田の目的が「そこからそこへ」という運動に乗託することではなく、「すべてがそこからそこへといふ立場を把握する」ことだという点である。前者が宗教や芸術のあり方であるとするなら、後者こそ西田における「哲学する」営みであると考えられる。

先に、古代ギリシアにおいて哲学は、ロゴスという語り方を得て成立したということを述べたが、言葉の問題はまさにロゴスの問題である。哲学とは普遍的な知を愛し求める営みであり、その営みの集積が哲学史であって、その哲学史を一貫して貫くのがロゴスである。従って、ロゴスは哲学知の普遍性を支えるものである。しかし、たとえば仏教にも論理学があり、言葉についての独特の思想があるが、そのような東洋の宗教や思想の伝統を傍らに置くと、ロゴスという観念のヨーロッパ的な特殊性がよくわかる。そのことが意味するのは、日本にかぎらず、ヨーロッパにおいても、「哲学する」ことはその地域の特殊的な地盤において成立するということである。その特殊性をさらに際立たせるのは、言葉は常に特定の言語としてあるということである。普遍言語というものは存在しない。二度の世界大戦を経験し、良い意味でも悪い意味でも、世界が一つに繋がるようになった二〇世紀において、言語という事象への関心が高まったのは偶然ではない。言語は人々の交流を可能にするものであると同時に、人々の間を隔てるものでもある。

西田は日本語で哲学したのであり、そこから、彼の場所の論理と日本語の構造・特質とが密接な関係にあるというようなことが、しばしば指摘される。哲学思想は常に特定の言語によって規定され、特定の文化的背景の特殊性を否応なく反映する。さらに、「哲学する」ことは特定の個人のそのつどの営みとして成立し、そうであることで「哲学する」ことは文化的背景の特殊性、限定性を常に乗り越える。個においてそれを乗り越えるのが「哲学する」ことに他ならない。哲学の本質が「哲学する」という動詞形でしか成立しないというのは、それが特定の言語で書かれたテクストに固定されるときには、その乗り越えが見えなくなることを示している。哲学のテクストの読解とは、そのようにして見えなくなった乗り越えを再び取り戻す営みである。哲学以外の学問においても、このような普遍と特殊の交互的な運動は存するが、それは学知の追究に決定的に影響するほどのことはない。哲学においてそれが決定的に問題化するのは、哲学が追究する知の普遍性が無制約的だからである。もっぱらヨーロッパの言語で「哲学する」ことがなされてきたときには、この特殊と普遍の交互的な動性は明確に意識されることはなかった。日本語で哲学するという事例によって、この普遍と特殊の関係は際立って見えてくる。

非ヨーロッパ世界において「哲学する」ことが受け継がれた一つの実例が、西田哲学である。一つの実例が示されたことによって、「哲学する」ことの世界性が証されたと言える。「哲学する」ことはヨーロッパの伝統から解き放たれ、世界の伝統を形成し得るものであり、形成すべきものであることが、明らかになった。ここで、西田哲学が一つの実例であって、範型ではないことが重要である。ヨーロッパの諸々の哲学はこれからも範型であり続けるであろう。西田哲学が実例であるということの意味は、それが哲学思想の多様性についての橋頭堡となるであろうということである。この多様性こそ、諸地域の宗教的文化的伝統の特殊性を徹底して抜き去ってしまうような現代哲学の潮流に対して、普遍的な知を追究する「哲学する」ことの深さを、現代世界でなお可能にするであろう。それが可能であるならば、ロゴスの伝統は新しい意味を付け加えて、世界的なものとして躍動し続けるであろう。

注

（1）西田幾多郎の著作からの引用は、『西田幾多郎全集』（岩波書店、一九七八—八〇年）の巻数—頁数を［ ］内に表記する。
（2）内山勝利編『哲学の歴史1 哲学の誕生』中央公論新社、二〇〇八年、四九頁。
（3）同書、六六頁。
（4）アリストテレス『形而上学（上）』出隆訳、岩波文庫、二八頁。
（5）同書、二八頁。
（6）内山勝利編『哲学の歴史1』一一五頁。
（7）「事実の世界といふのは表現的自己が自覚的限定の意義を有つことによって見られる最始の世界である、一般者の場所に於てある意味を有ったものの最初のものと云ふことができる。事実の底には深くして見るべからざるものの自己限定がある、それは絶対無の自覚のノエマ的限定によって基礎附けられて居るといふことができる。……絶対無の自覚の立場から云へば、そのノエマ的限定の内容が絶対無の自覚のノエマ的内容の意義を有するかぎり客観的事実と考へられ、それがそのノエシス的限定の意義を有するかぎり内部知覚の事実と考へられるといふことができる」［六—三七〜八］。
（8）宗教という事象も、西田においては観念的世界の事柄ではなく「心霊上の事実」を意味する。
（9）西田二十九歳のときの山本良吉宛の手紙にこうある。「併し君が所謂思想の統一に達するには如何なる方法に由り玉ふ御考えにや　余は禅法を最捷径ならんと思ふなり　之の捷径に由ってすら尚且統一を得ざる者ならば他に途を求めたりとて益ためなるべければ　余は所得の有無に関せず一生之を修行して見んと思ふなり」［一八—五一］。
（10）三十五歳のときの山本良吉宛の手紙。「倫理の書も講義の必要上ありふれたる有名なる者は一通読みたり　併しどうも余はメタフィヂックスよりせざれば充分なる満足を得ず」［一八―六六］。
（11）三十六歳頃の鈴木大拙宛の手紙。「今では病気も一通り平癒したから　之から又一ツ思想を錬磨して見たいと思ふて居る　できるならば何か一冊の著作にして見たいと思ふ　これまでの哲学は多く論理の上に立てられたる者であるが余は心理の上に立てて見たいと思ふ」［一八―七六］。
（12）M・ハイデッガーもその一人であったと言われる。

第四章　「主体」から「場所」へ――西田の著作『日本文化の問題』再考

森 哲郎

はじめに

本書のテーマ「〈日本という場所〉から見た〈世界〉思想の探求」という問題に的中したテキストとして、西田幾多郎の著作『日本文化の問題』（一九四〇）を挙げ、その核心となる根本思想「世界への問い」を「〈主体〉から〈場所〉へ」の転換の試みとして再考吟味してみたい。短く読みやすい講演筆記「日本文化の問題」（一九三八）の方ではなく、従来余り精確に吟味されてこなかった同名の著作（岩波新書、および全集第一二巻収録）の方を敢えて選びたい。講演と著作の双方ともに「學問的方法」（一九三七）という講演概要が付録として付けられており、これは全体の骨子にして論究の切り口となる重要なテキストである。

1 「縦」（時間）から「横」（空間）への転換としての「學問的方法」の重視

その講演「學問的方法」の冒頭にて、大きな課題が次のように云われる。

「明治以来西洋文化が輸入せられ、我々は之を學ぶことによって東洋に於いて偉大なる発展を成した。そして我々は今後も學ぶべき多くのものを有ち、何処までも世界文化を吸収して発展し行かなければならない。併し我々はいつまでも唯、西洋文化を吸収し消化するのでなく、何千年来我々を孚み来った東洋文化を背景として新しい世界的文化を創造して行かねばならぬことは云ふまでもない。」（12-385 強調筆者）

注意すべきは、「世界文化」や「世界歴史」等の「世界」という言葉が内包している或る緊張感と思惟喚起力である。「學問的方法」の講演は日華事変勃発と同年の昭和十二（一九三七）年である。その翌年の講演「日本文化の問題」は、日本的ナショナリズムの過熱化の只中で、それに抗して「世界がレアールになった」「場所」（＝歴史空間としての現在）から世界と日本の新しい世界性を問う試みであると思われる。

西田が「日本文化の行き先」に先ず「學問的方法」を強調する意図は幾重にも考えられる。それは、当時の「日本精神」の圧倒的独断性、「日本文化」ナショナリズムの「主観性（主体性）」への根本批判があったからだと思われる。「日本精神」を何か不変の実体として、「科學」（西洋文化）を操作可能な道具と見るような「和魂洋才」の立場では、「科學」を生み出した西洋文化の精神そのものに真に出会うことも、ましてその歴史的根底にまで触れることもないであろう。そのような立場では、出会うべき真の他者を無視して、ただ闇雲に「日本文化の特殊性を誇張する傾き」（同 320）に堕するであろう。しかし「只特殊性・日本的なものの尊重だけではいけない、そこに真の文化はない。自分の作つたものが自分を離れ公の物として我々を動かすといふように、日本文化は世界的にならねばならぬ」（同 296 強調筆者）。ここには、後にも見るように、歴史的世界の根本構造を「作られたものから作るものへ」という定式において見る西田自身の根本思想が窺われるが、先ずここで重要なことは、特殊性をそれとして基礎付ける地盤としての「公の場所」（＝客観的世界の深い客観性・世界性）への着眼のことである。この着眼こそが「學問的方法」に他ならない。

この「學問的方法」の重視とは、単なるヨーロッパ的な近代合理性による「日本の近代化」、「日本の西洋化」ということではない。西田は、日本から世界を見るというよりも、むしろ世界から日本を見て行こうとする。「これまでの日本精神は比較的に直線的であつた。併しこれからは何處までも空間的とならねばない。我々の歴史的精神の底から（我々の心の底から）、世界原理が生み出されなければならない」（12-386）。これは講演では、「世界文化として立つものが日本人の肚から出て来なければならない」（同 302）という面白い言葉になっている。我々自身の存在と歴史の底に《世界性》の開けを探求せよということでもあろうか。

「日本精神が何處までも空間的となる、世界的空間的となると云ふことは、如何なることであるか。それは何處までも學問的となることでなければならない。（中略）學問的方法といふのは時間的な自己を空間的な鏡に映して見ることである（死して後生きることである）。そこには何處までも自己批評がなければならない。」

（12-387 強調筆者）

ここには「學問」についての西田の深い洞察が出ていると思われる。従来の日本の伝統にとっては未知なる手強い「科學」（＝学問）を真に受けとめようとする姿勢とともに、ともすると陥りがちな「科學」至上主義的な近代合理性の絶対視をも乗り越えている。即ち、「科學」を、それが成立した歴史的根底に還って見ることによって、相対化する眼であろう。「學問といふものは、それ自身が精神を有つたものであるのである。自然科學の如きものでも、さうなのである。學問といふものは、我々の精神が事物の内に生きることである」（12-388）。この「事物」、「歴史的客観的事物の中に生きること」（同）への着眼こそ、《世界性》へむけての「日本精神」の創造的転換につながるであろう。

以上のような提言に続けて、西田は、「我々が東洋文化の深き奥底から新な物の見方考へ方を見出し、世界歴史に新な光を輿へると云ふことは如何なることを意味するか。我々が理論的に世界に對すると云ふことは、如何なることであるか」（12-390）と自ら問い、次のように結論を云う。「我々は深く西洋文化の根柢に入り十分に之を把握すると共に、更に深く東洋文化の根柢に入り、その奥底に西洋文化と異なつた方向を把握することによつて、人類文化そのものの廣く深い本質を明らかにすることができるのではないかと思ふのである。それは西洋文化によつて東洋文化を否定することでもなく、東洋文化によつて西洋文化を否定することでもない。又その何れか一つの中に他を包み込むことでもない。却つて従来よりは一層深い大きな根柢を見出すことによつて、両者共に新しい光に照されることである」（12-391）。

このような東西文化が真に出会うための地盤となる「一層深い大きな根柢」は、同時にこの歴史的世界における「人間」そのものの「成立の根柢」でもあろうが、しかしこの根底は人間中心主義の〈近代〉から見えぬようである。周知のように、ハイデッガーは「近代の本質」を、世界像が時代的に変貌していくというより、「そもそも世界が像となる」出来事、しかも同時に「人間がsubjectum（主体・基体）となる」出来事としての「世界像の時代」と捉えたが、この《主体》（＝人間中心性）が克服されないかぎり、「世界像」から「世界」を、また「歴史像」から「歴史」のリアリティを奪回・回復することは難しいであろう。西田自身も、昭和十三年（講演「日本文化の問題」と同年）の論文「人間的存在」の中で、人間中心主義の《近代》を根底的に批判して、独特の「歴史的人間の客観主義」とか「客観的人間主義」（9-62）という新しい立場を打ち出すが、紙枚の関係でその吟味は割愛しよう。

2 「主體」の超克――「物にゆく道」

それでは著作『日本文化の問題』に触れてみよう。この著作はその「序」にもあるように先の講演を量・質ともに「面目を一新」した作品であり、八つの章からなる。その内容全体を厳密に要約することは難しいが、我々の問題関心から視ると以下のようなキー・ワードを大まかな概要として各章から取り出すことができるであろう。

一　問題提起――「物にゆく道」
二　歴史的現実の世界の構造――徹底的客観主義
三　歴史的生命――矛盾的自己同一的世界の自己形成
四　「作られたものから作るものへ」――歴史的生命の自覚としての人間
五　日本文化の特色――「主體から環境へ」
六　「東西文化の結合点」としての「日本」
七　仏教論理――矛盾的自己同一の心（自己）の論理
八　「主體」（ヘーゲル）を越えて――異なれる無数の伝統の結合

付録「學問的方法」

「序」にも云われるように「一」「二」「三」「四」の三つの章は「問題を論ずるに当って、根柢となる私の考の要點を述べたもの」であり、「五」以下は「それを基として、東西文化の問題、日本精神の問題を、如何なる點から如何に見るべきかを考へて見た」(12-277)とある。この「如何なる點から如何に見るべきか」という西田自身の《観点》を精確に捉え直すこと、これだけでも西田自身の見識の「質」の高さ深さを損なうことなく受けとめることは決して易しいことではない。この西田の《観点》を〈主体から場所へ〉の《主体の超克》という問題として「一」及び「五～八」の論考を主に吟味してみよう。

(1)「物にゆく道」の転語

先ず「一」の冒頭で「神ながら言挙せぬ」日本精神の精髄を本居宣長の言葉「其はただ物にゆく道こそ有りけれ」の「物にゆく道」に凝集するような仕方で代表させ、この言葉《物にゆく道》を大胆自在に転語してゆく。おそらく当時の右傾化してゆく国粋主義的な雰囲気の只中で、「日本精神」という言葉を廻っての「意味の争奪戦」(上田閑照氏の指摘)と見ることもできよう。「日本精神は何處までも正正堂堂公明正大でなければならない」(12-288, 279)。「我國文化」の研究や学問も、「深く世界歴史の根柢に触れる底のもの」として「公明正大」であれば、日本精神と矛盾するものではないことを強調する。その論拠として、かの《物にゆく道》とは、「直に物の真実にゆく」こととして「科學的精神」をも含む筈であり、「己を空しくして物の眞實に従うこと」(12-280)である。「言挙せぬ」とは、「我見を張らないと云うこと」にして「真実の前に頭を下げると云ふこと」であって、因襲的妥協・盲従ではない。「物の眞實に徹することは、何處までも己を盡くすことでなければならない」(12-280)。

このように「物にゆく道」という日本精神のモットーをいわば逆手に転語して、当時の「日本精神」の独断性・主観性を打破する方向を、同じ言葉「物にゆく道」の中に見てゆこうとするのである。そこには国粋主義の熱狂攻撃から「學問」（哲學）を擁護するという意図も勿論あったであろうが、ここでの「客観の鏡」としての世界性・普遍性モチーフには、通常期待されがちな「コスモポリタン的な世界主義」（12-286）をも打破する厳しい思索の深化がみられる。

当時の西田の世界（歴史）認識では、「これまでは諸の國々は世界に於て横に竝んでいた、世界は空間的であつた。今は世界は縦の世界となつた、時間的となつた。従来は世界と云へば抽象的と考へられた。併し今日は世界が具體的なのである」（12-285 強調筆者）という。この「横の世界が縦の世界となつた」（12-286）という出来事、いわば世界歴史の未曾有の転換、或は「時間的」となった「縦の世界」の〈時間性〉（歴史性）そのものを我々は何処まで受けとめているであらうか。当時の西洋文明の圧倒的優位の只中で西田は問う。「西洋文化の行方が文化の唯一の行方であらうか。私はすべて生命の発展と云ふものが然ある如く、文化と云ふものも唯一筋道ではなく、種々なる行方があるのであらうと思う」（12-287）。そして文化を出来上がった所からではなく、その根底から、つまり「我々自身の歴史的生命の自己形成作用」にまで還って見直そうとする。「何處までも理論的な西洋文化の世界性には、我々は何處までも學ぶべきであると思ふが、その根柢として之を動かし居る生命と云ふものに至つては、我々は必ずしも之と流を共にするとは云ひ得ない、従ってそれによつて生きると云ひ得ないものがあると思ふ。而して我々をして然思はしめるものには、一層貴いものがあると思ふ」（12-288 強調筆者）。

この「貴いもの」とは何であろうか。「大まかに云へば、西洋論理は物を對象にした論理であり、東洋論理は心を對象とした論理であるとも考へ得るであろう。（中略）併し我々の自己と云ふものも歴史的世界に於ての事物である。そのかぎり考へられるもの、論ぜられるものである。而して物と云ふものも、実は歴史的世界に於ての事物に外ならない。全然自己と云ふものを離れて、單なる物といふものはない。すべてが歴史的事物の論理に含まれなければならない。私は佛教論理には、我々の自己を對象とする論理、心の論理といふ如き萌芽があると思ふのであるが、それは唯體験と云ふ如きもの以上に発展せなかつた。それは、事物の論理と云ふまでに発展せなかつた」（12-289強調筆者）。

ここから「物にゆく道」が如何に大きな射程を持つかが窺われる。(i)それは「事物の論理」、しかも「心」や「我々の自己」をも包含する「歴史的事物の論理」を目指すこと、(ii)「東洋論理」、特に「佛教論理」には、西洋に比べて、「我々の自己」を対象とし得る「心の論理」の「萌芽」が存すること、(iii)しかし従来の仏教には「體験」以上に出られない限界があること、これらの三点はすべて《歴史的世界の事物》の理解の徹底に関わってくるであろう。

(2) 歴史的現実の世界の構造——「作られたものから作るものへ」

「主観（主体）」主義の克服は、専一に哲学的に見れば、西田の出発点としての「純粋経験」の立場においても、また「場所」や「弁証法的一般者としての世界」の立場においても、既にそれなりの仕方でなされていたが、哲学体系の深化としてはその頂点ともいうべき「矛盾的自己同一」の立場において徹底されたと思われる。現実の世界の論理的構造を個物的多と全体的一との、また時間と空間との「矛盾的自己同一」と見る、この根本的立場の究明は別の機会にしたいが、ここでは論究をあくまで「日本文化の問題」としての「主体の超克」という問題に絞るという意味でも、「歴史的現實の世界」の根本動向ともいうべき《作られたものから作るものへ》という定式のみを少し見てみたい。

「此歴史的現實の世界は、我々がそこから生まれそこへ死に行くのみならず、我々が此處に物を作り、作ることによつて作られて行く世界でなければならない。我々が物を作ると云つても、世界の外から世界を動かすとか變ずるとか云ふのではない。我々は歴史的社會的に生まれ、技術的に物を作り、作ることによつて自己自身を作り行くのである。作られたものは私によつて作られたものでありながら、何處までも客観的として私に對して立つものであり、逆に表現的に私を動かすものである、私のみならず他人をも動かすものである。歴史的世界に於ては、印度やギリシヤの古代民族の作つたものも我々に現前して居るのである、我々は之から動かされるのである。それ等は尚歴史的現在に於てあるのである。」（12-296 強調筆者）

ここにはかの「物にゆく道」の具体性が《作られたもの》の《客観性・表現性》において展開されている。ここでの「客観」（物）は、通常の「主観－客観」図式を越えた《世界の事物》に他ならない。「真の客観的世界と云ふのは、我々の自己を越えて、逆に之を包むものでなければならない。我々の自己をばその個物的多となす世界でなければならない。此意味に於て私は徹底的客観主義者である。（中略）真の現實は我々を包み我々の生命に迫るものでなければならない、我々に生か死かの決を求めるものでなければならない。歴史的身體的な行為的自己が成立し得るか否や、そこに我々は真の現實に接して居るのである」（12-298 強調筆者）。ここには、少なくとも、我々に対立する対象的世界（考えられた世界）ではなくて、我々自身を含んだ世界の「客観的實在性」、他に還元されえない「独自的な歴史的實在性」（12-321）が問われている。

ここでの「歴史的身體」という概念は、また別個の考察を必要とする西田独自の根本概念であるが、近世以来の《主体性の哲学》を克服する重要な突破口になるであろう〔これについては一九三七年の講演『歴史的身體』が参考になる〕。「歴史的身體」とは、〈homo faber〉（作る人）という人間の本質をいわば深く転語したもので、「作るものが作られたものに作られる世界」或は「作られたものが作るものを作つてゆく世界」(14-270)としての歴史的世界のエレメントにして「創造的主體」であるが、あくまで「創造的世界の創造的要素」として近代の意識的「主體」を乗り越えている。

従って、「作られたものから作るものへ」という世界の「動性」（「世界の自己限定・自己形成」は、「表現的」（世界の自己表現））であり、「行為的直観的」である。

「作られたものからと云ふ時、個物が自己を否定して全體的一としての世界の中に入るのである、物となるのである。作るものへと云ふ時、個物が獨立的となるのである、個物が成立するのである。作られたものから作るものへと云ふことは、（中略、連続的でも非連続的でもなく）何處までも個物的多と全體的一との矛盾的自己同一と云ふことである。そこには時が即空間、空間が即時であるのである。故にそこでは見ることが働くことであり、働くことが見ることである。見ると云ふことは、我々が自己を否定して全體的一としての世界の中に入ることである、物となることである。作るものと云ふことは我々が全體的一を否定して個物的多として働くことである。（中略）而して真に個物的であればある程、自己矛盾的に世界の構成要素として働く、物となつて考へ物となつて働くのである。」

（12-324 強調筆者）

このように、ここには、「文化」ということを極めて高く「世界に於ての物」と見る立場、つまり「文化作用とは歴史的世界の自己形成として、そこに人間が成立することである」(12-331)といわれるように、「文化」を「人間成立」の根底にまで深く掘り下げて見てゆく立場が出されている。ここでのキー・ワードは《世界の中に入る》こととしての《見る》（＝行為的直観）であり、《作られたものから》としての《物となる》ということに他ならない。

かの「物にゆく道」はこうして「物となつて考へ物となつて働く」というところまで来たのである。

3 日本文化の宗教的特色――「その伝統たる単純性」

(1)〈主体から世界へ〉

以上の「主体」の超克モチーフが、「日本文化の特色」として、どのような展開を具体的に持ち得るのかを、著作の「五」～「八」の章において簡単に見ておこう。

明治以前の、日本が西洋文明にぶつかる以前までは、「日本と云ふものが即世界」であって、いわば横のない「縦の世界」であって、「日本は一つの歴史的主體ではなかった」(12-341)という。では今や開国以後の日本は、所謂《近代化》とともに《歴史的主体》となるべきであるのか。西田は当時の「國家主義」的現実を一面では是認しながらも、日本(特に「皇室」)の《主体化》に対して次のように厳しく釘をさす。

「併し今日の日本はもはや東洋の一孤島の日本ではない、閉ぢられた社會ではない。世界の日本である、世界に面して立つ日本である。日本形成の原理は即ち世界形成の原理とならなければならない。此處に現今の大いなる問題があると思ふ。最も戒むべきは、主體化することでなければならないと考へる。それは皇道の覇道化に過ぎない、それは皇道を帝國主義化することに外ならない。」

(12-341 強調筆者)

ここにも「皇室」をめぐる《意味の争奪戦》がある。西田は「明治の人間」に標準的な、皇室への率直な尊敬と親しみの気持ちを抱いていたであろうが、当時の昭和初期の天皇絶対化の風潮とは無縁であったと思われる。

日本の歴史の内部においても、古代以来「歴史的主體」の闘争や変遷はあったが、「併し皇室は此等の主體的なるものを超越して、主體的一と個物的多との矛盾的自己同一として自己自身を限定する世界の位置にあつた」とされ、「我國の歴史に於て皇室は何處までも無の有であつた、矛盾的自己同一であつた」(12-336) とか「我國の歴史に於ては、主體的なるものは、万世不易の皇室を時間的・空間的場所として、之に包まれた。皇室は時間的に世界であつた」(12-338 強調筆者) と云われる。

ここに云われる《世界の位置》、《無の有》、《場所》、《時間的に世界》は、「日本文化」における「皇室」の「一種の歴史的空間の位相」を説明するために出された西田固有の概念規定であるが、「皇室」そのものの理解内容としては明治生まれの日本人の一般の理解と大差ないであろうと思われる。このような「皇室」及び「日本」の「主體化」への拒絶は、差当って政治的・軍事的な当時の国粋主義的な右傾化への西田自身の警鐘と見ることができよう。この意味での「主體化」の克服を思想的に掘り下げてゆく方向で次のようにも云う。

「今日我國文化の問題は、何千年来養ひ来つた縦の世界性の特色を維持しつつ、之を横の世界性に擴大することになければならない。身心脱落脱落身心と云ふ如き柔軟心的文化を發揚することでなければならない。(中略) 主體として他の主體に對することでなく、世界として他の主體を包むことでなければならない。主體として他の主體に對し、他の主體を否定して他を自己となさんとする如きは、帝國主義に外ならない。それは日本精神ではない。」(12-349)

ここに「主體として」でなく「世界として他を包む」という〈**主体から世界へ**〉という方向が打ち出されている。勿論、既述のように、ここでは平板な「世界主義」(コスモポリタン) が意図されているのではない。問題はまさにこの《主体から世界へ》のその《世界》の理解如何にこそある。その具体化を見てみよう。

西田は、東西の文化を比較しながらやや意図的に様々な定式化をしている。例えば、「ヨーロッパ歴史は空間的世界から時間的へと一つの世界となつて来つた。我國の歴史に於て含まれて居る世界的なるものは、時間的から空間的へと云ひ得るであらう。(中略) 前者に於ては世界は横から縦へ、後者に於ては縦から横へと云ふことができる」(12-338) とか、「主體が環境を環境が主體を限定し、(多と一との矛盾的自己同一として、世界は作られたものから作るものへと動いてゆくが、そこで文化には) 主體から環境へと環境から主體への対立 (がある)。(中略) 西洋文化は大體に於て環境から主體へと考えられるものであらう。東洋文化は之に反し主體から環境へと考えられるものであらう」(12-345 強調筆者) と云う。そしてこの《主体から環境へ》の具体相が次の如く展開される。

「私は日本文化の特色と云ふのは、主體から環境へと云ふ方向に於て、何處までも自己自身を否定して物となる、物となつて見、物となつて行なふと云ふにあるのではないかと思ふ。己を空うして物を見る、自己が物の中に没する、無心とか自然法爾とか云ふことが、我々日本人の強い憧憬の境地であると思ふ。(中略) 日本精神の眞髄は、物に於て、事に於て一となると云ふことでなければならない。元来そこには我も人もなかつた所に於て一となると云ふことである。それが矛盾的自己同一として皇室中心と云ふことであらう。物はすべて公の物であり、事はすべて公の事である。世界としての皇室の物であり事である (物は歴史的創造世界の物であり、事は歴史的創造世界の事である)。」(12-346 強調筆者)

ここにかの《主体から世界へ》という転換における《世界》の無私性・無我性・空性ともいうべき本質規定が「元来そこには我も人もなかった所」と端的に言われている。当時おそらく「公」(＝皇室) が個物的多 (個人の自由)

を抑圧する全体的一（政治権力）の頂点のごとく歪められ絶対視される傾向の只中で、西田は「全體的一」の恐るべき〈主体化〉（＝我性・私性）を打破するためにも、「公」（皇室に内在する無私性）を徹底的に〈世界の空性〉へと開放する方向を模索したのである。「世界としての皇室」とは、断じて何か皇室拡大のための哲学的根拠付けなどではなく、まさに逆のこと、いわば皇室を借りて「日本」の内側から「歴史的創造世界」の〈世界性＝空性〉を開き出そうとしたのである。

（2）宗教性の単純化（「理から事へ」）と「日本文化」の行方

著作（『日本文化の問題』）の「六」以下では、論文『形而上學的立場から見た東西古代の文化形態』（一九三四）を踏まえて、ギリシャ・ローマ・ヨーロッパ（キリスト教）・支那・インド等の文化を比較しながら、しかし出来上がった文化としてではなく、動的に可能な「原文化形態」にまで遡源して、そこから「それの種々なる方向の発展」を考察してゆく。例えば「実在の根柢」を「有」と見るか「無」と見るか、「世界の根柢」を「空間的限定の方向」に見る「有の思想」と、「時間的限定の方向」に見る「無の思想」との区別などは、特に日本文化の本質的特徴として「縦の世界」（超越性・時間性・律動性）を重ねて見ると、極めて面白く重要である。だがこれには「場所」の立場を「時間」の問題から吟味検討する別の大きな研究が必要であるゆえに別の機会に譲りたい。

我々としては、問題をあくまで《主体の超克》という方向に限りたい。東西が比較的に孤立可能な従来の状態から、「真に縦に一つの世界」となった当時、即ち「横から縦に世界が歴史的歪を有つて来た時、人間行動の中心は主體にあると考へる様になつた」（12-376）。「横の世界から縦の世界となればなる程、主體と主體との闘争は免れない。歴史は民族闘争の歴史である。主體と主體との間には、直接に結合の仕様はない」（12-375）。この「非合理的な世界の形成力」（世界衝動）としての「民族」（種）を越えるものこそが、西田にとって《歴史的世界の創造作用》としての《文化》に他ならない。「それは文化的な結合に至らなければ、真に人間と人間との結合ではない。そこに至つて我々は創造作用に於て一となる」(12-375)。西田は、かかる「世界史的闘争の危機」の只中から「新しい歴史的生命」、「新しい創造的人間」、「新しい文化」が生まれることを念願して思索の懸命な努力をしたと思われる。

西田が思索の格闘をした最大の相手はヘーゲルであろう。前述の「歴史的歪」における「帝國主義的人間形態」の背後には「ヘーゲルの歴史的主體」(絶対精神)が隠れている。アリストテレスの「主語的論理」やカントの「對象認識の論理」に比して、ヘーゲルの論理は「人間の歴史的活動」を把握したというが、「併しそれでも環境から主體へという立場を脱却してはいない。何処までも尚主體が外に残されている。そこには絶對否定がない。主體が残されて居るかぎり、それは尚主體から考へて居るのである。主觀的と云ふことができる」(12-362)。「主體が残る」とは如何なることか。この文章と次のヘーゲル批判に続く文章がこの著作の哲学的核心部であろう。

> 「ヘーゲルの歴史的主體の背後には絶對精神があつた。故に國家は道徳的実體であつた。之を去れば帝國主義に陥るの外にない。併しヘーゲルの絶對精神と云ふのは尚主體的であつた、私の所謂主語的であつた。世界を環境的に一と考える、それは即ち世界を主體的に一と考へることである西洋文化の考へ方の極致と云ふことができるであらう。併し真に人間が創造的となるには、絶對精神は絶對矛盾的自己同一として、自己自身を形成する世界でなければならない。そこには一面に何處までも主體的なるものを越えるという立場がなければならない。ヘーゲルの立場に於ては、未だ真に創造と云ふことは考へられない。我々は何處までも我を主張することによつて創造するのではなく、真に物となつて考へ物となつて行く所に、創造するのである。世界がそれ自身に十全なる表現を有つ所に、我々の真の自己があるのである。私はかかる人間形態は却

って東洋文化の底から求め得らるるのではないかと思ふ。」

（12-377 強調筆者）

ここに示唆されるヘーゲル批判の十分な吟味検討は「場所」論以降の西田哲学全体の精確な研究を要請するであろうが、少なくともその示唆においても前述の《主体から世界へ》という基本方向が読み取れるであろう。またかの《物にゆく道》がまさに《物となる》ところに「主體」自身の大きな自己否定・自己転換を含み、この道は〈世界の自己表現〉という《世界・空性》の開けにまで通じているであろう。この否定・転換の具体性を、西田は「現實即實在」「實実即絶對」、つまり現実を超越した外に絶対を見るのではなく、現実の只中に、「自己の底に見る」という「佛教」に、即ち「主體から主體を越えて主體の底に行く」「大乗佛教の精神」に求めている。そして結論として次のようにいう。

「主體から主體を越えて主體の底に物の真実に行く日本精神に於ては、そこに何處までも東洋文化の精神が生かされると共に、それは直に環境的な西洋文化の精神とも結合するものがあるのであらう。かかる意味に於て東西文化の結合点を日本に求めることができる。又そこに主體と環境との矛盾的自己同一として作れたものから作るものへという歴史の行先を予想することができるであらう。」

（12-360 強調筆者）

この《東西文化の結合点としての日本》という着想は、まさに「日本という場所」を「有の場所」としてでなく「無の場所」として、〈歴史的空間の大きな現在〉として受け止める着想であり、この「場所」を、他国への優越感や文化的ナショナリズムというような爽雑の濁りを混入させずに真摯に受け止められるならば、今日の、否、将来の日本にとっても限りなく意義深い課題であろう。しかし日本が東西の真の出会いの「場所」たりうるためには、己れ自身の伝統の深い自覚と創造的継承が不可欠であろう。「大なる傳統のみ大なる創造を生むことができる。ティ・エス・エリオットは云ふ、傳統とは受継がれるものでなくして努力して得られるものである、それは歴史的感覚を含んで居る」(12-378)。西田自身の「歴史的感覚」には、東洋や日本のみならず「無数の時代」・「無数の傳統」が「同時存在的」に開かれていた。まさに「創造に於て、異なれる傳統と傳統とが結合するのである」、その「創造に於て一となる所に、人間があるのである」(12-379) ということこそ西田の根本思想であろう。

最後に、このような高邁な志から自分自身の文化、現実の「日本文化」を振り返って見るとき、過去の遺物のごとき従来の因習的仏教は「創造的ではなかった、静観的に陥った」(12-377) という弱点を認めざるを得ない。「行」や「教」の受動性・消極性を「学」や「論理」の能動性・創造性へ転換するという大きな課題がある。これに挑戦したのが西田の「場所」論の哲学全体だったともいえる。「佛教哲学の對象は物でなく心であつたと思ふ。主語となつて述語とならない實體が、アリストテレスの哲學の中心問題であつたのに反し、印度哲學では我といふものが中心問題であつた。佛教哲學の主張は無我にあつた。而して大乘佛教に至つては、有即無の絶對無であつた。かかる哲學の論理は、主語的論理とか對象認識の論理とか云ふものであることはできない。私はそれは矛盾的自己同一の心の論理であつたと思ふ。我々の自己と云ふのは、如何にして考へられるものであらうか」(12-363)。この《自己》こそが西田哲学の核心中の核心である。「我々の現實の世界には、我々の自己と云ふものが入つて居らなければならない」という「現實の世界の論理」(12-366) こそが哲學の課題となる。勿論、「場所の論理、心の論理」とは「世界から心を考へること」(12-365) であって、対象化された所謂「心理學」のことではない。西田には、「佛教は自己そのものに徹して、自己は無にして有なるものと考へた。主體の底に主體を否定して、そこに客観的世界を見出したのである」(12-364 強調筆者) という伝統の具体相としては、かの「物にゆく道」(物の真実に行くこととして自己の真実に行くこと) の可能性が念頭にあったであろう。「物にゆく道」とは、かの〈主体から世界へ〉の転回の具体性として「自己を世界の中に置く」ということであり、この《世界》（世界の中にあること／世界内存在）を知ることは、「自己の眞に在る所を知るのである、自己の根源を知る」（12-370）ことに他ならない。

この自己の根源、《自己の真に在る所》とは、前述の「元来そこには我も人もなかった所」（仏教の空、絶対無）にして同時にこの〈世界〉に他ならないが、このような《根源即世界》（「現實即實在」）として物の真実に行く方向を、次のように西田は「理から事へ」として「日本文化の重心」と見ている。

「それ（日本文化の特色）は理よりも事と云ふことでもある。理と事とは矛盾的自己同一的でなければならない。事を離れた理は空理であり、理を離れた事は單なる偶然たるに過ぎない。日本文化の重心は理事一致よりも事理一致に、寧ろ事事無礙にあると思ふ。例へば、日本へ佛教が入つて来た時、華厳とか天台とか云ふ如き理智的な宗教が傳へられた。煩瑣な哲學的宗教であつた。併しそれは漸々簡易化せられ、實践化せられた。理から事へとなつた。傳教の天台は、源信に至ってすでに大に易行化せられ、實践化せられた。一心三観は體験的に天真獨朗の一語を以て示された（島地大等）。この方向が法然親鸞の浄土教となり、親鸞に至つて獨創的な日本的宗教にまで發展したのである。（中略）すべての物を綜合統一して、簡単明瞭に、易行的に把握せうとするのが日本精神である。それが物となつて見、物となつて行う無心の境地である、自然法爾の立場であるのである。そこに我々は天地の矛盾的自己同一に觸れるのである。易行と云ふことは、安易に考へ、安易に行ふと云ふことではない。天地をそこに單一化することである。天地にそこに一つの表現を與へること、かかる表現を見出すことである」（12-347 強調筆者）。「親鸞の自然法爾」も「事に當つて己を盡す」こととして、「そこには無限の努力が包まれてゐなければならない。唯なるがままと云ふことではない。併し自己の努力そのものが自己のものではないと知ることである。自ら然らしめるものがあると云ふことである」（12-369 強調筆者）という。

ここでの「日本文化の重心」としての《易行化》（簡易化・実践化）は、日本仏教の一宗派（他力）の事柄を越えた、日本人全体に関わる《日本的宗教性》（＝「日本的霊性」）として、しかも将来の世界文化に貢献しうる《世界性》を開き得る可能性を孕む事柄として、大きな課題であろう。これは《宗教性の単純化》ともいうべき西田の卓見であるが、彼の親友鈴木大拙の「宗教的単純性」（＝「霊性の自覚」）（S28-319）の着想や、弟子の西谷啓治の「世界直観の単純化」（4-357）という大胆な思想にも通底している。「宗教の最深は最浅へと自在に表現されなければ本物ではないという」伝統の創造的継承としての〈宗教性の単純化〉は、西田最後の宗教論では「平常底」の立場へと更に展開されることになるが、その対極の「逆対応」も含めて、西田では〈世界の自己表現〉思想として思索されている。「物にゆく道」は、〈主体から場所へ〉と「主體の底に主體を越えて」、「歴史的世界の事物」としての「世界の自己表現」に到る道である。

注

西田の引用は、『西田幾多郎全集』岩波書店、一九七八―八〇年版の巻数と頁数で記した。

第五章　自由な賓主互換——上田閑照の禅哲学からみた対話の核心

ブレット・デービス

「あらかじめ結論的にいえば——対話とは人間存在そのものである。[1]」

1　東西対話に向けて、日本哲学は何を寄与できるか

異なる文化を背景にしている人が、諸々の事柄についての真の対話を行うためには、原理的に先ず、「対話」そのものの真相について共に考えなければならない。いわば〈対話についての対話〉をする必要がある。むろん、そのような哲学的な話をしない異文化間対話は頻繁に行われている。グローバル化の時代において、異文化間対話が急速に増えているともいえる。しかしそれらは「真の対話」となっているのであろうか。むしろグローバル化の時代においてこそ、特定の文化が支配的に、対話の「場所」——すなわちその言語・作法・価値観など——を予め備えている限り、真の対話の基礎条件ともいえる〈対等な対話〉にはなっていないといわざるをえない。いわゆる「グローバル化」とは、じつは「文化的一様化」あるいは「文化的植民地化」の婉曲表現であるかのよ

うに、世界中の文化的多様性はたった一つの「村」に同化させられ、その「グローバル・ヴィレッジ」においてのみ、つまりその「村」が一方的に備えている固有の言語・慣習・価値観という局所的な場所においてのみ、文化間対話・交流が許されているように思われる。「グローバル・ヴィレッジ」と呼ばれている現実はもっと多面的で複雑であるにせよ、その表現自体に潜んでいるこの深刻な問題は否認できないであろう。

しかも、皮肉にも、他者の「他性」や文化的な「多様性」が哲学のテーマとして流行してはいるものの、現代の欧米の哲学者のほとんどは実際に非西洋の言語や文化を学ぼうとはせず、またその思想を視野に入れようともしていない。その西洋中心主義の姿勢を取り入れている日本の哲学者もすくなくないが、従来京都学派に連なる哲学者たちは、西洋の哲学・宗教・文化・言語を詳しく学びながらも、足元にある日本語と日本文化に蓄積している東洋思想、とりわけ東アジアの大乗仏教を顧み、日本から世界へと貢献できる哲学を構築している。

京都学派の伝統を担っている上田閑照は、私が近年共編集した論文集のために、「京都学派との対話への寄与」という論文を寄稿した。その論文のなかで上田は、異文化間あるいは異伝統間対話としてしか成り立たない「世界の哲学」に向けて、「日本の哲学」はどのようなものを寄与できるのか、またその寄与の地盤はどこにあるのか、という問いについてこう述べた。

「「世界の哲学」への見通しのなかで「日本の哲学」には少なくとも次の二つの観点からして「世界の哲学」に寄与し得る歴史的地盤があると言える。第一に日本語によって世界理解・自己理解が遂行されている「日本という場所」には、単に日本というだけでなく、インド、中央アジア、中国、朝鮮半島などから伝播流入してきたさまざまな伝統が貯蔵され、それらを糧にして形成されてきた一つの大きな非西洋的な伝統の合流物が沈澱している。これは、「世界の哲学」の形成にとって有意義な発想源となり得るであろう。第二に「日本という場所」は、またそのような非西洋的な伝統と西洋の文化・文物との大規模の出会い、ぶつかり合い、交流の一世紀半の経験を蓄えている。明治開国と第二次大戦の敗戦という二段階を経て、社会全体としては、例外はあるにしても、伝統の無視と忘却が支配しているが（これも出会いの一現象）、それだけに異質の二つの伝統のギャップに身を置いてそこから新しい世界原理を投企することを自覚的に課題とした個々人における、自分の存在を実験台としての、思索の努力の蓄積がある。[2]」

京都学派の諸哲学そのものが、日本また日本語において成り立っている異文化間対話の成果であるともいえる。しかも、彼らは異文化間対話を実行しているのみでなく、「対話」自体について深く考察している。既に他の諸論文において私は西田幾多郎と西谷啓治の対話論について検討したので、[3]ここでは、上田閑照の思想をもとに、対話の真相を追究したい。個人間対話の核心についての彼の思想を解明・解釈するとともに、異文化間対話がもつ困難性と重要性についても考察する。

2　東洋と西洋の間を掘る〈禅・哲学〉

「京都学派との対話への寄与」の最後の節「問題としての現代世界」において上田は、現代のグローバル化における真なる異文化間対話の無さを嘆き、次のようにいう。

「現代の世界現実は、西洋と東洋というようなことを全く無意義にするような仕方で、またその意味では西田／西谷が歴史的課題を受け取った仕方を無効にするような仕方で、現に一つの世界になってしまっていると言わなければならない。西田／西谷の世界への期待と努力を出し抜いて、それとは似ても似つかぬ「一なる世界」に急速になりつつある。〔…〕ちょうど都会のアスファルトのように単一の世界システム・コンクリートが次第に分厚く――分厚くというのはますます空虚を拡げつつということですが――世界中を（いわゆる宇宙空間をも含めて）覆いつつあります。[4]」

続いて、「強力迅速に進行している表面的ではあるが徹底的な一様化を伴う世界の超システム化」を抜けるためには、西田のいう「東洋と西洋の間を掘る」ことが必要であり、それはつまり「現在求められていることは一様化した世界の底をより深く掘ることである」、と上田は結論付ける。

諸文化の特徴を無視し、ましてそれらを抹消することによって、普遍的なグローバル世界を設立しようとするのは、全体主義的な恐ろしい発想である。「ひとしなみに一般的なものが作られるのが世界的ということではない。それはむしろニヒリズム現象であろう」、と上田はいう。[5] 一方、「日本的」なもの（たとえば俳諧や生花）は、日本人によって日本人のために作られた、日本人にしかそれを作ることも吟味することもできないものである、という自民族陶酔に陥っているような日本人論からは、上田の発想は甚だかけ離れている。彼は「日本的」ということをむしろ次のように理解している。

「性格づけとして「日本的」と言われるならば、それは日本だけが特殊という意味ではなく、人間の元来普遍的・汎人間的な可能性の或る範囲が、歴史的には特殊に日本において現実化したという意味に理解されなければならない。したがってヨーロッパ的ということは、そのまま世界的ということではなく、人間の普遍的・汎人間的可能性の或る範囲が歴史的には特殊にヨーロッパにおいて現実化したということである。したがって核心的な問題は、自己の特殊性をどのように自己理解するかにかかってくる。求められているのは、自己を普遍的なるものの特殊化として理解することが、同時に、他者を普遍的なるものの別の特殊化として理解する可能性となるということ、そして、特殊と特殊の交流のうちに普遍的なるものが現実化するということである。(6)」

西田と西谷の試みとその成果を継ぎ、上田は禅仏教の発想(体得から発せられる思想)を哲学的に展開している。そのいわば〈禅・哲学〉(7)は「特殊と特殊の交流」であると考えれば、彼らの生き方・思索は、総じて、異文化間交流のひとつの成果あるいは結晶ともいえよう。

しかし、「哲学」をただ「西洋の特殊なもの」として、そして禅をただ「日本の特殊なもの」として完全に位置づけることはできないというのは、きわめて重要な事柄である。たしかに、西洋哲学の伝統は西洋文化から影響を受け、また逆にその文化に影響を及ぼしてきた。同様に、禅と日本文化は深い相互的な関係がある。しかし哲学は、自らの特殊な言語・文化的な出発点を絶えず顧みながらも、普遍的な真理を目指す営みである。禅についても似たようなことがいえるのではないだろうか。つまり、禅をただ東洋的なもの、あるいは日本的なものとして収められない理由は、その伝統がもともとインドそして中国に由来するからのみでなく、禅の狙いが、文化的に限定された次元を突破し、普遍的な人間性そのもの、つまり「直指人心《じきしにんしん》」して「見性《けんしょう》」することにあるからである。

もちろん、禅は日本文化に大いに影響を及ぼしているがゆえに、禅の核心へと導く手掛かりは日本文化のなかに多々ある。しかし、西田と西谷に倣い、上田の〈禅・哲学〉の目的は、「東洋と西洋の間を掘る」ことであり、伝統的な日本文化が西洋文化との衝突や統合を含めた現代日本文化から出発し、外へ向かって西洋の伝統と対話しながらも禅の伝統の底をくぐり抜け、西田の表現を借りていえば、「内在的超越」を徹底することにあるのではないか、と思われる。特殊から普遍へと、哲学者も禅の学人も、その道を歩んでいるのである。そして、つねに途中に在るがゆえに、他の特殊から出発している者と絶えず対話することに意義がある、といえよう。先ずは〈対話についての対話〉をすることに。

3　対話の出発点――互いに無我へと「おじぎ」すること

さて、上田の〈禅・哲学〉が、東西間の〈対話についての対話〉へ何を寄与できたか、それについて考察してみたい。上田によると、対話の本質は、禅の言葉でいえば、自由な「賓主互換《ひんしゅごかん》」にある。むろんそれは、ただ表面的に話し手になることの順番待ちではない。互いに自由に真なる主となり、また真なる賓となることを可能にするのは、交わす言葉の背後にある、またその源でもある深い「沈黙」へと「おじぎ」し、その根源的な自他不二の次元から再び自他相対の次元へと立ち上がる、という循環的な運動である、と上田は論じる。交わす言葉はかならず何らかの特殊な文化的地平に制約されているが、根源的な沈黙は、文化や言葉に限定された「有の場所」(西田の表現)を裏付ける「絶対無の場所」(西田)あるいは「虚空」(上田)に及ぶものである。われわれは通常、沈黙か対話、賓か主、とそれらをただ相対あるいは相反するものとして考えがちではあるが、じつは〈沈黙における対話〉、〈自由な賓主互換〉こそが真なる人間関係の実相である、と上田の〈禅・哲学〉は指摘している。

上田によると、「おじぎ」は日本文化に規定された挨拶の方法であると同時に、正しく行い、正しく理解すれば、それは人間関係の普遍的な真理を明らかにするものでもある。互いに頭を下げる行為は、出会いへともってきた欲望や偏見、また自文化によって構成されている先入観を、一旦空しくすることであり、そこから再び身を起こす際に、はじめて互いに開いた姿勢をとることができる、ということを上田は次のように説明する。

「出会って、握手の場合のようにすぐに向かい合って「我と汝」になるのではなく、まず互いに頭を下げておじぎをする。これは単なる礼儀の交換にとどまるものではない。双方ともに「間」の深みに自分を無にすることである。「間」の底から自他を包みこんでいる底なき深みのなかへと自分を深く無にすることである。互いに「我」という「我《が》」を折って頭を下げ（頭を下げるのは「我《が》」を折ることの具体である）、我もなく汝もない、自もなく他もないところ（そこだけとると、自他のみならず何もないところ）にいったん返って、そこから身を起こして（立ち上がって）あらためて向かい合い、そこではじめて「我と汝」になる。双方それぞれにおいて「我」からの一方性の根が切られて、それぞれが相互性に開かれた「我と汝」になる。[8]」

上田のいう「「我」からの一方性」は、彼の師であった西谷啓治のいう「無限衝動」としての「業《ごう》」、つまり無明の生死輪廻において自己中心的な自我を形成し、それを動かす「自己-意志」に根づいているのである。[9]「自己中心的な意志というあり方では、何処まで行っても、自己というものの拡張、自分の力の拡大ということで、他者と本当に出会うということがない[10]」。一方、本来の自己はそのような閉鎖的な自我ではない、むしろ「自己を忘るる」（道元）ことによって他者との関係に開いたものであるがゆえに、〈本来の自己は無我である〉、という一見逆説的なことがいえるのである。

4　対話の核心――自由な賓主互換

しかし、「無我」だけでは本来の自己を完全に理解することはできない、と上田はいう。その一方で彼は、その「「我」からの一方性」を徹底的に否定する役割を積極的に認めている。すなわち「無我」とは、本来の自己は自己中心的な世界に閉じ籠った自我では無い、という教えであり、それは我執している非本来的な自己から解脱するための解毒剤である、ともいえよう。しかし、他方では、その解毒剤を過剰に飲んでしまうと、我執の反対問題としての「自己喪失」に陥りかねないのである。上田によれば、本来の自己とは、「自己固執」と「自己喪失」といった両極端にひそんでいる二つの落とし穴に陥らない、自己否定と自己肯定との間を絶えず循環する動きなのである。本来の自己は、「私は私である」と積極的に主張する実体的なものでもなければ、「私は無い」と消極的に自己喪失するものでもない。本来の自己とはむしろ、「私は、私ならずして、私である」という、自己否定を踏まえつつ、つまり閉鎖的な自我の殻を脱皮し、他者へと開いた、他者との動的な関係においてのみ「私である」と自己肯定できるものなのである。[11]われわれは「私は私です」といいがちなのだが、本来的にいうならば、「私は（と自分に返って）、私ならずして（と自分に閉じようとする傾向を否定して、他者とともに在る場所に開かれ、相手に向かって）、私です」[12]と自己理解しなければならない。そもそも「私は私です」という発言自体は、対話においてのみいえることである。独話的に「私は私である」というのは、他者との本来的な関係を一旦遮断し我が世界に引き籠もった者の非本来的な独り言である、といえよう。対話は独話に先立つ。したがって上田はいう、「人間存在は本来対話的存在である」、と。[13]

他者との関係においてのみ自己のアイデンティティーがあり、また自己の自由もある、と上田は論じる。自由の妨げとなるのは、動的な自己――つまり「私は、私ならずして、私である」という動きとしての自己――においての二種類の留まりである。「自己肯定」の契機に留まってしまうと、我執という落とし穴に、すなわち「無限衝動」としての「業」という内面からの他律的な不自由に陥り、また、「自己否定」の契機に留まってしまうと、「自己喪失」という落とし穴に陥り、他の自我や対象の事物に支配される危険性がある。この二種類の不自由に対比して、本当の自由は二側面――すなわち「自己からの自由」と「自己への自由」――がある、そして「自己からの自由と自己への自由との相即が真の自己なのである」、と上田はいう[14]。

そして、自由の二側面を相即する真の自己が、いかに「「主」の役割の交換」を特徴とする真の対話においてこそ現われるかについて、次のように説明している。

「自他の間でのそのような主の交換は、自己の側に即して見ますと、次のように言うことができるでしょう。自分が主となって話すということは自己への自由であり、相手に主を譲って聞くということは自己からの自由です。真の自己は、自己からの自由と自己への自由とが結びつき相即するところにあります。その相即がほどけてしまって、別々になりますと、自己への自由は自己への固執に変質し、自己からの自由は自己喪失に変質してしまいます。自己への自由と自己からの自由の相即、すなわち真の自己の現場が対話である「私と汝」にほかなりません[15]。」

対話において、「自分を出しすぎる」場合は、「自己からの自由」が不十分になり、また、「自分をもっていない」場合は、「自己への自由」が不十分になるのである。「役割の自由な交替」、つまり禅でいう「賓主互換」こそが、対話において自己と共に他者を生かすことを可能とするのである[16]。要するに、「主の自由な交替が対話の核心」

であり、[17]「役割のこのような自由な交替が、対話としていわゆる話がかみ合うことの一番の基礎である」、と上田は述べているのである。[18]

5　二重なる自己同士の出会い

真なる「賓主互換」としての対話を行うのは、じつに難しいことであるといわざるをえない。本来の自己およびその二側面の自由を覚した者同士の間にのみ可能である、ともいえよう。しかしすくなくともわれわれはそれを理想として把握し、模範として用いることができる。先ずは、その把握を深めてゆきたい。

真の対話において経験される自己否定の契機としての「無我」とは、自己が直接・水平に他者へと切り開かれるということだけでなく、自己と他者を包む、二人の根源である「無賓主」すなわち「自他を滅し」た「自なく他なく」「底なき無」へと垂直に切り開かれる、ということでもある。[19]したがって、真の対話とは、「他者である相手によって閉鎖的自己同一が破られて、自他という本来のより広いところから、およびそれと一つに自他を滅したより深いところから」自己も他者も新しくなる、という「出来事」である、と上田は説明する。[20]

要するに、本来の自己の運動は、自他の間に水平に行われるのみでなく、そもそもはそれを可能にしている「自己が無に、無が自己に」という垂直な運動なのである。本来の自己は、西田のいう「個に対する個」、つまり汝に対する我でありながらも、自他を包み、自他を生み出す「絶対無の場所」へと通ずるものでもある。本来の自己は有限的・相対的なものでありながらも、無限な・絶対的な場所へと及ぶものでもある。したがって、動的な本来の自己は本質的に二重なるものなのである。しかもその本来的な二重性は、対話あるいは出会いにおいてこそ、一つの出来事として成立するのである。「自己ならざる他者に面するそのことが、自己が無に、無が自己にということの事実なのである。無に滅し無から甦る唯一の個ということと、「個は個に対してのみ個である」（西田幾多郎）ということは一つに成立する」、と上田はいう。[21]

上田はたびたび「十牛図」の第十図を介して、自他の関係を、そして特に出会いにおいて現われる本来の自己がもつ二重性について、説明している。本来の自己の〈二重性〉とは、私自身の表現ではあるが、二〇一一年一一月一九日に行われた、京都産業大学の森哲郎氏が主催した「人（にん）と人（にん）――禅・哲学・心理学からみる十牛図の世界」というシンポジウムにおいて、その表現の妥当性を確認することができた。本論と直接関連しているので、私のコメントと上田の返答を引用する。

「〔ブレット・デービス〕まずは、私の質問をごく簡単にまとめて言いますと、第一〇図で現れる人、すなわち本当の自己の二重性についてなのです。つまり本来の自己は、若者に出会っている老人であると同時に、その出会いを包んでいる円相、空円相でもあるということについての質問です。

そして、ごく簡単に幾つかの点をまとめていきますと、「人《にん》」というのは、人間の本来的な在り方、あるいはその本来的な在り方を自覚した人を指す言葉だと思います。しかしながら、『十牛図』の第一〇図で見ますように、その自覚は孤立した一人の自覚ではなく、西田幾多郎の言う、「私と汝の自覚」、つまり「人と人」の自覚であります。

そして先生の『十牛図を歩む』という本を引用させていただきながら説明しますと、第一〇図で見る「他者との出会いと交わりが「老」人自身の存在である」[22]。なぜなら、本当の自己は牛ではない。牛が消えて一人で坐っている牛飼いでもない。空円相そのものであります。

引用ですが、「二一人である全体、自他の間、交わり、それが本当の自己だということです。第八〔図〕の無によって自己が本当に切り開かれた無我性の場が出会いの本当の場です。それがそのまま自他の「間」です[23]」。しかしながら「自他の間そのものが自己」であるとは言っても、その自己は先ほどおっしゃったように、「自己ならざる自己」である。[24]

これから私が質問に入っていきますが、第一〇図で現れる人が、自己ならざる自己であるとしますと、その自己は二つの側面といいますか、二つの契機といいますか、とにかく二つの相があります。

一つは、円相が表している自他の「間」です。それは自己の「自己ならざる」相です。無相の相です。閉じこもった自我の固定した殻のみでなく、限定されたあらゆる自己の姿を空じた自己の無限性であり、またその無限性は現実的な自他の出会いに応じて、おのずから限定したかたちを取った「間」、あるいは「場所」となります。

一方、もう一つの本来の自己の相は、その円相に現れる老人の姿で表されています。それはあくまで有限的な自己であり、他者を包むものではなく、他者に対して立つ自己であると考えられます。

これが最後ですけれども、要するに第一〇図が示すのは、自他の間となり得る絶対無であるがゆえに、他者さえ包むことができる「自己ならざる自己」の無限性の自覚。またそれと同時に、あくまで他者に対して立ち止まり、その他者の他性を尊重する「自己ならざる自己」の有限性の自覚でもある。つまり自己の無限性、あるいは絶対性、円相と、自己の有限性あるいは相対性、老人との、二重の自覚である、というふうに理解してもよろしいでしょうか。

上田　はい。それでいいと思います。まさにそういうことを示しているわけです。

この図で見ますと、この若者に対する老人は、まずリアルにその老人であると同時に、全体を包んでいる円相が老人の、一種の光背というか後光として存在する、そういう老人です。向かい合う相手に対しての私であると同時に、私と相手を包む場所全体に趣を与えている、そういう二重性があると思います。[25]」

「十牛図」の場合、老人は本来の自己の二重性を自覚しているのだが、若者はこれからその自覚への道を旅立とうとしているのである。

さて、自覚している者同士が出会うと、どうなるのだろう。鈴木大拙は、本来の自己の二重性を「超個にして個一、個一にして超個」と表現している。上田はその表現を借りて次のようにいう。「本来の自己に目覚めたもの同士の、個一として対し合い、超個の個一としてその「対」から超脱し合い、超個として包み合い、個一の超個としてその包みを放下して「更ち去る」という「人と人」の Spielen（大用にして遊戯）が賓主互換の問答である。[26]」

6　世界変換を共に遊戯する連句

自由な賓主互換が行われる実例として、上田は「禅問答[27]」と並んで「連句」を取り上げる。連句の特徴は、数人の詩人が協力して纏まった一つの「詩的意味世界」を描き出すというよりも、それぞれの詩人が、前句が設立した意味世界を「理解・解釈・改釈」することによって、前句の意味世界から予想されえない新しい意味世界を設立する句を呈することにある、そして、「前の世界から新しい世界への世界「変」を享受すること」が連句の趣である、と上田はいう。[28]前世界を新世界へと移すことが達成すれば（ただし、前句を呈した詩人もその移動を認め、共にその「変」を享受することが「達成」できれば、というのが条件である）、新しい句を呈した詩人は「世界創出の自由な主になる」のである。[29]ところが、「主」の位置を固執・占有しないのも連句の要であるので、その時の「主」は自らの句とその意味世界を次の詩人へと渡し、その詩人もまたそれを「理解・解釈・改釈」することによって

「主」の役割を引き受け、そして前の「主」は新しく披露された総括意味世界の「賓」(あるいは「客」「従」)となるのである。したがって、連句の核心は、Welten-Wechsel-Spiel(諸世界-変換-遊戯)において「主」の役割を交替することにある、と上田は論じる。[30]

しかしながら、どうしてこのような意味世界の「変」は可能であるのだろうか。それは、あらゆる意味世界はそもそも無意味な「虚空」において成立するからである、と上田は説明する。連句でみられるような真の対話の場所は、平面的な既成意味空間ではなく、二重なる「虚空/世界」であり、またそこにおいてある自己は「実存にして虚存、虚存にして実存」として、「二重世界(正確には二重の「開け」)内存在」である、と。[31] われわれは通常、特定の言語・文化・慣習などによって既成された意味世界において実存している。しかし時には、その意味世界が破られ、無意味な「虚無」に曝されることもある。さらに、その虚無の彼方――というよりもその絶対的な「此方」あるいは「此岸」――にある前意味・超意味な「虚空」へと「脱自」することもありうる。[32] ありうるのみでなく、禅問答または連句のような真の対話において、それはかならず多かれ少なかれ経験されるのである、と上田は指摘する。

「虚空/世界における「対-話」という出来事」[33] として、連句の場合では、折々の意味世界は、句と句の間に成立する。その「間」は、一方では具体的な「諸世界-変換-遊戯」としての出来事ではあるが、他方ではその創造的な遭遇を可能にする行間の「空白」でもある。そして、その「空白」(Leere)は「無限に開いている無の空間」(unendlich offene Raum des Nichts)なのである、と。[34] それは、既成意味世界を虚しくする深淵であるのみでなく、新しい意味世界を生み出す潜在力に満ちた「蔵」でもある、といえよう。上田のいう「虚空」とは、意味を担う言葉が届かない絶対的な彼方(あるいは此方)でありながらも、言葉すなわち意味世界を生み出す絶対的な根源でもある。

したがって、究極の体験あるいは「純粋経験」は、「言葉から出て言葉に出る」という出来事である、と上田は述べる。そしてそのような出来事は、真の対話においてこそ現われるのである。連句の場合でみたように、真の対話は、どちらかの参加者の発言によって一方的に備えた意味世界において行われるのではなく、参加者の間で行われる「諸世界－変換－遊戯」の出来事なのである。そしてその遊戯を可能にするのは、共に「言葉から出て言葉に出る」ことであり、すなわち、既成意味世界を「虚」化する虚空へと脱自し、また新しい意味を生み出す虚空から再出発し、相手と共に新しい意味世界の表現を共に享受することにあるのである。

もちろん、連句の場合はともかくとして、実生活に行われる対話の多くの場合、世界変換を共に「遊戯する」あるいは「享受する」とはいっても、すべての対立や問題がたちまち消える、というわけではない。しかし、その対立や問題の解決あるいは対策を共に考えるために、必要とされる共通地平が開かれる可能性はある。それのみならず、地平すなわち意味世界の変換を共に経験することによって、あらゆる地平すなわち意味世界の有限性を共に実感することもできる。そうすれば、折々のそれぞれの地平を絶対化することを共に諦め、時節に適した、状況に応じた自由な賓主互換を転々と進む対話が実現できるであろう。

7 沈黙における対話

本論考の最後に、異文化間対話へと話を戻したいと思う。しかしその前に、対話における沈黙、さらに沈黙における対話、という重要な事柄に注意しておきたい。真の対話は、共に「言葉から出て言葉に出る」ことを絶えず要求する。というのも、真の対話は言葉においてのみ行われるのではない。究極には、言葉を虚化し、また再び言葉を意味化する「虚空」においてのみ真の対話が可能である。意味を担う言葉は、あらゆる意味世界を超え包む虚空へと届かない、坐禅で体験するような深い沈黙のみがそこに届くのであろう。しかし、坐禅から立ち上がって「問答」へと出る、という禅修行における実例でみるように、その根源的な沈黙はただ言葉を否定するものではなく、真（また新）の言葉、真（または新）の対話を可能にするものでもある。(35)

上田は、余計なことを言わないこと、また黙って相手の話を聞くこと、そして言葉の源泉である根源的な沈黙、つまり真の対話を行うために必要とされる三種類の沈黙について次のように説明する。

「元来「話し合う」基本のところで、話すということのすぐ裏には沈黙するということが必然的に入っています。ほんとうに大切なことを言うことができるためには余計なことはあれこれ言わないことが必要ですし、また何よりもよく黙って相手の言うことを聞かなければ対話になりません。しかし沈黙は、それにとどまらず、やはり絶対の無までとどくような深い沈黙に通じてゆきます。そこから話されるとき〔…〕「彼一語我一語」で虚空に静かに響いていきます。(36)」

8　共に「言葉から出て言葉に出る」異文化間対話

ここまで論述したことを纏めていうと、真の対話とは、深い沈黙しか届かない絶対無あるいは虚空において、共に「言葉から出て言葉に出る」という出来事であり、またそれは自由な賓主互換として展開されるものである、ということである。普段、真の対話は親しい者同士、たとえば親友の間で行われるものである、と考えられることが多いであろう。すると、母語や慣習を共有しない人々の間で行われる異文化間対話は、対話の核心から離れた辺境的なものとしてみなされることであろう。しかし、上田の対話論をもって考えれば、異文化間対話は困難であるからこそ、真の対話となりうるのである。それを明らかにするために、先ず上田のいう「言葉から出て言葉に出る」という考えに伴う、「二重世界内存在」としての人間存在理解を説明するテキストを引用する。

「この「言葉から出て言葉に出る」は円滑な自動運動ではなく、言葉が破られて沈黙に、沈黙が破られて言葉へという二重の突破による運動です。〔…〕この運動を理解するためには、世界内存在としての私たちのあり方が、実は二重世界内存在であるというところを見る必要があります。要は、包括的意味空間である世界は世界としていわば限りない開け、「無」意味「虚」空間とも言うべき「限りない開け」に「於てある」ということ。私たちが世界の内にあるというのは、限りない開けに「於てある」世界の内にあるということです。その際、世界は言葉世界と重なっていますので、往々にして、むしろさしあたって大抵の場合は、言葉の限定力と意味連関の枠づけに知らず知らずのうちにしばられて、世界即言葉世界だけが世界内存在の世界とされ、世界を超え包む限りない開けは閉ざされてしまっています。そこに、世界内で人間がひきおこすさまざまな問題の根があります。一方、私たちの世界の真相は、単純にあらわせば、「虚空／世界」であり、これを世界の「見えない二重性」と言うことにします。そしてまた「見えない二重性」の故に、「見えない」ところは感じられずに、見えるものだけが——言葉によって定められて——世界となることになります。このようにして世界だけになった世界を世界内に在る主体、個的に、ないし集合的にさまざまな形態とレヴェルにおける主体は「私の世界」にしようとして、閉じられた世界の内に対立や葛藤や闘争や歪みをひきおこします。このような世界内存在が世界の真相によって打破されて、人間存在の真実が実現されなければなりません。その出来事の根本動性を際立て「言葉から出て言葉に出る」と見るわけです。

以上のように「言葉から出て言葉に出る」という動的な事態に起こっている人間存在元来の根本構造を二

重世界内存在としますと、人間としての存在は、世界から出て限りない開けに、そして再び世界へという運動となります。[37]」

文化・言語・慣習等に限定されている「私の世界」に没入している限りは、他の「私の世界」に同様に没入している他者と真の対話を行うことは不可能であろう。さらに、同じ文化・言語・慣習を共有している人々が「私達の世界」を設け、それに没入することも真の対話の妨げとなる。「「我」の集合体が制作する「我の世界」」はただ自己中心的な自我の拡張にすぎない、と上田は指摘する。[38] 第三者の「彼」を視野（もしくは対話）に入れなければ、個人的または集団的な主観性を超える客観的な世界は開かれない、と西田も論じている。なぜなら、「二人の世界は尚主観的世界である、云わば拡げられた私の世界である」からである。[39] さまざまな国家主義や自民族至上主義、また宗教的な原理主義を主張する人々のみでなく、グローバルな共通世界を促進する人々でさえも、その共通世界において特定の文化・言語・慣習が支配的となっている限りは、「私達の世界」という集団的な主観性という陥穽に陥っているといわざるをえない。

特殊な文化・言語・慣習においてではなく、普遍的な世界あるいは場所においてのみ、真の（異文化間）対話は可能になると考えられるのだが、いったいそのような普遍的な世界は何処にあるのだろうか、そもそもありうるのだろうか、という疑問も当然生じる。われわれが生活しているのはつねに主観的な意味世界であり、普遍的な世界などは存在せず、相容れない諸世界しか存在しないのではないか、というニヒリスティックな相対主義に陥りやすい。しかし、不完全・不十分でありながらも、われわれは実際に異文化間対話を行っているのではないだろうか。また、一つの文化的・言語的・慣習的な世界に生まれ育った人は、不完全・不十分でありながらも、実際に他の文化的・言語的・慣習的な世界に参入し、そのなかで生き、あるいはその世界と元の世界との間を行き来することもあるのではないだろうか。そのようなことは、そもそもなぜ可能なのか。上田がいうように、われわれが住んでいるのが、二重なる虚空／世界であるのならば、そのことが理解できる。

つまり、すべての人間が共有――というよりも〈共無〉――している普遍的な場所というのは、諸世界のそれぞれの意味・言葉・価値観を超えると同時にそれらの根源でもある「虚空」のことなのである。真なる普遍とは、あらゆる個別なものがそれに向かってめぐりかえる「一」あるいは「一者」という意味での「一般者」(uni-versal)ではなく、西谷がいうように究極な普遍とは、OneではなくNoneなのである。[40] ただし、その普遍的なNone、すなわち「絶対無の場所」あるいは「虚空」とは、諸々の意味世界の基に潜んでいる虚無的な深淵というよりも、その諸世界を超え包み、それぞれを生み出す創造的な根源なのである。だからわれわれは異文化間の出会い・交流においてこそ、深い沈黙しか届かない普遍な場所へと繰り返し「おじぎ」し、また繰り返し立ち上がって「彼一語我一語」と片言でも交わしながら、意味世界の変換を共に経験し、自由な賓主互換としての真の対話を実現できる道を歩んでいけるのではないだろうか。

注

(1)『上田閑照集』(岩波書店、二〇〇一―二〇〇三年) 第四巻『禅――根源的人間』二七三頁。

(2) Ueda Shizuteru, "Contributions to Dialogue with the Kyoto School", translated by Bret W. Davis, in Bret W. Davis, Brian Schroeder, and Jason M. Wirth (eds.), *Japanese and Continental Philosophy: Conversations with the Kyoto School* (Indiana University Press, 2011), p. 21-22. 引用は英訳の原文となった和文の原稿より。

(3) ブレット・デービス「二重なる『絶対の他への内在的超越』――西田の宗教哲学における他者論」『日本哲学史研究』第九号(二〇一二年)、一〇二―一三四頁。ブレット・デービス「空における出会い――西谷啓治の禅哲学における〈我と汝〉の回互的関係」『理想』第六八九号(二〇一二年)、一一四―一三二頁。ブレット・デービス「西田と異文化間対話――根源的世界市民主義の可能性」藤田正勝編『思想間の対話――東アジアにおける哲学の受容と展開』昭和堂、二〇一五年、四〇―五六頁。

（4）Ueda, "Contributions to Dialogue with the Kyoto School", p. 30. 引用は英訳の原文となった和文の原稿より。

（5）上田閑照「西谷啓治――宗教と非宗教の間」、西谷啓治著・上田閑照編『宗教と非宗教の間』（岩波書店、一九九六年）、三〇九頁。

（6）同書、三〇九頁。

（7）禅と哲学の間の相互性と相反性を表わすために、〈禅・哲学〉と表記することにする。禅（の実践）は決して哲学（の理論）に還元できないが、禅が哲学の根本的な発想の根源となりうる可能性については、『上田閑照集』第一巻『西田幾多郎』一一四―一四四頁、『上田閑照集』第五巻『禅の風景』五一―一〇五頁、また『西谷啓治著作集』（創文社、一九八六―一九九五年）第一一巻『禅の立場』緒言、三―八頁を参照。

（8）『上田閑照集』第一〇巻『自己の現象学』一〇七―一〇八頁。なお数段落後、「頭を下げておじぎするという挨拶の仕方をとりあげ、それをモデル化してそこから出会いの出来事の自己理解を読みとってきたが、それはおじぎでなければならないという趣旨ではない。握手の場合であっても、握手したその刹那、そこに「自もなく他もない」ところが開かれるはずである」と上田は付け加えている（同書、一一〇頁）。握手よりは日本人が苦手な「抱擁」をおじぎに相当する例として用いればよかったのではないかとも思われる。

（9）『西谷啓治著作集』第一〇巻『宗教とは何か』二五九頁。

（10）『西谷啓治著作集』第一七巻『仏教』一〇頁。新漢字および新仮名遣いに改めた。

（11）『上田閑照集』第一〇巻『自己の現象学』一一四―一一五頁および一三七頁。

（12）同書、三七頁。

（13）『上田閑照集』第四巻『禅――根源的人間』二七三頁。

（14）『上田閑照集』第四巻『禅――根源的人間』二八六頁。

（15）『上田閑照集』第一〇巻『自己の現象学』二八一―二八二頁。

（16）『上田閑照集』第四巻『禅――根源的人間』二八五―二八六頁および二九二頁。

（17）『上田閑照集』第一〇巻『自己の現象学』二八一頁。

（18）『上田閑照集』第四巻『禅――根源的人間』二八二頁。

（19）同書、二九四頁。

（20）同書、三一五頁。

(21) 同書、二九四頁。
(22) 上田閑照『十牛図を歩む』大法輪閣、二〇〇一年、二一八頁。
(23) 同書、二〇五―二〇六頁。
(24) 同書、二二三頁。
(25) 京都産業大学日本文化研究所紀要、第一八号、平成二四(二〇一二)年度、二四四―二四六頁。
(26)『上田閑照集』第四巻『禅――根源的人間』二九六頁。
(27) 同書、二六一―三一九頁を参照。問答のなかでも対話の本質をあらわすものとして、上田は『碧巌録』第六十八則「仰山問三聖」を解説する。同書、二九六―三〇二頁を参照。この問答についての西谷による解釈は、『西谷啓治著作集』第一二巻『寒山詩』二七六―二八九頁、また拙論「空における出会い」一一六―一一八頁を参照。
(28)『上田閑照集』第四巻『禅――根源的人間』三一七頁。
(29) 同書、三三〇頁。
(30) Shizuteru Ueda, *Wer und was bin ich: Zur Phänomenologie des Selbst im Zen-Buddhismus*, Verlag Karl Alber, 2011, S. 65.
(31)『上田閑照集』第四巻『禅――根源的人間』三四二―三四三頁。自己とそれがおいてある場所の二重性については、『上田閑照集』第九巻『虚空/世界』を参照。
(32) 拙論「西谷啓治の〈禅・哲学〉――ニヒリズムを通して絶対的此岸への退歩」上田閑照監修『禅と京都哲学』(燈影舎、二〇〇六年)、二二八―二四九頁を参照。
(33)『上田閑照集』第四巻『禅――根源的人間』三二一頁。
(34) Ueda, *Wer und was bin ich*, S. 65.
(35) Ueda, *Wer und was bin ich*, S. 99, 154-155, 170, また『上田閑照集』第四巻『禅――根源的人間』二〇九―二一〇頁を参照。
(36)『上田閑照集』第一〇巻『自己の現象学』二九六頁。
(37) 上田閑照『哲学コレクション』(岩波現代文庫、二〇〇七―二〇〇八年)第三巻『言葉』九五―九七頁。
(38)『上田閑照集』第一〇巻『自己の現象学』四九頁。
(39)『西田幾多郎全集』(岩波書店、第四刷、一九八七―一九八九年)第八巻『哲学論文集第一・哲学論文集第二』六二頁。
(40)『西谷啓治著作集』一一巻『禅の立場』二四三頁。

第六章　比較思想と普遍思想——中村元の方法論をメルクマールとして

福井一光

1　グローバリゼーションという現象

「グローバリゼーション」という現象の中に「一様化」と「多様化」という外見上互いに全く相反する方向に向かう動きが存在する事実を指摘したのは、井筒俊彦であった。[1] なるほど、井筒の指摘を俟つまでもなく、グローバリゼーションの中に一様化の事実を見出そうと思えば、インターネットを通じての同一情報の共有化や国際金融を初めとする経済システムの同質化など、個別的な事例はいくらでも指摘することは出来るし、逆に多様化の事実を見出そうと思えば、「表現の自由」といった西欧の民主主義的な生活価値と、それを「信仰の冒瀆」とするイスラムの伝統主義的な宗教価値の葛藤・対立など、個別的な事例はこれまたいくらでも指摘することが出来る。何故なら、この一様化と多様化の事実は、グローバリゼーションという現象の裏表の構成要素そのものだからであって、一様化が進む度合いに応じて、それまでは異なる状況におかれていた異なる文化同士を同じ土俵で引き合わせ、勢い利害が直接するが故に、互いに融合しつつ反発し、むしろ多様化の事実を際立たせることになるからである。こうして個別的な事例を少し取り出してみるだけでも、こうした事の次第であるところから、グローバリゼーションとは、そう単純な一元的な現象ではなく、どこを切り取ってみても、相当複雑多様なコンプレックスな現象と心得ておかなければならないのである。

その意味で、それぞれ異なる歴史や国情を無視して、何につけグローバル化という名の一つのゲームのルールを「普遍」として押しつける「グローバリズム」というイデオロギーと、この現象が似て非なるものであることはいうまでもない。何故なら、グローバリズムというイデオロギーは、それを普遍として掲げることによって、グローバリゼーションが引き起こし、そして抱え持つ葛藤を抑圧し、時に格差をバラ撒き、それ故に却って対立を増幅させることはあっても、その矛盾を根本的に解消させることにはならないからである。[2] そうだとすれば、多様化の事実を一様化の事実をもってして一色に塗りつぶすわけにも、またこの矛盾・葛藤を惹起する多様化の事実を多様化の事実のままに棄て置くわけにもいかないのであって、そこに、グローバリゼーションが抱える難問がある。

何れにしても、我々現代人は、このグローバリゼーションというコンプレックスな現象のただ中に身をおいて生きざるを得ないわけであって、我々が互いに異なる文化圏同士にありながら、比較文化論的に架橋する形で、何とか理解可能な共通の枠組みを探し出そうと努めることは、それが果たして真に普遍と呼ぶに相応しいものかどうかはしばらくおくとしても、その混沌とした現象が深刻であればあるほど、喫緊の政治の課題、経済の課題であり、それに対しては、思想もまた無関心ではあり得ないのである。そこで、私もまた、思想問題をめぐって、この多様化のカオスを超える一定の普遍的な思想の枠組みを見出す議論を始めてみたいと思う。如何に普遍を見出すことが人間の精神にとって荷が重すぎる仕事であるとしても、我々にとって多様性の中にバラバラに成り立っている思想の中から何とか道筋をつけ、普遍性を見出すことは、現代及び現代人の深刻な課題の一つであるといわなければならないからである。

そこで、私は、この問題を語る手がかりとして、井筒俊彦と並び、二〇世紀後半の我が国の思想・学術を代表し、人文科学の分野において国際的な尊敬を集めた中村元の学問的努力の轍を辿っていきたいと思う。何故なら、中村は、生涯にわたり、異なる文化圏域に息づく思想同士を引き合わせる「比較思想」と、これを超える「普遍思想」を中心的関心事とし、事実その関係を事柄に即して実証的に論証しようとした思想家であったからである。

なお、敢えて「中村元の方法論をメルクマールとして」という副題を付した理由は、この方法論の問題が、中村がいわんとする普遍思想の内容をも深く規定することになるからである。その事情は、この論考を進める過程で明らかにしていくことにしたい。

2　普遍思想を要請する「開いた社会」

さて、本題に入りたいと思う。勿論、ここで普遍思想と呼ばれるべきものは、初めから自明のごとく与えられているものではなく、比較思想の研究対象となるさまざま異なる思想同士の交流の中から生まれて来るものだと思う。あるいは、「生まれて来る」という言い方が自然発生的に過ぎるというのであれば、より正確にいうと、普遍思想と呼ばれ得るものが思想同士の交流を通じて比較文化論的に想定されてくるのではないかということなのだと思う。

ただ、とりあえずの議論の仕方としては、比較思想論、普遍思想論どちらから入っても、課題になっている事柄は語り得ると思うので、私の話は、この表題の順序を逆転させ、普遍思想の問題から話していきたいと思う。

『中村元選集』に所収された『普遍思想』上・下二巻本は、次のような記述から始まる。「ユーラシア大陸の東西において、恐らく西紀前六世紀または五世紀ころから、人類の社会には注目すべき変化が起きた。従前には遊牧または農耕に従事する村落共同体が成立していたのに、この時代になると、都市が出現し、都市がそれぞれの文明の集約的表現となった。どの文化圏においても都市を中心とした諸国家が成立したが、やがてそれらは次第に統一されるに至る。そうして世界帝国が成立する。（中略）この時代に成立した諸思想は普遍性をもっていた。それぞれの民族のわくを超えた考え方を示した。地域的民族的制約を超えて意義をもった思想であったから、これを〈普遍思想〉と名づけることにしよう(3)」。

この中村の議論とほぼ同様な問題意識をもって、しかし別の分析手法をもって思想史を整理し、論点を取り出して見せたのが、中村も参照するヤスパースの「枢軸時代論」である。枢軸時代とは、紀元前五〇〇年前後に発生し、その後の世界史、なかんずく人類の精神史の動向に決定的な影響を与えた精神過程を普遍的に認めることが出来るという彼独自の歴史認識のことを指す。その要点を整理してみると、一つ、この数世紀の間に、古代シナでは孔子、老子他が、インドではウパニシャッド、釈迦他が、イランではゾロアスターが、パレスチナでは第二イザヤ他が、ギリシアではソクラテス以前の哲学者やプラトン他が出現したということ、二つ、しかもそれぞれが相互に知り合うこともないながら、しかしほぼ同時的且つ並行的に、人間が一方で自らの限界を自覚しつつ、他方で自らの最高目標を思い遣るといった思想を展開したということ、三つ、それは一つの思想からの影響伝播ということで説明し切れるものではないということ、四つ、こうした事実が生まれてくる時代の背景として、これら地域の全てにわたり共通して、小国家や独立都市が誕生し、人々と集団の交流が促進され、繁栄と力と富が享受され、人間の生存の歴史が反省の対象となっていったということ、以上、その後の世界史理解の基軸となる、思想圏を越えて普遍的に認められるエポックメイキングな現象が枢軸時代というに相応しい世界史的動向であるというわけである(4)。

ここでまずもって注目しなくてはならないことは、中村もヤスパースも、同じように、やがて普遍思想という上部構造が生まれてくる下部構造として、都市の勃興を指摘していることである。この指摘は、極めて重要な意味をもつ議論といっていい。何故なら、それが真に普遍性をもったものであるかどうかは兎も角、今に残る世界規模の普遍性を帯びた思想は、確かに彼等がいうように、総じて都市化の時代に生まれてきたといっても過言ではないからである。

その理由は、都市の特徴を解き明かしていけば、自ずと明らかであろう。即ち、都市化の時代とは、古今東西共通してまた多様化の時代でもあった。繁栄と力と富を求めて、都市にはいろいろな地方から、いろいろな伝統・慣習を背負った人々が集まってくる。したがって、都市化は、多様化の流れを生み出し、都市はまた、人々の中に、目の前の自然の神秘を解き明かす思想的関心よりも、より複雑化した社会の在り方や、そこに生きる人間の生き方への思想的関心を呼び起こしていった。因みに、人間への関心から、あれほど倫理を語っても、自然には最早無頓着で、郊外への散歩も惜しんだと伝えられるソクラテスは、明らかに都市の住民であった。中村は、インドの沙門（シュラマナ）、ギリシアのソフィスト、シナの諸子百家といった、村落共同体を離脱して、異なる地域のさまざまな情報と接触しながら遍歴流浪する自由思想家たちが都市を中心にして活動し始めた事実を指摘している。(5)

逆にいえば、そのことは、都市には当然のことながら彼等を受け入れてくれる土壌が醸成されていたということである。今日、我々が高度の都市文明を営む中で、「ニューヨークのニューミュージックはどうか」、「ミラノのニューファッションはどうか」と、新しい情報を追い求めたがるのと、本質的に、いつの時代であっても都市住民の心意識は同じということであろう。一般に、「フィロソフィー」という言葉が文献上初めて登場するのは、ヘロドトスの『歴史《ヒストリアイ》』が紹介する、小アジアのリュディアの首都サルディスを訪ねたギリシアの七賢人の一人ソロンに対してサルディス王クロイソスがいったと伝えられる言葉、即ち「知識を求めて広く世界を見聞して廻られた[6]」といわれるわけだが、遍歴流浪は異なる地域のさまざまな情報への接触を可能にしたこと、これもまた想像に難くない。彼等は、世界のあちこちの文物に触れた一種の物知り博士たちだったのである。

さて、このような都市化という多元的な時代状況にあっては、人々の主張は、どうしても相対主義的な論調となっていく。何故なら、異なる価値や思想が集合する場所、それが都市だからだ。インドのガンジス河下流の合流地帯にあった商業都市ベーサーリーにおいては一人ひとりが「我こそが王である」といったそうだが、王は絶対権力者であるわけだから、そこにはどうしても自分の正義を振りかざす「神々の闘争」が生まれてくるわけである。「私が知っている伝統・慣習はこうだ、これが正しい」、「いや、私が知っている伝統・慣習はそれとは違う、これが正しい」と。しかし、この互いに異なる主張のぶつけ合いは、「ナンデモアリ」の多元論・相対論のカオスを生み出すわけで、この多元主義の矛盾、相対主義の葛藤を乗り越える思想として、インドでは、やがて全ての「辺《へん》」、即ち「偏り」を離れて「中道」を説く仏教が生まれていった。

ギリシアの自由都市アテナイで暮らすソフィストの代表格のプロタゴラスが「人間は万物の尺度である」といったということは、哲学史には必ず登場する有名な話だが、それは、「我こそが王である」というのと同じ精神であるといっていいだろう。皆、自分が尺度だというわけだ。しかし、そうなると、何が本当の真実であるのかという確たる基準はないことにもなりかねない。従って、この多元主義・相対主義の行き着くところは、「何ものも在らぬ、在っても知り得ぬ、知っても伝え得ぬ」、つまり拠り所とすることが出来るような確かな根拠は何も無い、現代は無根拠の時代であるとするゴルギアス的懐疑主義に陥るわけで、このような多元主義・相対主義の矛盾や懐疑主義の葛藤を批判的に乗り越える形で、「無知の知」に立ち「汝自身を知れ」と、アテナイではやがてソクラテスが生まれていった。

こうした思想状況は、何も古代のインドやギリシアだけに止まらない。この構造は、近代社会及び近代思想にも見て取ることが出来る。ルネサンス・宗教改革を経て、農・工業の分離が進み、更には商業を基幹産業として成熟していった近代市民社会を「原子論的な欲望の体系」といって定式化したのは、ヘーゲルであった。つまり、彼によれば、利益・交換という内容と、そのために契約・結合という形式を取る経済社会にあっては、その主体となる一人ひとりがアトムであって、その原子、即ちブルジョアが自分の欲望を善として最大限振りかざして生きていこうとする性質の社会というわけである。こうした状況においては、既存の伝統や慣習のくび木に拘束された状態を人間の「未成熟状態」と見做し、そこからの解放を謳い、それぞれの自由を唱える啓蒙主義が時代を席巻していくことになるわけであるが、しかしそこには当然のことながら、その裏返しとして、多元主義・相対主義、更には懐疑主義が醸成されていくことになる。だからこそ、一八世紀市民社会のただ中に生きたカントは、自らの理性を反り身となって反省する「理性批判」の道を歩み、一人ひとりの正義を超える普遍妥当的な道徳的価値基準、簡単にいえば万人に共通する生き方の基準を探し求めようとしたのである。(7)

このように、都市化によってもたらされる多元的思想状況が、相対論・懐疑論に襲われる産みの苦しみを経ながら、新しい普遍性のある思想を産み出していったことは、古今東西の歴史を振り返っても、普遍的に認められる現象ということが出来るのである。何故なら、新しい普遍性のある思想を産み出さなければ、相対論・懐疑論にさいなまれる都市の住民は、安穏な都市生活を営むことは出来なくなるわけであり、都市自体もまた円滑に成り立つことが出来なくなるからである。言い換えれば、規模の大小はあるにせよ、こうした現象は、所謂「閉じた社会」から「開いた社会」へと構造転換する時代状況に普遍的に起こってくる現象といっていいのだと思う。そして、今日の現象は、それが正に地球規模《グローバル》に起こってきているということなのである。

3　普遍思想の内実

そこで、話を中村に戻すと、こうした古今東西に共通する状況認識を踏まえて、彼は、普遍思想が形成されていく過程を語り始めるわけだが、この普遍思想には、二種類の特徴を見て取っておかなくてはならないという。一つは、一定の時代・一定の地域においては影響力をもったにも拘わらず、別の時代・別の地域にあっては、むしろ異端として、その普遍性を失っていってしまった「限定的な普遍思想」と、もう一つは、小国家から広域国家、更には世界国家《コスモポリス》へと進む過程にあって、種々の思想間の抗争・駆逐・排除を経ながら、優位性を獲得していった普遍思想というものである。(8)本格的な普遍思想と見做されるものは、後者の「優位を獲得した普遍思想」といっていいだろう。

因みに、中村は、本格的な普遍思想と呼ぶに相応しい思想の特徴として、以下の六つの共通に認められる性格を指摘している。一つ、「懐疑論の超克」である。その思想は、既に見たように、「当時までの種々の異端邪説をのりこえて、真の人間としての道を明らかにしよう」(9)とする態度といっていいであろう。二つ、「形而上学的諸問題に関する沈黙」である。その態度は、人間は有限であるが故に、「究極の真理については判断を下すことができないという思想」(10)である。三つ、「思想の部分的真理性」である。したがって、「われわれは絶対者の一部のみを知っているにすぎないという思想」(11)である。四つ、「思想の宥和的性格」である。「諸思想は部分的に真理を伝えているという主張はおのずから寛容の態度を成立せしめる」(12)からである。五つ、「思想の合理主義的性格」である。「普遍思想と見なされ得るものは、既存の諸思想や諸宗教体系を批判するに当って、多かれ少なかれ合理的思惟を示している。それは経験によって確かめられたものでなければ、何ものをも信じてはならぬという態度である」[13]。六つ、「普遍的規範――理法の承認」である。真理の部分性や相対性を主張するという思想は、デカルトの「神の存在証明」のような言い方になるが、「実は人間存在のうちに普遍的理法なるものがあるということを前提としているわけである。人はあらゆるものを疑い、懐疑的になることができる。しかし懐疑的な思考という現象それ自体は、或る種の普遍的な理法――それを把捉することは非常に困難であるかもしれないが――の存することを証するものである。疑うということも、何らかの合理的思惟の前提があってはじめて可能なのである」[14]。以上、これらの六つの特徴は、種々の思想の性格によって強弱濃淡はあるとしても、中村は、儒教、仏教、ギリシア思想、キリスト教、そして近代思想に共通する普遍的傾向を見て取ることが出来るというのである。

ただし、中村の次の指摘は、面白い、極めて重要な点で、如何なる思想を議論する場合も、そのことはよく心得ておかなくてはならないことだと思う。彼は、こういっている。その優位を獲得したわずかな普遍思想といえども、「その説いたところが全面的に伝えられたのではなくて、後の人々が選択して重んじたものが後世に指導的意義をもつこととなった」[15]。この指摘は、思想というものが、それが普遍思想と形容されるような力をもったものであったとしても、異なる時代と異なる社会との出会いの中で変質したり、変形したり、ある部分が縮小して置き忘れられたり、ある部分が拡大して肥大化したりしながら、漸次形成されていったということを意味している。

とすると、例えばキリスト教というものも、万古不磨の“the Christianity”というようなものとして成り立ってきたわけではなく、時代や社会との出会いの衝撃によって変形・変質しながら、我々が理解するところのキリスト教たらしめられ、今日に至っているといった方が正確であろう。また、仏教のいう「空《シューニャター》」概念も、その内容については、同じ空という言葉を使うからといって、三国仏教史において必ずしも同一の内容をもって理解されているとは限らず、それを受け止めたそれぞれの地域に住まう人々の思惟方法を重ね合わせて受け取らない限り、その実態を正しく了解出来るものではないであろう。ということは、今日の普遍思想と見做される「自由・平等・民主」という政治概念を理解する場合にあっても、その受容の仕方については、同様の事情が潜んでいることに注意しておかなければならないのである。

また、中村は、もう一つ面白い、これも重要な指摘をしている。「人間は人間であるという点では平等であり、人間を人間として愛しようという態度をつきつめるとコスモポリタンの理想が成立する。プラトーンの哲学には人類愛や世界市民という考えはなかった。アリストテレースには人間の平等の観念がなかった」。こういった後、彼は、こう書いている。「コスモポリタンの理想が、古代インドの諸宗教のうちで仏教においてのみ表明されたということは注目すべきである。その理由を考えてみると、仏教は分配面の道徳を強調し、交通路の設定に熱心であった。その姉妹宗教であったジャイナ教も商人のあいだに信徒をもっていた」[16]と。

確かに、中村の指摘した事実に基づいて考えてみると、人間を、例えばカーストのような階層社会の枠組みを前提として見るというのでは、人間間の純粋の平等性など成り立ちはしないであろう。そうした階層性を離れて人間を人間において見るという態度に立たなければ、分配の平等性を確保することは出来ないし、そうでなければ、分配の正当性の上に生業が成り立つ商人達に支持される思想にならないであろう。そう考えてみると、ブッダの平等思想、及びそれを支持する人々の思想の中に、ちょうど歴史性や社会性を濾過して人間を人間として捉えようとするカントの人格概念、及びそれが近代市民社会に対して果たした役割と同じような性格を見て取ることが出来るのである。近代市民社会の住民である市民《ブルジョア》は、お互いに平等に立たなければならない交換や契約の自由な主体であり、テンニエスの見解をそのまま踏襲すれば、その典型は、「商人」にあるからである。[17]ヤスパースも、こういっている。「後世になって理性とか人格とか称せられたものは、枢軸時代に発現をみたのである」[18]。

無論、「人間を人間において見る」というブッダの宗教的平等性の人間観が、無味無臭の抽象的人格において世俗的平等性を担保する方向に機能したカント的人間観と同じものではないにしても、中村の指摘は、こうした普遍思想というものが意図し、成り立つ一つの局面を言い当てるものとして、我々がやはり注意しておいてよいことだと思う。

ただ、そうなると、一見如何に普遍性を帯びた思想であるといっても、本当に歴史性や社会性を排除した形で普遍性というものが本当に成り立ち得るものなのかどうかということが問われるべきこととして、当然残っていくわけである。それ故、普遍妥当的な道徳的価値基準を追及したといわれるカントの道徳論も、金子武蔵のいうように、「近代の市民社会をもって地盤とするものであるという歴史的制約から自由ではない[19]」わけであり、その地盤とするところの下部構造を決して軽く見ることは出来ないということなのである。逆にいえば、現実の市民社会が必要とする理想を理論的に構想された世界市民的社会の理想の下に普遍化しようとしたのがカントの道徳論なのであって、となると彼の打ち立てた普遍的道徳論も限定的な普遍思想という色調を帯びることになる。ヘーゲルも、思想のもつ歴史性や社会性について、プラトンを引き合いに出しながら、端的にこういっている。あの「理想のことわざと見なされているプラトンの『国家』ですら、本質的には、ギリシア的倫理の本性よりほかのなにものをも把握しなかったのである[20]」と。したがって、中村のいう「優位を獲得した普遍思想」というものでさえも、その内容は、歴史性や社会性によって構成された部分があるのであって、その普遍思想を最後まで本当に普遍思想と言い切ってよいものかどうかという点については、よく注意しておかなければならないわけである。

4 共通項を見出す間文化論的な努力

このように考えてくると、それにも拘わらず、なお我々が普遍思想といわれるものにこだわるのだとすれば、それは、ヘーゲルが「世界史」を、そこにおいて個人や社会、民族や国家の生存と行動、変化と消滅が最終的に判定される「世界法廷」と見做したのと同じような意味において、さまざまな思想の興隆・衰亡を内に含みながら、決して倦むことなく自らを充実・発展させる普遍的な世界精神史そのものと論理上想定するか、あるいはさまざまな思想を重ね合せながら、何とか比較思想論的に「ある種の共通項」を見出そうとする実証的努力に期待する他ないことになる。

インドにルーツをもつ、現代西欧の「間文化論哲学」のリーダーであるラーム・A・マールは、故国の聖者マハトマ・ガンジーの言葉を引き合いに出しながら、こういっている。「間文化論の精神において、ガンジーは、こう断定しています。『私は、私の家が全ての方角から壁で覆われ、私の窓が全て塞がれることを望みはしません。私は、全ての国々の文化が私の家によって出来るだけ妨害されずに風通しがよいことを欲します。けれども、私は、ある何らかの文化によって吹き飛ばされることは拒絶します』。これをもって、彼は、東洋と西洋の間に二者択一を見たラドヤード・キプリングに反対するのです。こうした理念は、後年、文化は互いに衝突し合う球であるのでは決してなく、むしろさまざまな仕方で互いに結び合わされる織物であるというように捉えられることになりました。ある純粋な文化の理念などというものは、神話なのであり、文化的な重複の多様性が問題なのであるという筆者のテーゼは、このような見方に合致するものなのです」と。したがって、マールは、間文化論哲学の採るべき態度を、こう定式化するのである。それは、「完全な同一性とか完全な相違性という虚構を超えて、さまざまな文化の中にオーバーラップしているものを探し求め、見出し、押し広げ、したがって諦めることなく、ある共通のものを成り立たせ、また打ち解けさせるものです。それは、自分自身のアイデンティティーを放棄することなく、対話的に踏査されるものなのです[21]」と。そこには、中村元と同様の方法論的苦心があるといっていいのであり、恐らく普遍思想とは、実際上はそうした形でしか見出し得ないものであろう。

　したがって、中村自身はといえば、論理が勝ち過ぎた哲学的議論に対して常に慎重であった。彼は、ブッダや孔子がそうであったのと同様、形而上学的議論に対して常に禁欲的であろうとする思想家であった[22]。「あらかじめアプリオリの論理的原則を立ててはならない。それは独断に傾く恐れがある。われわれはできるだけ多くの思想史的事実にもとづいて、全面的で偏見のない討究をなさねばならぬ。その研究は実証的でなければならない[23]」。それが終始変わらない中村の基本的な態度なのである。

　こうした基本的な態度であることから、「思想の普遍性」、殊に「東洋思想の普遍性」ということに強い関心を寄せる場合も、彼は、“the Orient”というような普遍性を語るのではなく、多くの事例を紹介しながら他の文化圏及び他の時代段階への影響や共通性を読み取ろうという意味での普遍性を開示しようとするわけである。この点は、同じ「思想の普遍性」、殊に「東洋思想の普遍性」に関心を向けるからといって、井筒俊彦の範型論的《パラディグマティク》な思想理解の方法論とはおよそ異なるものである[24]。したがって、中村は、このように、一定の事柄について一定の結論を下す時にも、「ある程度の類似性を認めることはできる[25]」、「若干の諸民族について、あるいはある時期において、あるいはある種の人々について顕著である[26]」と認めることが出来ると、言葉を選びながら、極めて慎重である。

　例えば、中村は、こういう論証の仕方をもちいるのである。「キリスト教のバイブルに仏典の物語の影響のあとがあるとか、ギリシア哲学の一部にインド哲学が影響を及ぼしたというようなことが、しばしば主張されるが、そこにはなお論拠に曖昧な点が存するが、全体としてはもはや否定できない事実であると認められている」[27]というように、あくまでも実証的に論証していくわけである。

中村は、その著『比較思想論』の中で「普遍的思想史の夢」という項目を設け、末尾でこういっている。「さて夢をめぐらしてこう考えて来ると、なかなか大変な仕事である。いったい、そのような仕事がいつの時代に実現できるのかどうか。しかしこういう夢を追うことはやはり必要であると思う」[28]。私には、中村自身がどのような意味と思いを込めて、敢えて「夢」と言い表したのか、その夢は実現出来るものと考えていたのか、その夢は夢のままに終わり、そうした学問を求めようとする我々の動機づけに止まるものと考えていたのか、それ以上のことは判らない。しかし、はっきり指摘することが出来ることは、我々がそのような夢を追い求める過程で、これまで詳らかにされなかったさまざまな事柄が解き明かされていったということは間違いない事実としてあるということである。

例えば、その過程で、一つ、キプリングの言葉に象徴されたように「東は東、西は西」といわれた断絶していた東西思想に何らかの架橋がなされていったこと、一つ、それまで相互に絶対的なものと受け止められてきたそれぞれの思想が決して絶対的なものと見做されるべきものではなく、相互に対象化され相対化される必要があるということ、一つ、その思想を対象化し相対化する我々自身の思惟が自らに刻印されている歴史性や社会性を決して払拭し切れるものではないということ、そうだとすれば、一つ、思想理解において考察者はカール・マンハイムが指摘したような自らの「思惟の存在被拘束性」の分析を決しておろそかにしてはならないということ等々、このような事柄が顕わになってきたということは、それ自体大きな学問的成果といっていいだろう。そうであればこそ、我々は、自分の抱えもつ思想と思想理解について余程謙虚になることが出来るのである。それに、全てを包摂する普遍思想など、ひと度現実の中に舞い降りれば、そこに内在する種々さまざまな思想を抑圧する権力装置に化してしまう危険は、また容易に想像出来ることだからである。

何故なら、ますますもってグローバル化していく世界史の流れの中にあって、グローバリゼーションは、時代の趨勢としても、グローバリズムは、むしろ自民族中心主義《エスノセントリズム》を加速する格好のイデオロギーにもなり得るからである。我々は、そのことに対して、対他的にも対自的にも、常に身構えておかなければならない。歴史的に後発の立場から近代史を歩み始めたことから、進歩に対して常に前のめりになりがちな我が国の国民性からして、その反動として、往々グローバリズムという名の虚偽意識に簡単にからめ捕られてしまう傾向が著しいからである。

こう考えてくると、思想の世界においても普遍性というものがそう簡単に導き出すことが出来るものではないということを、中村の努力は逆説的に物語っている。普遍思想を希求することは多くの人々によって普遍的に共有出来たとしても、その内容は、民族により、時代により、それを解き明かす人々の思惟方法により、決して同一ではないからである。普遍を見出すことは、人間の精神にとってやはり荷が重すぎる仕事なのである。むしろ、我々に出来る大切なことは、全てを凌駕する普遍思想などというものは成り立ち得ないということを覚悟した上で、相互理解のための地道な、お互いの声を聞き取る丁寧な努力をその都度重ねていくということであろう。思想のユニヴァーサル化と思想のイデオロギー化、その緊張に立ってヤスパースは、こういうことをいっている。確かに客観的に表現できる一つの共通な真理などというものは存在しないのではあるが、しかしもし我々が理解し合うとすれば、他者においてもまた、自分と同じ問題が関心事となっていることをお互いが認識し合うことである。そうすることによって、相互に極めて隔たったものでありながら、相互に含み含まれる関係が生ずるのである。[29]人類がそれぞれの歴史や社会の中に生きながら無制約的に真なるものを希求することは、確かなことだからである。

注

（1）参照、井筒俊彦『東洋哲学』（著作集、第九巻）中央公論社、一四―二二頁。
（2）参照、スティグリッツ『世界に格差をバラ撒いたグローバリズムを正す』楡井浩一訳、徳間書店、四三―四四頁。
（3）中村元『普遍思想（上）』（選集、第一八巻）春秋社、三頁。
（4）参照、ヤスパース『歴史の起源と目標』（選集、第九巻）重田英世訳、理想社、二一―二九頁。
（5）参照、中村元『普遍思想（上）』（選集、第一八巻）、春秋社、八―一〇頁。中村が「シナ」乃至「シナ人」という時、それは「漢」乃至「漢民族」という意味であり、政治的概念としてではなく、文化的概念として使用している言葉である。筆者も、これを踏襲した。
（6）ヘロドトス『歴史』松平千秋訳、岩波書店、二八頁。
（7）参照、福井一光『ヒューマニズムの時代――近代的精神の成立と生成過程』未來社、一五九―一六二頁、二一九頁。
（8）参照、中村元『普遍思想（上・下）』（選集、第一八・一九巻）春秋社。
（9）中村元『普遍思想（上）』（選集、第一八巻）春秋社、一四二頁。
（10）同上、一五一頁。
（11）同上、一六八頁。
（12）同上、一七八頁。
（13）同上、一九九頁。
（14）同上、二一三―二一四頁。
（15）同上、一三七頁。
（16）中村元『普遍思想（下）』（選集、第一九巻）春秋社、七五〇―七五二頁（傍点筆者）。
（17）参照、テンニエス『ゲマインシャフトとゲゼルシャフト――純粋経済学の基本概念』（世界思想教養全集、第一九巻）重松俊明訳、河出書房新社、九一頁。
（18）ヤスパース『歴史の起源と目標』（選集、第九巻）重田英世訳、理想社、二六頁。
（19）金子武蔵『近代精神史研究――近代の誕生』以文社、二七一頁。
（20）ヘーゲル『法哲学』（世界の名著、第四四巻）藤野渉・赤沢正敏訳、中央公論社、一六八頁。
（21）マール『マハトマ・ガンジー――間文化論的に読み解く実像』福井一光訳、玉川大学出版部、四九―五〇頁、二六頁。

(22) 参照、中村元『比較思想論』岩波書店、二六〇頁。
(23) 同上、二三八―二三九頁。
(24) 参照、井筒俊彦著『意識と本質』(著作集、第六巻) 中央公論社、三三九―三四〇頁。
(25) 中村元『東洋人の思惟方法 (四)』(選集、第四巻) 春秋社、一一七頁。
(26) 中村元『比較思想論』岩波書店、二一一頁。
(27) 同上、二一二頁。
(28) 同上、二四八頁。
(29) 参照、ヤスパース『歴史の起源と目標』(選集、第九巻) 重田英世訳、理想社、三二一―三三二頁 (傍点筆者)。

〈コラム〉

文学によるニヒリズムの主題化——エルンスト・ユンガー『大理石の断崖の上で』について

川合全弘

『大理石の断崖の上で』は、エルンスト・ユンガーが迫り来る軍靴の音と競走するようにして一九三九年八月第二次大戦勃発の直前に書き上げた小説である。暴政とそれに対する抵抗を正面から題材に取り上げたこの小説が、著者によるナチ体制の批判を寓意し、それゆえ著者を体制との鋭い葛藤の中に置くであろうことは、著者にとってもハンザ同盟出版社にとっても覚悟の上であった。実際ゲッベルスらが出版禁止とユンガーの訴追とを主張したものの、ヒトラーがそれを抑えた、と言われる。一九四二年までにすでに六版を重ねたこの小説は、言論統制下の文学砂漠の中で多くの読者にとってオアシスとなった。第二次大戦後、この小説は抵抗文学としての評価をめぐる激しい論争の中に置かれた。主としてユンガーと同世代に属する人々が、国内で公然と暴政を批判したユンガーの勇気とこれによって彼が払った個人的犠牲とを高く評価したのに対して、トーマス・マンを始めとする亡命知識人や戦後生まれの若い世代の批評家は、ユンガー自身のナショナリスト的過去、実際には彼が強制収容所送りとならなかった事実、小説を貫くエリート主義的価値観、戦闘場面の描写において破壊の美的スペクタクルへの著者自身の惑溺を示す「ファシスト的文体」、主人公の植物研究家が暴政に抗して取る審美的立場の政治的無力さ、そして小説の逃避主義的結末などを指摘して、そのような高評価を否定した。

他方ユンガー自身は、一見奇妙なことに、彼の批判者に同調するごとく、この小説の抵抗文学としての意図を否認した。この否認は、抵抗文学論争という新たな政治に作品の評価を委ねることを拒むユンガーの自尊心の表明であるとともに、彼の文学観に深く根ざすものでもあった。『大理石の断崖の上で』は、なるほどナチズムに対する著者の批判的姿勢を暗示するものの、ユンガーの意図に即して見るならば、党派への加担に終わらざるをえない政治的な闘争文書を目指すものでなく、自己克服という一層高い営為の産物であり、その文学的表現を目指すものであった。そこには、ユンガー自身のナショナリスト的過去との決別が表現されている。かつて彼自身がその旗手役を務めたドイツ急進ナショナリズム運動が、最終的にナチズムという生蔑視の体制へと帰結したこと、そして当時彼にとって至高の価値と思われた「祖国ドイツ」が、巨大な破壊機構へと変貌してしまったこと、この経験がユンガーにこの小説を書かせた。以下において、ニヒリズムとその克服との文学的主題化という視点から、この小説について少々論じてみたい。

＊　＊　＊

この小説には、読者に同時代史的関連を強く印象づける三つの物語が含まれている。これらの物語を通じてユンガー自身の経験とその省察とが語られている、と見て間違いない。

第一は、「アルタ・プラーナ前面戦争」の敗北と復員の後、無数の秘密結社を形成して抗争を繰り広げた「マウレタニア人」の物語である。小説の主人公であり、語り手でもある「私」は、この戦争に出征したマウレタニア人の仲間であった、とされている。「私」は自らのマウレタニア時代について次のように回想する。「心の奥深く、人生とはこんなものだということを描き示している雛型が、まったく消えうせてしまうところの転落の時代というものがあるものだ。そういう時代へ踏み込んでしまうと、私たちは均衡を失った存在となって、あっちへ、こっちへと、よろめくのである。……私たちは、こうした喪失感というものを覚えるや否や、そこから抜け出そうとつとめた。私たちは、現在を、現実を求めて憧れているのを感じた。そして退屈から逃れるためなら、氷の中へでも、火の中へでも、さてはエーテルの中へでも突入したことであろう。懐疑が充実感と一緒になるといつもそうであるように、私たちは、暴力へと転向してしまったのだ[1]」。

この物語には、第一次大戦から復員した後、ワイマール共和国で「国民革命」を呼号する政治運動を展開した、ナチ党を含む諸々の急進ナショナリスト団体の活動とそこにおけるユンガー自身の経験とが投影されている。当時ユンガーは国民革命派の文学的旗手であった。復員軍人の体験を基礎とするこの急進ナショナリズムとは、端的に言えば、大戦の死者との道義的な連帯意識を心情的基盤とし、戦死者への追悼の念を梃子として国民共同体を再建しようとする政治運動であった。「追悼の政治」とも称すべきこの政治運動は、戦死者による献身と犠牲そのものの中に「祖国ドイツ」の実在を見出そうとした点において、当初から死への一途な傾斜を孕んでいた。かくしてそれは本質的に「死の政治」であったと同時に、また人間に対する機械技術の優越という、かつて戦場で得た衝撃的な近代経験に駆られた「ニヒリズムのユートピアの政治」でもあった。小説中に描かれる、「喪失感」に急かされて生を死へと駆け抜けるマウレタニア人の悲愴な姿は、かつてのユンガー自身をも含めたドイツ復員軍人たちの――ひいては戦間期ヨーロッパ・ファシストたちの――肖像画にほかならない。ユンガーは小説において、マウレタニア人に「救いを失ってしまった人間の辛さ」を見、そこになお「ほのかな愛着」を寄せるものの、その政治を今や明確に「誤謬」として退ける。

第二は、マウレタニア人の親分たる「森の統領」による、古い文明都市マリーナの征服の物語である。森の統領はニヒリスティックな近代的権力技術者集団マウレタニア人に属しながら、しかも太古以来の根源的な権力本能をも体現した権力の精通者である。マリーナの背後に位置し、統領が住まう深深とした「森」は、原始のアナーキーを象徴する。そこには、人間社会の掟を逃れ、またそこから追放されたありとあらゆる種類の無法者、犯罪者、妖怪が、権力のおこぼれを求めて流入する。森の統領は、一方でこれらを手先として恐怖を小出しにしながら徐々にマリーナの人々の抵抗力を麻痺させるとともに、他方では子分たちの暴力行為をたしなめる「秩序力」の役割を演じることによってマリーナの人々の目を欺く。また森の一角にある――ゲッベルスを連想させる――「ケッペルスブレーク」の小屋では、捕えられた者たちが「永劫の罰を蒙った徒輩」によってひそかに残忍な仕方で殺され、そこから流れ出す悪臭と雲霧が次第にマリーナの空気を汚染する。恐怖と姦計とを駆使した権力技術によってマリーナを征服するこの森の統領の物語には、ナチズム成立の過程とその構造とが文学的想像力によって見事に捉えられている。ユンガーの叙述を要約するならば、森の統領の支配とは、人生を一種の「時計装置」に変えようとするマウレタニア人の冷たいテクノクラシーと無法者による賤民支配とに先導され、それらの利用の上に成り立つ、デーモンの支配にほかならない。森の統領とは、ヒトラーやゲーリングなどの歴史的個性にモデルを求めたものというよりも、急進化した復員軍人たちによる国民革命運動がドイツの地底から呼び起こしてしまった権力のデーモンの擬人化であろう。

第三は、森の統領に対抗してマウレタニア人の一人ブラッケマールと新ブルグント出自の貴族ズンミュラ侯爵とが演ずる抵抗の物語である。ブラッケマールが森の統領に対抗する動機はマウレタニア人内部の主導権争いに由来し、他方ズンミュラの動機はマリーナを強奪者の手から救おうとする貴族的使命感である。二人は助力を求めて主人公の許を訪れる。彼らに対して主人公が示す態度は、一九四四年七月二〇日事件へと帰結する軍部と保守派による抵抗運動に対して、後にユンガーが実際に取った態度をほぼ正確に予告するものである。すなわち主人公は、同じ暴力という手段によって森の統領に対抗することが自らの品位を貶めるのみならず、事態の悪化を防ぐものともなりえないと考えるがゆえに、彼らの行動に対して距離を置くのである。とはいえ、主人公は二人の責任感と勇気に深く心を打たれる。森の統領との戦いに臨むべく二人が主人公の家を辞する別れの場面と、戦いに敗れてケッペルスブレークに晒されたズンミュラの首級と対面する場面との描写は、ドイツ抵抗運動家に対する切ないまでの共感を漂わす、全篇で最も美しい文章である。

＊　＊　＊

主人公は、その弟オートとともに、マリーナを見下ろす大理石の断崖の麓に庵を構え、近くの修道院に住むカトリック僧ランプロース神父を師表と仰ぎつつ、植物採集にいそしむ日々を送る。この浮世離れした隠者の如き生活は、抵抗運動家のブラッケマールには政治的危機に際していかにも非現実的なものと映るものの、主人公によればこれこそが最も現実的な生活にほかならない。というのも、現在の危機は人間の内面的な秩序喪失の外なる現れにほかならず、それゆえその克服は人間が「偉大な秩序」についての確信を回復すること以外にないからである。

このような思想によって、『大理石の断崖の上で』は、『平和』（一九四五年）と『射光』（一九四九年）へと続くユンガー中期思想の本格的開幕を告げる位置を占める。初期と対比して見た中期思想の特徴は、存在するものの時間性に対する過度の関心から、存在するものを――自然観察と聖書解釈を通じて――永遠の相において観照する態度への移行にある。前節に即して言い換えるならば、中期のユンガーは、「我々の父」たる第一次大戦がユンガーに開示した「近代のカオス」を、人為の努力によって歴史の次元で克服することを断念し、それを自然及び聖書が開示する永遠の秩序と均衡させようとするのである。ユンガーは、『射光』の中で『大理石の断崖の上で』のモチーフについて次のように記している。

「植物の生とその循環は、デーモンの勢力によって解体の危機に晒されているリアリティを保護する。森の統領の対抗者は、園芸家と植物学者である[2]」。

＊　＊　＊

以上のように物語から読み取りうる、同時代の出来事とそれに関するユンガーの省察とが、『大理石の断崖の上で』においては、直接的な仕方で説明されるのでなく、ジュリアン・グラックの卓抜な表現を借りれば、アレキサンダー大王の姿がトランプのキングに変ずるような仕方で「紋章学的」に作品の中に写し取られている[3]。体験された出来事が、偶然的な事情から清められ単純化されて、言わば永遠の相の下に捉え直されるのである。

こうして形成された作品は、もはや事実の世界のアレゴリーではなく、自己完結した芸術的世界を形成する。ユンガーは日記の中で創作の目標についてこう語っている。「避けるべきは、物語が純然たるアレゴリーの性格を持つことである。物語は、全く時代との関連無しに、それ自体で成立できなければならない[4]」。作品の生命は、事実の世界との照応に依存するのでなく、その内部的統一性の強度に基づく。ユンガーは、このような文学観から抵抗文学論争に反発したように思われる。高踏的とも芸術至上主義的とも目されうるユンガーのこの文学観が時代との鋭い緊張関係の上に立っているところに、ユンガー文学の特徴がある。『大理石の断崖の上で』が時代から芸術世界へと逃避する企てであるとする、従来しばしば投じられてきた非難に対して、ギュンター・ショルトが行った次のような反論は、ユンガー自身の考えでもあったかもしれない。「こうした非難が見過ごしていることは、まさしく選り抜かれた言葉や総じて美的なるものが、全く意識的に政治的領域におけるカオス的なるものに対する対抗力とされていることであり、そうすることによって秩序機能を有していることである[5]」。

注

（1）Ernst Jünger, *Sämtliche Werke*, Bd.15, Klett-Cotta, 1978, S.265f.『大理石の断崖の上で』相良守峯訳、岩波書店、一九五五年、二八―二九頁。

（2）Ernst Jünger, *Strahlungen*, Heliopolis-Verlag, 1949, S.565.

（3）ジュリアン・グラック『偏愛の文学』中島昭和訳、白水社、一九七八年、二五一―二五九頁。

（4）Ernst Jünger, *Sämtliche Werke*, Bd.2, 1979, S.29.

（5）Günter Scholdt, “Gescheitert an den Marmorklippen”. Zur Kritik an Ernst Jüngers Widerstandsroman, *Zeitschrift für Deutsche Philologie*, Bd.98, 1979, S.562.

第二部　〈間《あわい》〉としての公共

〈問題提起〉主客二分論を超えて

中谷真憲

I

西田幾多郎の「場所」や「絶対矛盾的自己同一」、あるいは鈴木大拙の「日本的霊性」などの概念では、主客の分離・未分離という問い自体を包み込むなんらかの〝働き〟が措定されているように思われる。

西洋近代哲学は大づかみに言えば、主体／客体の二分論（および現象学以前では、主−客の一致としての真理の発見）に基づく世界認識をベースにしてきたから、日本発の世界思想に基づいて公共論を論ずるのであれば、この「二元論の克服の視点」がどこかに要るのでは、と考える。

むろん、認識論や霊性の議論をそのまま、公共論、公共政策論にあてはめることができるわけではない。

しかし、少なくともある種の俯瞰意識や包摂観をもった政治観につながる要素が提出されているように見える。

これは、たとえば多元主義論的政治学が主張するような、個々に明確な主義主張とパワーを持つ主体と主体との相克に立脚する政策立案、政治過程という政治観とは異なるものである。

こうした西洋的見方とは異なる公共論をそれぞれに意識すれば、第二部と第三部とのつながりは確保できるものと思われる。

しかし他方、この「矛盾するものを包摂していく場」は決してそれ自体で、平和に働くとは限らない。深遠な哲学であったはずの場所論（「無の場所」）が、政治的には、「無の有」を体現するとされた天皇のあり方に結びつけられたことで、現実にはアジアに対する過酷な支配権力であった日本帝国の姿が覆い隠されてしまった側面があるのではないだろうか。

こうした事態に対し、どこまで京都学派の責任が問われるべきなのか（あるいは無関係なのか）という議論は、私の能力を超えている（少なくとも鈴木大拙は、日本的霊性の正しい理解を忘れたことが日本の軍国主義を招いたと考えていたはずであるが）。

ただ、時代性を捨象して言えば、主客の二分論的思考を超えていくこれらの議論は、不用意に大きな物語（天皇制・国家等の実体的パワー）と結びつくのでなければ、「我」と「我」が対立しあうのではなく、その二つがともに一であり、一でありながら二であるような、やわらかな「和（やわらぎ）」の世界観につながる可能性があるのではないだろうか。この「和《やわらぎ》」が、第三部の外交部門のキーワードでもある。

＊　＊　＊

II

言い換えれば、矛盾的同一、無の有による包摂を、政治的な統合の原理（統合を可能にする原理）として理解するのは危険であるが、他方、矛盾するものを包摂する世界をまずそのままに肯定し、その世界において明滅するいのち（生命）の自覚を霊性としてとらえることは、とても大切と思われる。これは、自己を主体というよりも、そうした霊性と霊性の関係性の交接点、として見る（間＝あわい、から見る）視点でもある。第二部冒頭の小倉紀蔵論文はまさにそうした視点に立ち、アジアの諸思想を見直そうとするものである。

＊　＊　＊

この視点は、公共政策に置き換えてみれば、官民二分法に基づいて官が公共政策を独占するのではなく、たとえば、さまざまな人々のしなやかな協働による「共創としての公共論」を展望するものでもあるであろう。これはもとより静態的なものではなく、公共とは、まさにともに公共「する」ことに本質がある、ということでもあろうかと思う。第二部の次の論文は、公共「する」哲学の研究をライフワークとしてこられた金泰昌先生による西田幾多郎と鈴木大拙から共鳴してくる響きこそが、さらに現代社会（さらには国際政治）の世界における公共「する」哲学の世界を深めていけるとの考察である。

＊　＊　＊

三つめの私自身の論考だが、日本的な世界観とは本来、声高な主張にあらわれるものではなく、風にゆれる木の葉にも心を震わせるような、繊細な感情・感性（もののあはれ）の連なりのように感じている。それは、木の葉を見ている私、と、客体的な木の葉、という、主客があるのではなく、私が木の葉であり、木の葉が私そのものでもあるような、そうした感性である。それはまた、「生命」がそこかしこに立ち現われ、明滅する世界でもある。

そのような感性、世界観を政治や政策においても、どのように活かすべきなのか。

ダイレクトな解答はないとしても、なんらかの意味で、世界における、グローバル資本主義の中における、そして東アジアにおける、日本のあり方について、展望させるものはあるように思われる。

論文としては、現在の公共政策論が等閑視しがちな企業の果たしている公共的役割を評価し、京都において大学界と産業界、そして行政が連携して進める「グローカル」な人材育成のプロジェクトを紹介しつつ、その歴史的位置づけをスケッチしてみたものである。

＊　＊　＊

その次に、更に、実学の立場から、「間《あわい》」をどう考えるかの論文が二つ続く。岑論文は、西田哲学の「場」の論理を解析していく中で、経済学のたつ立場を「相対無」または「有」の立場とし、そこから世界的経済循環に包摂される中国経済の分析をしている。西田哲学と現在の経済学の「間《あわい》」をさぐる意欲作である。

＊　＊　＊

実学という観点を軸に一歩を進める焦《ジャオ》論文も、現在の日中環境協力を論ずるに当たり、協力実現の意味を「経済的繁栄」と「自然環境保護」の両立にとどまらず、これに「社会的公正」という「公共」的視点を入れることによりこれら三目標の「間《あわい》」を狙う現代の「公共政策」の在り方を考える論考であり、国際関係を考える第三部への導入の役割も果たすものである。

第一章　〈第三の生命〉論

小倉紀蔵

藤原定家（1162–1241）

菊かれてとひかふてうの見えぬ哉さきちる花やいのちなりけん

The invisible void in which a butterfly does not fly around
After a chrysanthemum had died.
At this moment, a flower is blossoming and is dying.
Life, what could it be but this blooming void?

松尾あつゆき（1904–83）

降伏のみことのり、妻をやく火いまぞ熾りつ

The emperor's speech on the surrender.
Now is in a blaze than ever the flame
That is burning my wife.

松尾あつゆきは俳人。一九四五年八月の長崎原爆により、妻と三人の子を失う。

1 〈第三の生命〉論

(1) 三つの生命

私は『新しい論語』(ちくま新書、二〇一三)という本で、〈第三の生命〉という新しい概念について提唱した。〈第三の生命〉というのは、「第三」であるから、〈第一の生命〉、〈第二の生命〉というのがあって、そのほかに〈第三の生命〉というのがあるということだ。

ひとつずつ説明していこう。

まず〈第一の生命〉というのは、普段私たちが生命といっているもののこと。つまり肉体的な生命、生物学的な意味での生命である。これが私たちの社会を形成する上で最も重要であることは言を俟たない。「誰それが何月何日に死亡した」という。これは肉体的な生命、生物学的な生命のことをいっているわけで、ニュースや報道で語られる生命はこの種のものだ。しかし実は、この生命が一体何を指しているかというのはまだよくわかっていない。つまり、何をもって肉体的な生命が消滅したというのか、についてはまだよくわからないのである。しかし少なくとも「医学的な意味で肉体的な生命がそこで機能をストップしたということが死である」という漠然とした了解は共有されている。肉体的な生命という概念が一応約束事として私たちの社会をつくっているといってよいであろう。「他人の肉体的な生命を傷つけてはいけない」などという約束事で社会をつくらなくてはいけないから、そういう了解を私たちは一応受け入れている。私は〈第一の生命〉という言葉で、この肉体的・生物学的な生命というものを指し示している。

それでは、〈第二の生命〉とは何か。おそらくこの肉体的な生命の消滅に対する虚無感、生命があまりにも簡単に消滅してしまうということに対する悲しみや苦しみから、「これとは違う生命があるはずだ」ということを人間は考え出したのだろう。どの文化圏にもおそらくそういうものはあると思うが、最も強力なタイプの非肉体的な生命というのは、キリスト教における「霊のいのち」という規定であろう。新約聖書を見てみると「ヨハネによる福音書」6・63にすでにその規定は出ているが、それをもっとも完璧に定式化したのは、パウロによる「霊のいのち」という概念である（「ローマの信徒への手紙」8・1〜8・16、「コリントの信徒への手紙」12・12〜12・27、同15・42〜46、「ガラテヤの信徒への手紙」6・8など）。あなた方が両親からもらった肉体的な生命というのは有限であるけれども、神によって与えられた「霊のいのち」は永遠に生きるのだ、という最も強力な規定があって、この「永生する生命」の魅力はその後、人間を捉えて放さない。

中国においては、おそらく原始道家やその影響を受けた孟子のあたりからそういう考えが出てきた。つまり、人間の個人的かつ肉体的な生命のほかに、スピリチュアルな生命つまり気というものが永続している。あるいは荘子系の道家からいえば、個人的な生命は壮大な宇宙の生命活動のなかの、単なる小さな動きにすぎない。人間が個人的に生きたり死んだりするということは、宇宙大生命のなかの瑣末なできごとにすぎないのだ、という考え方である。また儒家においても、孔子の弟子の曾子という人の系統からは、親から子どもに連綿と引き継がれる生命というものは永遠なのだという考え方が出てくる（『孝経』）。これが孝という生命観である。つまり中国でも、戦国時代には、個人的・肉体的な生命（〈第一の生命〉）を乗り越える何らかの別のタイプの「永生する生命」というのがあるということが唱えられている。

このタイプの永生する生命を、〈第二の生命〉とここでは呼ぶことにしよう。すると、〈第一の生命〉でも〈第二の生命〉でもない〈第三の生命〉とは一体何であろうか。

「個人的・肉体的生命」でも、「永生する霊的な生命」でもないもの。それが実はあるにもかかわらず、人類の思想史、知性史においてはほぼ無視されてきたのである。あるいは主題化、焦点化されてこなかった。それが私の名づける〈第三の生命〉である。肉体的・個別的な生命でもなく、霊による普遍的な生命でもないもののことである。

それは、人と人との〈あいだ〉、あるいは人とものとの〈あいだ〉、場合によってはものとものとの〈あいだ〉に偶発的に立ち現われるかもしれない〈いのち〉のことである。

ぽっと立ち現われる〈いのち〉というものがある。どこに立ち現われるかわからないけれども、昔から「もののあはれ」とか「和気藹々」などさまざまな言葉で表現されてきた状態、あるいはベンヤミン的に言えば「アウラ（Aura）」。あるいはもう少し広範な言葉で言えば「美」。それらは比喩ではなく、生命そのものなのである。「これは（この和歌は、俳句は、絵は、彫刻は、試合は、など）生きている」という表現を私たちはよくする。この和歌や試合が「肉体的な生命を持っている」という意味ではないし、「永生する霊的な生命を持っている」という意味でもない。だが、これは比喩ではないのだ。なぜなら、たとえば私たちは、「もののあはれ」や「美」という感覚だけで生きていくことができるからである。つまり、それはれっきとした、正真正銘の、〈いのち〉なのである。芸術的な感懐や美は比喩ではない、それそのものが〈いのち〉なのだ、という感覚が昔はあったにもかかわらず、だんだんその感覚は失せてしまっている。特に近代以降、私たちは「個別的・肉体的な生命」だけを生命であると思いこむ傾向が強くなっている。あるいはそれを超越するために、永遠なる〈第二の生命〉というものだけが生命であるというふうに、一神教的な世界観に凝り固まってしまう。このような生命観のゆがみが、私たちの社会を息苦しくしている。

また、私たちが「生命とは肉体的生命、つまり〈第一の生命〉である」という命題に固執することは、私たちの生を完全に政治権力にゆだねてしまう危険性と一体となる。現代の政治権力は、生権力（バイオパワー）である。

つまりこれは、国民の個別的な〈第一の生命〉というものを長引かせて、管理して、健康にしてやる、というタイプの権力なのだ。したがって私たちが、「人生の幸福とは〈第一の生命〉を豊かにして、健康にして、長生きさせること」だと考える限り、生権力に対しては永遠に対抗できない。私たちの「よく生きる」という実践が、政権側の「国民をよく生かす＝肉体的生命を長引かす＝政権を強くして維持する」という目的と合一してしまうからである。

私たちが生権力に対抗しつつ、しかも宗教的な普遍性に回収もされずに生きることのできる道はほぼひとつである。それは、〈第三の生命〉に生きることだ。どこに美しさ、アウラ、〈いのち〉、そういうものが立ち現われるかわからないけれども、一瞬だけでも人と人とが面と向かって、人とものが見つめあって、「ああ、あいだに〈いのち〉が立ち現われている」と思った瞬間、その瞬間のよろこびだけで生きていけるという感覚を技として生きていく。つまり本居宣長的に生きていくという道しかないのではないか。逆にいえば、私たちの生は、政治権力と普遍的宗教とに、それほどぎりぎりまで追いつめられているのである。政治権力は〈第一の生命〉を掌握しようとし、普遍的宗教は〈第二の生命〉を支配する。このことが私たちの生の閉塞感を増幅させているのだ。今、そのような自覚がなくてはならない。

（2）〈第三の生命〉とは何か

〈第三の生命〉とは、具体的にどういうものを指すのだろうか。

実は私たちが読んできた西洋の近代小説だとか、日本の和歌・俳句、そういうものはほぼ〈第三の生命〉を扱っているのである。

それらは、〈第三の生命〉とは何なのかということ、あるいはどういうときにどういうものが〈第三の生命〉

として立ち現われるのかということを克明に記録したい、という欲望のもとにつくられた作品であると考えることができる。おそらく西洋の近代小説というのは、自我というものに目覚めた人間が、その後、自己の肉体的な生命ではなくて、自我と自我とのあいだに立ち現われるかもしれない〈いのち〉に対してつぶさに観察し、記録したものだったのだろう。たとえばプルーストだったらマドレーヌの香りとしてそれは立ち現われたかもしれない。個人の属性や性向を充分に描写したうえで、感覚的に立ち現われる〈いのち〉とは何なのかということを克明に記しはじめた。それが西洋の近代小説だったのではないか、と私は考える。近代小説が始まる前は、日本の『源氏物語』などを除いては、普通、ある民族や共同体を代表する英雄などが、その肉体的な生命をどのように永遠に続く生命つまり〈第二の生命〉と合体させたのか、というタイプの文学作品がほとんどであった。

日本の場合は、すでに一〇世紀あるいは一一世紀ころに、そういうものとは違う、宮中の男性女性のいろいろな活動の中で〈いのち〉がこういうところにぽっと立ち現われたよ、こういうところには立ち現われなかったよ、ということを克明に記録していくタイプの文学というものが花開いた。後世に本居宣長が「もののあはれ」と規定した「〈いのち〉への感性」である。これは世界的に見てもきわめて珍しい例だということができるだろう。人類は一般的に、その当時、まだ〈第三の生命〉というものに対してあまり敏感ではなかった。「日本が特殊」だとはいわないが、おそらく何らかの形で〈第三の生命〉に対してきわめて敏感であらざるをえなかった、あるいは敏感であってしまった、そういう文化的な要因あるいは環境というのが日本の京都にはあったのかもしれない。

さて、今まで説いてきた三つの生命を整理してみると、次のようになる。

〈第一の生命〉＝生物学的生命、肉体的生命

〈第二の生命〉＝霊的生命
〈第三の生命〉＝美的生命

別の言葉でいうと、次のようになる。

〈第一の生命〉：客観的生命、相対的生命、物質的生命、個別的生命
〈第二の生命〉：主観的生命、絶対的生命、宗教的（精神）的生命、普遍的生命、非物質的生命、集団的生命
〈第三の生命〉：間主観的生命、偶発的生命、「あいだ」的生命

あるいは次のような分類も可能だろう。

〈第一の生命〉：ひとつひとつのいのち、このもののいのち、それ自体のいのち
〈第二の生命〉：すべてのいのち、のりこえるいのち
〈第三の生命〉：あわいのいのち、立ち現われるいのち

（3）孔子と〈第三の生命〉

日本ではすでに『源氏物語』以前から、〈第三の生命〉が花開いていた。しかしこのことは、〈第三の生命〉のもっとも古い記録が『源氏物語』などの日本文学だということを意味するのではない。もっと古い時代にすでに人類は、〈第三の生命〉に気づき、そのことを記録している。

〈第三の生命〉のもっとも古い記録はどこにあるのだろうか。ヤスパースが枢軸時代といった時期の記録の中に、すでにそれは残っている。孔子とその弟子の言行を記した『論語』である。拙著『新しい論語』(前掲)ではそのことを論じた。

『論語』という書物は孔子が生きていた時代に編まれたものではなくて、孔子死後の戦国時代にずっと編集を繰り返しながら最終的には漢代になって完成したといわれているので、数百年にわたっていろいろな編集が加えられた書物ではあるけれども、しかし、孔子の生の声にきわめて近いものが記録されているであろうことは確かなわけだ。『論語』には孔子と弟子たちの言葉の断片が記されているが、そのなかには意味のよくわからない言葉もたくさんある。特にわからないのが、もっとも核心的な概念である「仁」である。

この仁を、「普遍的な道徳」と解釈してしまうと、孔子の世界観を理解できない。孔子は実は仁を一回も定義していないのだし、会う人によって、あるいは問われる相手によって全部違う答えをしている。孔子の仁は、定義ができないのである。

私の考えでは、孔子のいう仁というのは、人間が複数いるときにそのあいだに立ち現われるかもしれない〈いのち〉のことであった。ではどういうときに仁が立ち現われるのか、ということを孔子が自分の経験として語ったり、あるいは弟子からの質問に答える形で語ったり、「君の場合にはこういうときに仁が立ち現われやすいよ」「あなたの場合はそうではなくてこういう場合に立ち現われやすいよ」と、弟子の性格、タイプ、ついている仕事、そういうものによって全部違う説明を孔子がしているのである。

どういうところに仁が立ち現われるかというのは予測不可能である。ただ、全く予測不可能な偶発性に任せてしまうと共同体は形成できない。であるから、「礼」というものによってある程度仁がどういう場合に立ち現われやすくなるかということをコントロールをする。しかしコントロールしたからといって、必ず仁が立ち現われるわけではない、ということを孔子は語ったのだと思う。

ここのところを理解できるかどうかが、『論語』という書物を理解できるかどうかの分かれ道であろう。

孔子は、仁を立ち現わす能力を持っている人物類型として「君子」というものを挙げている。中国では孔子の死後、仁は道徳、あるいは愛や人間性というふうに解釈されるようになり、仁を体現する君子は道徳的完成者、あるいは道徳的完成を目指す人として定義されていく。だが、もともと孔子のいう君子という人物類型はそういうものではなかった。『論語』という書物を虚心坦懐に読んでみると、君子は現象、フェノメノンなのである。君子というのは人格ではない。人格だと捉えてしまうと道徳性のほうに傾いてしまう。君子は道徳の体現者というより、むしろ〈あいだのいのち〉を立ち現わすことのできる人間なのである。

『論語』冒頭に有名な「学びて時に之を習う」というのがある。この劈頭の章に「人知らずして慍《いきど》おらず、亦君子ならずや」という言葉がある。これを道徳主義的に解釈すると、「他人が自分のことを理解してくれなくても不快にならない、そういう人物こそ君子という立派な道徳的人格者なのだ」という意味になってしまう。しかしこれはそういう意味ではない。「他人が自分のことを理解してくれない、それでも不快にならないときに君子という現象が立ち現われるのだ」といっているのだ。だから、「あなたは君子だよ」と孔子がある人にいったとしても、その君子性がその人においてずっと続くとは孔子は思っていない。翌日には君子でなくなって、小人になってしまうかもしれない。そういう危ういものである。であるから、君子は現象であるし、君子と小人の区別は完全に道徳主義的にカテゴライズされた分類ではないのである。

本書は「日本発」の世界思想を語る本である。その場で、なぜ私は中国の『論語』の話をしているのか。日本人が日本語で哲学的な営み、あるいは思想的な営みをした。そのことを、「日本という場所から発する世界的な思想」としてももちろんよい。だがもう一つは、たとえば紀元前何世紀かに中国で発せられた言葉をこの日本という場から再解釈してみると、今までの道徳主義的な解釈とは全然違う解釈ができるのだ、というような発想を展開していくのも重要なことではないかと思うのである。東アジアの知的な財産、資源を私たちがいかにして新しい未来に向かってもう一度つくり直していくのかということを考えてみると、やはり再解釈という作業が重要なのである。たとえば私は、本居宣長が「もののあはれ」という言葉で中国の理念的・概念的世界観を否定したのとは異なり、「もののあはれ」というのは実は生命に対する新しい発見なのであり（私の言葉でいえば〈第三の生命〉）、その生命観は実は古代中国にもあったのだ、という方向性で、東アジア思想を読み換えていきたいのである。つまり、これまでの東アジアの伝統的な読み方では、『論語』を〈第二の生命〉的な、つまり普遍的な生命という世界観で解釈してきたのであるが、そうではなく、偶発性のある生命、つまり〈第三の生命〉によって『論語』を読み直すことができるのではないかと考えているのである。そのこともまた、「日本発の世界思想」といえるのではないだろうか。

（4）〈第一の生命〉と〈第二の生命〉の争い

私はこの〈第三の生命〉論というものでいろいろな事象を考えていきたい。

たとえば二〇一五年一月にフランスで、風刺週刊紙『シャルリー・エブド』の本社が、イスラム過激派により「ムハンマドを侮辱した」とされて襲撃され、多数の死者を出した。このときの議論の大枠は、表現の自由対信仰という対立構造であった。しかし表現の自由対信仰という議論は、オリエンタリズムの観点から批判もされる。つまり、表現の自由を持っている側が正義であって、原理的な信仰を持っている側はそれとは異質な、無気味な存在であるというふうに考えること自体がオリエンタリズムだという批判だ。その批判も正しいであろう。しかし私としては、次のような捉え方も必要ではないかと考える。表現の自由というのは、基本的には私の言葉でいえば〈第一の生命〉、つまり肉体的な個人の生命というものは絶対的であるという西洋近代的な考えに根ざしている。私の身体＝生命が絶対的に個性的なものであるから、その身体＝生命が表現するもの、これもまた絶対的に保障されなくてはいけないという考え方であるわけだ。しかし、イスラム側はそうではなくて、アラーの神によって保障された永遠なる普遍的な生命（〈第二の生命〉）を信じているわけだから、それを侮辱し冒す〈第一の生命〉、肉体的な生命の横暴というものに対して極端な嫌悪感を示すというわけだ。

これは私の図式でいえば、〈第一の生命〉対〈第二の生命〉のあいだの戦いなのである。この戦いはなぜ容易に終わりえないのか。

これは拙著『〈いのち〉は死なない』（春秋社、二〇一二）に書いたことだが、人間が意識を持った瞬間、あるいは意識を持ってから非常に短い間に何を認識したかというと、それは生命というものに対する強烈な嫌悪感ではなかったか。つまり生命というものは汚くて、ずるいものだという、生命に対する強烈な嫌悪というものが人間を襲ってしまった。人間が意識を持った途端に、自分たちが自己の生命、肉体的な生命を保全したり、続かせたりするために、いかに他者をだましたり、他者を陥れたりしているのかということに気がついたのだと思う。それによって、人間というものは生命に対して強烈な蔑視感、嫌悪感を持つようになった。そのときに、「この生命というものなしで生きていられたらどんなにいいだろう」という気持ちをおそらく人間は持った。生命というこの厄介なもの、一番嫌なものなしで生きていきたい。特にこういう考えを強く持ったのは、自分の生命を残すことのできない雄だったのではないだろうか。弱くて虐げられている肉体的な生命としての雄が、生命に対してひどく嫌悪した。なぜなら強大な肉体的生命を持っている雄だけが、雌を手に入れて自分の遺伝子を残すことができる。弱い雄はそれができない。肉体的生命、つまり〈第一の生命〉は最初から不公平である。そしてその不公平さを克服するために、弱い雄はさまざまな奸計や卑怯な手立てを使ってなんとか雌を獲得しようとする。だが強い雄は、そのような弱い雄の奸計を粉砕し、圧迫してあまりある力を持っている。弱い雄は、敗北せざるをえない。

このような、〈第一の生命〉をめぐる不公平さと薄汚さを意識したとき、人間は「生命とはなんと嫌なものだろう」という認識を得るに至った。雌や強い雄は、生命への嫌悪を抱かない。生命を嫌悪するのはつねに、弱い雄である。そしてこの弱い雄は、ひとつの解決策を見つける。それは、いやらしい生命というものを、すべて自分の外側にほうり出してしまえばいい、という考えだ。〈第一の生命〉というものを全部外側に出してしまう。外化してしまう。疎外してしまう。そういう運動が起こる。これが宗教の誕生である。つまり、フォイエルバッハは「人間の善としての本質、卓越した本質をすべて外側に出したものがキリスト教の神である」といったが、私はそうではなくて、「人間が嫌悪した〈第一の生命〉をすべて人間の外部にほうり出したものが一神教の神である」と考える。そしてこれこそが、〈第二の生命〉の誕生なのである。先に述べたように、〈第二の生命〉は一方で、自己の生物学的な生命の消滅という事態への恐怖、苦しみ、悲しみを土台にして生まれた。だが他方では、自己および他者の生物学的な生命への嫌悪という感情を土台として生まれたものでもあるのだ。

このように考えてみると、〈第一の生命〉と〈第二の生命〉の戦いというのは容易に終わりえないと思える。人間は一方で〈第一の生命〉に執着するが、他方で〈第二の生命〉に帰依する。ところが世俗化によって〈第二の生命〉が弱体化した現代ヨーロッパにおいては、〈第一の生命〉の野放図な自己主張を〈第二の生命〉が抑制するという機能が喪失されているので、〈第二の生命〉の根源のひとつである「生命への嫌悪」も弱体化している。このような場においては、「生命への嫌悪」という根源的認識のうえに成り立っている〈第二の生命〉への理解がほぼ不可能になっているからである。

（5）日本における〈第二の生命〉

日本では、一神教的な宗教、あるいは中国思想における気（宇宙全体に充満するスピリチュアルな生命的物質）というような普遍的な実体概念は、なかなか浸透しなかった。これは、日本と同じく中国文明の影響を強烈に受けた朝鮮と比べても、明らかな事実である。朝鮮では一四世紀の朝鮮王朝以後、朱子学の世界観を全面的に受け入れて、理と気という二概念で宇宙を説明する思想体系によって社会を構築した。日本では江戸時代以降、朱子学的世界観で社会を構築しようとしたが、理と気の概念は全面的には浸透しなかった。また近代になって韓国ではキリスト教的な世界観が人口の多く（少なくとも四分の一）を吸収したが、日本ではそのような現象は起きなかった（キリスト教人口は多くとも一％未満）。これは端的に、日本より朝鮮において〈第二の生命〉の世界観がより広く深く浸透したことを意味する。

日本では〈第二の生命〉は浸透しなかったが、そのかわり〈第三の生命〉が花開いた。平安時代以後における和歌、江戸時代以後における俳諧などはその端的な例である。本居宣長の「もののあはれ」論や九鬼周造の「いきの構造」など、〈第三の生命〉を論じる思想も数多く生まれた。日本はまさに〈第三の生命〉のさきはふ国といってもよいだろう。

しかし、日本にもまた、〈第二の生命〉の浸透という現象がなかったわけではない。むしろ、中国や朝鮮とは違って日本では〈第二の生命〉に対する接触が日常的に少なかった分、ある強力な〈第二の生命〉が流入ないし台頭すると、その魅力に容易に吸収されてしまうという現象がたびたび起こった。室町時代末期から江戸時代初期にかけてのキリスト教の流行がその典型的な例だが、もっとも重大なものは、おそらく、戦前の国体思想であっただろう。

そもそも江戸時代に朱子学的、あるいは孟子的な世界観を強烈に体現した水戸学や吉田松陰などは、気という普遍的な〈第二の生命〉の原理主義的な体現者であった。この霊的な生命観が、国体という政治的概念と合体して、明治、大正期の伏流を経て昭和前期（一九三〇年代）にスピリチュアルな国家観の完成態となった。国家はひとつの永遠なる霊的実体であって、その中心に天皇という霊がある。臣民は父母からもらった肉体的生命（〈第一の生命〉）のほかに、天皇から「歴史的生命」という霊的な〈第二の生命〉を受ける。そしてこの歴史的生命に生きることこそ、日本国民としての真の生命の発揮なのである。これは日本における〈第二の生命〉の絶頂である。「臣民」はおのれの肉体的な〈第一の生命〉を捨て、国体によって与えられた霊的な〈第二の生命〉に生きることを促される。一九三〇年代から一九四五年までの大日本帝国は、単なるファシズム国家というよりは、永遠の生命を誇る霊的な国家であった。

このことを定めたもっとも完成度の高いテクストが、一九三七年の『國體の本義』（文部省）である。ここに登場する「歴史的生命」という用語自体は西田幾多郎の言葉である。しかし、この言葉に霊的な〈第二の生命〉という意味を強力に与えたのは、誰であるかわからない。西田はもちろん『國體の本義』の執筆陣には加わっていない。歴史的生命という言葉に霊的な意味をこめたのは、国文学者の久松潜一かもしれないが、あきらかなことはわからない。しかしこの『國體の本義』における歴史的生命は、きわめてパウロ的な考え方である。おそらくその当時の日本人は、このパウロ的な〈第二の生命〉の力に、相当程度吸収されたのだろう。戦後になって多くの日本人は「自分たちは騙されていた」と感じたわけだが、それは国体論の虚構性に気づいた後の認識なのであって、その国体論のなかにどっぷり浸かっていたときには、抑圧された〈第一の生命〉を超克する永遠の〈第二の生命〉という観念は、かぎりなく魅力的に受け入れられていたにちがいない。戦前のすべてを戦後の世界観で語ることは、間違いなのである。

2　マルチサブジェクティビズム（多重主体主義）

（1）人間とは知覚像の束

さて、〈第三の生命〉論には、哲学的な人間観の土台があるように思える。それは、私が『創造する東アジア　文明・文化・ニヒリズム』（春秋社、二〇一一）で語った、多重主体主義（multisubjectivism）というものである。

以下、この本で語ったことを再び述べてみる（以下の叙述は前掲拙著の八八―八九頁、五八―六一頁の文章と重複することをおことわりしておく）。

西洋近代の考えにおいては、「主体」というのはつねに排他的な一個性を持たねばならなかった。一人の人間にはひとつの主体性がある、ということが最も根底的な部分での了解事項であることに、疑いは持たれない。主体Aの主体性の領域が、主体Bのそれと重複することは考えられてはならないことである。

しかし私は、このような考えをとらない。私は、「人間とは知覚像の束である」と考える。この言葉は、デイビッド・ヒュームの「人間とは知覚の束である」という言葉に似ている。しかし、このふたつは実はまったく異なったことをいっているのである。

ヒュームの「私は知覚の束である」という言葉は、刹那刹那に複合的・同時多発的・相互連関的に生起する「あたたかい」とか「痛い」とか「甘い」とか「まぶしい」などという知覚（perceptions）の束（bundle）が「私」であり「個人としての自己同一性（personal identity）」なのだという意味である。

しかし、知覚とは、「私」という受容体があることによって初めて生じることのできるものではないだろうか。

「私」がなければ、知覚が生じる、あるいは知覚を感受する場というものが存在しない。知覚を知覚として認識する別の主体＝主観が存在してこそ、知覚を受動性として受け止めることができるのではないだろうか。知覚が能動性に属するものでないかぎり、それを感受する何かがあらかじめ要請されてしまうのである。すなわち、「知覚以外に私はない」ということをいうためには、あらかじめ私が必要なのである。

この矛盾を解消するために、私はヒュームとは異なり、「人間は知覚像の束である」といいたいのである。知覚像とは、「あたたかさの表象」「痛さの表象」「甘さの表象」「まぶしさの表象」といったものであり、それぞれ「あたたかい」「痛い」「甘い」「まぶしい」という感覚とは異なり、あらかじめ「私」という個別の主体を前提とする概念ではない。つまり知覚像は、「私」がいなくても成立しうる。知覚像は、感覚とは違って受動性のものではないのである。

なお、ここで「知覚」というものは、ヒュームのいうそれと同じである。つまり、印象および観念を指している。そしてヒュームは、感覚・情念・感動も印象の中に含めたのであるが、私も同じ分類をしたいと思う。また記憶と想像を観念の中に含める点も、私はヒュームに倣いたいと思う。

人間は、知覚ではなく知覚像を瞬時瞬時に意識上に生起させて生きている。おそらく、環境とともに生きている動物は瞬時瞬時に知覚（ただし印象など単純なもの）を生起させているのであるが（アフォーダンス）、〈世界〉の中に生きている人間は、瞬時瞬時に知覚像を生起させているのである。

（2）〈あいだの主体〉

この考えによれば、知覚像の束Aと知覚像の束BがそれぞれA、Bという暫定的・自己言及的な別個の自我になるわけだが、この知覚像の束は重複する部分をいくらでも持つことができるのである。それだけではなく、主体Aの主体的知覚像、つまり主体Aが主体Aとして成り立つための自己知覚像すらも、他の主体Bの主体的知覚像とは排他的な関係にあるのではなく、重複することは可能なのである。なぜならあらかじめ主体Aを外部から遮断する閾があって、その閾の内部に主体Aの諸感覚が生起するのではなく、知覚像が浮かび上がる場ないし束自体を主体Aとか主体Bなどと名づけるのであるから、その場ないし束には他者と共通の知覚像はいくらでも含まれうるのである。

これを私は「多重主体性」と名づけている。ひとりの個人にはひとつの主体性があるのではなく、ひとりの個人の中には他者と同じ知覚像が多数多様にはいりこんでいる。その中には他者の自己知覚像（自己言及性）すら多数多様にはいりこんでいるのであり、それゆえ人は他者に感情移入したり共感や共苦をすることができるのである。これが〈第三の生命〉が立ち現われうる哲学的土台である。

西洋近代的な排他的主体観によっては、共感や共苦を説明することは困難だ。しかし現実的にわれわれは共感や共苦という経験をしているのであって、これは主体の多重性によってしか説明できないのではないかと考える。私が私だと思っているこの知覚像の束には、他者の知覚像や他者の自己知覚像が多数多様かつ複雑に混入しているのであり、その意味で私は私の外側にはみ出す必要なくして他者とハイブリッドな形で共存できるのである。すなわち私の主体性は多重的なのだ。これが「多重主体主義（multisubjectivism）」である。

西洋近代的な主体概念は、人間がキリスト教的な〈第二の生命〉から脱出し、個人の〈第一の生命〉にもとづく自律的な人間観をつくりあげていかなくてはならなかった時期に、人工的につくりあげられた特殊な観念であった。それを間違いだということはできない。人間が〈第二の生命〉から逸脱して〈第一の生命〉を生きる、という覚悟を持ったときに、画期的な姿で登場した意義深い観念だったのである。

しかし、今や私たちは、生命とは個人的な〈第一の生命〉だけでも、普遍的な〈第二の生命〉だけでもない、ということを自覚した。人と人の〈あいだ〉、人ともの・こととの〈あいだ〉に立ち現われる〈第三の生命〉があある。そしてその生命観にふさわしい人間観を想定すべきであるとき、私としては多重主体主義という、〈あいだの主体〉観を打ち出してみたいと考えるのである。

第二章　西田幾多郎そして鈴木大拙との対話・共働・開新
——ともに公共する霊性の哲学対話による未来共創へのみちひらき——

金　泰昌

1　出会い——魂と魂との遭遇

まず、西田幾多郎との最初の出会いは、意外と言われるかもしれないが、ラフカディオ・ハーン＝小泉八雲（一八五〇―一九〇四年）への興味を通しての出来事である。それは田部隆次の『小泉八雲』（北星堂、一九一四年）に寄せられた西田幾多郎の「序」の次のようなくだりが目についたことから始まる。

　ヘルン（ハーン）氏は万象の背後に心霊の活動を見るという様な一種深い神秘思想を抱いた文学者であった。かれは我々の単純なる感覚や感情の奥に過去幾千年来の生の脈搏を感じたのみならず、肉体的表情の一々の上にも祖先以来幾世の霊の活動を見た。氏に従えば、我々人格は我々の一代のものではなく、祖先以来幾代かの人格の複合体である。我々の肉体の底には祖先以来の生命の流れが波立って居る。我々の肉体は、無限の過去から現世に連るはてしなき心霊の柱のこなたの一端に過ぎない、この肉体は無限なる心霊の群衆の物質的標徴である。

氏は好んで幽霊談を書いた。併しそれは単純な幽霊談として感興を有ったものではなく、上述のごとき幽遠深奥な背景の上に立つ所に興味を有ったのである。氏は此の如き見方を以て、我国の文化や種々の昔話を見た、而してそこに日本人自身すら曽て知らない深い魂を見出したのである。（傍点は引用者による）

ハーンが見出したと西田幾多郎が評価した生の脈搏＝生命の流れ＝心霊＝深い魂、日本人自身も曽て知らなかったしわたくし自身もあえてコトバにしてあらわすことに躊躇せざるを得なかったところに改めて問題関心が向かうようになった。

そしてまったく別の境遇で偶然手にした西田幾多郎＋三木清『師弟問答西田哲学』（書肆心水、二〇〇七年）に含まれている「西田幾多郎先生のこと」の次のところで目が止まったのである。しばらくの間息止まりのような状態に居た。

西田先生に初めてお目にかかったのはちょうど先生が『自覚における直感と反省』を書き上げられた頃であった。「この書は余の思索に於ける悪戦苦闘のドッキュメントである」と云われているが、先生に接して私のまず感じたのは思想を求めることの激しさであった。……私は嘗《かつ》て先生の如きはほんとの意味において激しい魂に会ったことがない。……この激しさは先生がつねに何物かに駆り立てられて思索していられることを示すものである。それは先生のうちに深く蔵せられた闇、運命、デーモンと云っても好いであろう。先生の哲学から流れ来るあの光はこの闇の中から輝き出たものである故にそれだけ美しいのである。……しかしこの魂の底にはその激しさに拘らず自然のような限りない静けさがある。絶えず矛盾するもの

を生みながらどこまでもそれを包んでいるものがある。　（以下、……は中略を示す）

また「西田先生のことども」には、

先生の魂には何か不敵なものがある……私は先生の直感の鋭さに敬服すると共に、先生のものに怯じない不敵な魂を感じた……

……先生はよく「デモーニッシュなもの」ということを云われる。先生の魂の底にはデモーニッシュなものがあり、それが先生を絶えず思索に駆り立てている力である。思索することが原罪であるということを先生は深く深く理解されているのではないかと思う。

「西田先生のことども」の最後に近いところで次のように締め括るのである。

西田先生は東洋思想と西洋思想との間に通路を開くことによって全く新しい日本的哲学を作られたのである。

ここまでの三木清の言い分を聞き覚える限り西田幾多郎の奥底にひそんでいる「激しい魂」「不敵な魂」「デモーニッシュなものを抱いた魂」が彼自身を絶えず駆り立てつづけた挙げ句の果てに東洋思想と西洋思想との間に通路を開くことによって全く新しい日本的哲学を創出するに至ったということになる。しかしそれで済むのかというのがわたくし自身の疑問である。

果たして全く新しい日本的哲学というのは専ら西田幾多郎の孤独な魂の所作なのか。しばらくの暗中模索のすえに竹村牧男氏の『西田幾多郎と鈴木大拙――その魂の交流に聴く』(大東出版社、二〇〇四年)に遭遇したのである。そこで大拙の「飄飄《ひょうひょう》靉靆《あいたい》」の気配=魂と、寸心(西田幾多郎の号)の「秋霜烈日」の気象=魂との対極的でありながら相互補完的な交流が一生続いたということを知らされたわけである。それから二人の書翰と特に寸心の日記を通して西田幾多郎自身の「魂を鋳直す血の出るような」営み(高山岩男の評言)がつづくなかで鈴木大拙の『日本的霊性』(大東出版社、一九四四年)の公刊をきっかけとして組織宗教・教理宗教とはちがうより根源的な宗教意識もしくは宗教性のはたらきの方向に思索と行為の魂柱が置き換えられるわけである。このあたりに西田幾多郎と鈴木大拙の各各の「ひとりたつ魂」のはたらきから二人の魂と魂との交流に出会うことができたのである。寸心の「秋霜烈日の荒(御)魂」と大拙の「飄飄靉靆の和(御)魂」とのふれあいにわたくし自身の「風流開新の探(求)魂」がちょっと仲間入りさせてもらったと言えば失礼になるであろうか。

2 対話――魂と魂との共響

一九四五年六月七日午前四時、鎌倉極楽寺姥ケ谷で尿毒症のため七五年の生涯を閉じた西田幾多郎がその二カ月前「場所的論理と宗教的世界観」を脱稿してから五月に書き始めてついに書き終えられなかった「私の論理について」という題の絶筆原稿が残っている。何故かわたくしが本格的に西田幾多郎との対話を試み始めたのはこの文章に接してからである。たしか七五歳の西田と七五歳の金泰昌との対話の初発である。もう七年前のことになる。

……併《しか》し私の論理と云うのは学界から理解せられない否《いな》未だ一顧も与えられないのである。と云ってよいのである。批評はないではない。併《しか》しそれは異なった立場から私の云う所を曲解して、之を対象としての批評に過ぎない。私の立場から私の云う所を理解しての批評ではない。異なった立場からの無理解なる批評は、真の批評とは云われない。私は先ず私の立場から私の云う所を理解せられることを求めるのである。人は私の論理と云うのは論理ではないと云う。宗教体験だなどと云う。然らば、私は爾《しか》云う人に問う。論理とは如何なるものであるか……我々は是に於て論理とは如何なるものかを考え見なければならない。論理というのは我々の思惟の方式である。論理とは如何なるものかを明《あきら》かにするには我々の思惟の本質からでなければならない。

わたくしにとって先人の書を読むということは目で文字を追うのではなく行間に立ちあがる魂の声・語りに心耳を澄まして敬聴することである。最後の遺憾のコトバに心痛めながら絶句してしまった。何故か。

そもそもわたくしは西田幾多郎――そして誰であれ――が自分自身の立場から自分自身の云う所を理解することを他者に求めるということに他者不在の傲慢を感じるからである。わたくしはどこまでもともに・たがいに・偏りなく対話し・共働し・開新したいのである。そして当初から西田幾多郎、そして西田哲学を相異なる立場から一対一の対面・対応・対処したいのである。対話とはまず立場の相異なる人と人とのコトバによるやりとりであるから結局曲解になるだけかも知れない。しかしわたくしにとっては西田と同じ立場から西田もしくは西田哲学を理解しその理解を深め・高め・広めたとしても所詮西田の世界に包み籠まれるだけではないか。大多数の日本人、そして大勢の西田愛好者は、西田の云う絶対無の場所に包摂包容されるのをよしとし、そこに言葉を絶する安心・安命・安息を感じるようであるが、わたくしはどうもそれにはことばのもっとも明白な意味の違和感がある。何よりも窮屈で息苦しさに耐えられないのである。とにかくに離脱したくなる。

それでも西田幾多郎との対話を諦められなかった。彼の立場から彼の云う論理を彼の思う様には理解できなくても彼の論理の背後でそれを活かしている深奥の生の脈搏＝生命の流れ＝魂にふれたいという切願があったからである。そして正直に言いたい。西田の哲学の理論・論理・主張よりは魂の叫びに耳を傾けてその生の声を聴くという姿勢で接することにしたのである。

随分長い間、西田幾多郎が残した書物の森の中を歩き回った。風に吹かれるままと云うか、別にこれというような目的意識なんかにとらわれることなく彼方此方を覗きながら魂の呼び声を求め探したのである。ある日たまたま手に取った『無の自覚的限定』（岩波書店、一九三二年）に出て来る次の文章から彼の魂のかな（悲・哀・愛）しむ声が聞こえてきた。

哲学は我々の自己の自己矛盾の事実より始まるのである。哲学の動機は「驚き」ではなくして深い人生の悲哀でなければならない。

彼のかなしむ魂の声はまたつづく。

哲学は単なる理論的要求から起るのではなく、行為的自己が自己自身を見る所から始まるのである。内的生命の自覚なくして哲学というべきものはない。そこに哲学の立場と知識内容とがあるのである。かかる意味に於て私は人生問題というものが哲学の問題の一つではなく寧《むし》ろ哲学そのものの問題であるとすら思うのである。行為的自己の悩み、そこに哲学の真の動機があるのである。

そして最晩年の文章（場所的論理と宗教的世界観）にも西田の激魂の奥深い心霊的苦悩が痛ましく震動する。

我々が我々の自己の根底に、深き自己矛盾を意識した時、我々が自己の矛盾的存在たることを自覚した時、我々の自己の存在そのものが問題になるのである。人生の悲哀、その自己矛盾ということは、古来言い旧された常套語である。しかし多くの人は深く此の事実を見詰めていない。

ここから聞こえてきた西田の声・語りにわたくしは次のような異議を申し入れた。まず哲学の動機は勿論「驚き」ではないかもしれないけれど、だからといって悲哀でもなく、人と人・他者と自己とのあいだ・あわい・まじわりにどうしてもたがいに通じないところから生じるもどかしさ＝不通へのいらだちではないか、と。自己の自己矛盾の事実より始まるのではなく自他矛盾の事実より始まるのではないか、と。行為的自己が自己自身を見る所から始まるのではなく、自他間の不通の壁を直視する所から創《はじ》まるのではないか、と。そして西田にはそんなに切実な実存感覚である悲哀が他人には西田が思うようには通じないという事態こそが魂痛の根因ではないのか、と。内部生命の自覚よりは個体生命と個体生命とのあいだから、両方の生命活動を支え・活かし・向上するように促す宇宙生命の実在とそのはたらきに目覚めることがより根本的な哲学の課題ではないか、と。

三年前北京で開催された講演会で、昔孔子が「知者楽水・仁者楽山」（『論語』雍也第六）ということばを残したが、わたくしが好きなのは何かと聞かれてすぐさま水でもなく山でもなく風だと速答したことがある。海を愛すると言った日本人の哲学者西田幾多郎に対してどう思うかという質問もあった。海も水だから知者ではないかと思うと答えた。間をおかずでてきた日本人の哲学者の中には仁者はいないのかという質問に対しては竹村牧男氏のことが思い出されて、西田の魂友であった鈴木大拙がもしかしたら仁者ではないかと言い返した。風を愛する人とは何かと問われて、探者＝いつでもどこでも真の対話を探し求めつづける人であると明言したこともあった。実際、魂と魂とが響きあう対話を切実に願い尋ねてきたのがわたくし自身であるから、そのようにはっきりと言えたのではないかと思われる。

3　共働——魂と魂との共振

死亡、一九四五年。それは西田幾多郎、そして大日本帝国がともに死亡と敗亡をむかえる、であるから個人的にも国家的にも絶対絶命の時期、まさにそういう時代に真に祖国と同胞の未来を念じた一人の老哲学者がその晩年に血と涙で書き残した学友たちへの書翰には彼の「激しい」・「不敵の」そして「デモーニッシュな」魂の最後の吐露が湧出している。時代も状況もちがう今日のわたくし自身の魂とふれあうところが多々あった。そしてともに哲学する者として通じるものがあるからであろう。

同年三月一一日高山岩男（京都市）宛・鎌倉発の書信に記されている魂の声・語りに耳を傾けて一緒に聴いてみたい。

……東京は実に大変の様です。……敵機は時々私共の頭上を通りますが、ここには投弾はせない様です。京都は今の処無事の様だが、これも中々分かりませんよ。総力戦などこれでは全くだめですよ……私はこの際心配いたして居ります。これには実に大決心をせねばならぬ時ではないかと存じます。このままに引きずられて行って足腰も立たない様になっては民族生命もだめになってしまわないかと存じます。何としても我々民族がどうあってもこの際精神的自信を失う様なことがあってはならないと存じます。……私はもはや老骨、何時とも知らぬ身の上ですが、唯これを念として努力して居ります。……何とかして今書いて居るものを後に残して置きたいと存じますが、大拙は今度「日本的霊性」（大東出版社）というものを書きました。大変面白いと存じます。

そして同じ日に鈴木大拙（円覚寺）宛・鎌倉発の手紙を送っている。

……君の「日本的霊性」は実に教えられます。（無今即全心は面白い）私は論理と結合するため自己の存在を主語的方向からとか、述語的方向からとか云って、一寸普通には分かりにくいかも知りませぬが、これは説明すれば何でもありませぬ。主語的とか述語的とか時間空間というのはどうも論理を弄す様ですが、これらとの関係を明らかにして置かないとどうも学者を一言も云わさない様に説服することはできませぬ。

一昨夜の東京の空襲は大変であったらしいですね。

戦時中の大変な苦境の中でも友人の著作を重んじそれに対する自分の意見を提示している。そして三日後の書信には国情の惨状とそれをもたらした政治指導者たちの無能無策に対するいきどおりが漲っている。

……我が国の現状については一々尊兄の御手紙と御同感。実に実に憤慨の至りに堪えませぬ。不幸にして私共の予見していた通りになりました。田舎者共の世界みずの驕慢無暴の自業自得の外ありませぬ。しかも今日に至りて尚総理以下、空虚な信念を号呼して居るに過ぎないではありませぬか。こんな風にして国民が引きずり引きずられてどん底に陥し入れられて国民が全く自信を失ってしまう様では、もはや再起の途もなくなりはせぬかと恐れるのです。……私は国体を武力と結びつけ、民族的自信を武力に置くというのが根本的な誤りではないかと思うのです……

私は日本国民は相当優秀な国民と信じます。唯、指導者がだめであった。残念の至りです。そして学者も文学者も深く考う所なく、唯これに便乗追従するにすぎませぬでした。私は今日程国家の思想貧弱を嘆じたことはありませぬ。私ももう老年、もう何年生きのびるか分かりませぬ。特に今日の如き生活状態にては。何とか若い人々の奮起をいのります。東京の事、実に悲惨酸鼻の至りで堪えず。

（三月一四日、長與善郎（神奈川県小淵村）宛・鎌倉発）

九日後には自分の思想を書き残すことへの執念が表白されている。

……私は今一つ「場所的論理と宗教的世界観」というものを書いて居るのです。四月一杯かかると思います。……

私ももう老年になり何時とも分かりませぬが、この頃になって思想が熟したとでも云うべき色々の考えが浮んで来ます。そして従来解決のできなかったいろいろの問題が、私の立場から解決できる様に思うのですが、今日の如き状態にて誠に残念です。しかしできるだけ書き残して置きたいと思います。……私は実に決死の覚悟を以てペンを取っています。我が国はいずれにしても一大転換の時期に迫って居るのではないかと存じます。我が国民の国体的自信を単に武力にのみつなぎ居るのでは、将来に世界的発展の希望はないとおもいます。もっと高い立場即ち歴史的世界形成の道徳文化の立場に置かねばならぬとおもいます。万一不幸にして戦に利あらずとも、国民的自信を失うことなく又大いに再起の時あらんとおもいます。こういうことも大いに考えますが。

これから空襲は益々烈しくなるとおもいます。信念ばかりでも心細いものです。（三月二三日、島谷俊三宛）

それから五日後、国家と国民、そして特に指導者には思想がなくては失格だという恐しい程根強い思想へのこだわりを伝えている。


……人文科学研究所では原理的のものを自由に御研究の御考えの由、誠に喜ばしく存じます。どうしても原理的のものを深く研究せないと、現実の諸問題も唯その皮相を見るのみにて、深くその真実を摑むことはできないと存じます。我が国の政策の観念的、独善的にて現今の如き難局に陥ったのも一に我が国民および政治家に深い思想がなかったからと存じます。学業奉還など実に馬鹿げたことを云ったものです。今こそ真に深く学問に心を潜むべき時ではないでしょうか。勿論今は学生にもその余裕はございますまい。しかしかかる時こそ大いに新たなる学問の発展を念とすべき時と存じます。……古来唯武力のみにて起った国はないのです。必ずやその根底にはいつも道義と文化があったのです。唯武力のみに自信を持つ国は、一旦武力的に不利ならば国民は全く国民的自信を失って失望落胆、如何なる状態に陥るか、実に寒心の至りに堪えないのです。これに反して高い立場を何処までも失うことさえなければ一時は万一国家不運の時あるも、必ず再起、大いに発展する時が来ると思います。道義、文化の立場に於て真に東洋に大なる使命を有《も》って居るのではないですか。本当の日本はこれからと存じます。然るに今日少しでもこういう所に着眼する人のないのは悲しむべきことです。

（四月二八日、高坂正顕（京都）宛・鎌倉発）

日々悪化の一路を走るばかりの戦局の真っ只中でも最後の論文を書きあげることに命をかけている姿がみえるしその訴えが聞こえる。

……皆々私にも疎開せよとやかましく云いますが、すべて天に任せてやっています。もう老い先も短きこと故、ヘーゲルがイエーナでナポレオンの砲弾を聞きつつ現象学を書いていたというつもりで、毎日決死の覚悟を以て書いています。……「場所的論理と宗教的世界観」という題です。……

……家貧にして良妻をおもい、国危くして忠臣をおもうという語もありますが、今日の日本程尊兄の言う如く大乗的な大人物を要する時はないと存じます。鈴木という人は忠良な人格者でしょうが、考えは平凡な人らしい。これでは今日の大局の料理はできないと存じます。今日はもはや自信もないのに自信満々たる如く粧い、自慰に耽って居る時ではないと存じます。何処までも足を大地につけ現実に即して大方針を立て、一大決心をすべき時と存じます。思想問題にしても国家の自信を唯武力にのみつなぎ、ややもすれば国体と軍部とを同一視する如き観を与える態度でなく、もっともっと高い精神的立場に国体を置いて奮闘せねばならぬとおもいます。武力はいつも有利とばかりは云われない。万一の時にも国民が何処までも高い精神的国体に深く信念を有するかぎり、必ず又再起、大いに発展する時が来ると存じます。然らざれば万一の場合、国民は自信を失って再起の原動力を失う如き恐れなきか。こういうことも具眼者の考うべきではないか。私共はどうかして我が国の国体、我が国の文化の上に世界的意義を見出し、新しい日本をその上に打ち立てて行く様努力せねばならぬのではないでしょうか。

（四月一二日、久松真一（京都）宛・鎌倉発）

それからしばらくして一生の友人に思想と宗教に関する真摯な意見交換を計っている。

君の東洋文化の根底に悲願があるということ、よく考えて見るとそれ非常に面白い。私もそういう立場から考えて行って見たいと思う。その故に、西洋の物の考え方がすべて対象論理的であったのだ。この頃ユダヤ民族の宗教発展の歴史をよんで色々考えさせられる。ユダヤ人がバビロンの捕囚の時代に世界宗教的発展の方の基礎を作った。真の精神的民族は斯くなければならぬ。民族の自信を唯武力と結合する民族は武力とともに亡びる。

また同じ日に同じ友人に力信仰——現代的に言えば実力本位のリアリズム志向——の根本的批判と彼なりの宗教論を述べている。

……ヒットラーも悲惨な末後を遂げた。無理が通れば道理引っ込むという諺もあるが、無理はやはり遂には通らぬものらしい。今の人は力信仰の全体主義が新しい行方のようにいうが、逆にそれは旧思想で最早時代錯誤であり、新しい方向は却ってその逆の方向に、即ち世界主義的方向にあって、世界は不知不識《しらずしらず》その方向に歩んで居るのではなかろうか。

君の宗教論を拝見した。色々教えを受けた。同感する所多い。私はキリスト教に対して、仏教を哲学的に勝れた点があり、却って将来に貢献するものもあるのではないかと思う。キリスト教は論理的に主語的論理、対象論理だという。神を対象的方向の極に見て居るのである。絶対矛盾自己同一の論理は一面般若即非の論理であると共に、一面にその自己限定として、即ち一と多との矛盾的自己同一、空間時間の自己同一、絶対現在の自己限定として、唯一なるもの即ち個が出て来るとおもう。全心即仏、全仏即人である……

高山から君の「日本的霊性」をおもらしいして大変礼を云って来た。早速礼状を出したそうだが、手紙が着いたかどうかと。

（五月一一日、鈴木大拙宛）

わたくしの魂にふれて静かな振動を起こしたのは一貫した学者魂と武威強国日本の道義文化国家日本への大転換を最後の最後まで熱く語りつづけた魂胆である。それは別の言い方をすれば「激しい魂」が悲哀から始まり憤慨に終わる遍歴の最終段階で「新たな道開きの魂」が不通のもどかしさから始まり何とか相通の道開きに全身全霊没頭している途中での偶然必然当然の出会いと対話と共働であったのではないかと思われる。

4　開新——ともに公共する霊性の哲学対話による未来共創へのみちひらき

（1）哲学→道開き→魂と霊→霊性革命→霊性の哲学

わたくしの個人的に一番好きな詩を一つ紹介したい。

尹東柱《ユンドンジュ》(1)という若くして亡くなった詩人の「あらたなみち」という題の詩をわたくしが日本語に訳したものである。彼が漢字を一切使っていないので、わたくしもその気持ちをそのまま いかした。

おがわをわたってもりへ
とうげをこえてむらへ

きのうもゆききょうもゆく

わたくしのみちあらたなみち
たんぽぽがさきかささぎがとび
おとめがとおりすぎかぜがたち
わたくしのみちはいつもあらたなみち
きょうも……あしたも……

おがわをわたってもりへ
とうげをこえてむらへ

哲学とはコトバをもって未来共創への新たな道を開きつづける他者と自己との共働である。他者と自己とのあいだに身・心・魂の通路を開く対話的営みである。わたくし自身の個人的な体験・経験・証験・効験の成果に基づいて申し上げるわけである。すでに作られ「いまここにあるみち」――路・途・径・道――を行くのは楽である。疑われたり怪しまれたりすることはないであろう。しかしあえて「未来共創への新たなみち」を切り拓くということはリスクの伴うアバンチュール的行為である。そしてそこには理性や知性、感性や感情それに意志よりもっともっと深いところに潜在する魂、そして魂と魂とのひびきあいが創発するのを辛抱強く待ち望むことが必要なのである。霊のはたらき――霊性――そのうごき――霊動――が始発するのを邪魔しないために。

ここで魂と霊のちがいを会得する必要がある。あえて区分けすれば、魂は個体生命の根源的生成力の粒子相、霊は個体生命と個体生命とのあいだにはたらく根源的生命力の波動相である。魂とは粒子的生命力、そして霊とは波動的生命力と言ってもよいであろう。

今日に至るまでの二五年間の日本在住、九年間の将来世代研究活動、一六年間の公共哲学京都フォーラムに於けるともにする哲学対話などの全過程を通して体感・実感・直感したことがある。それは、理性的対話と共感的共働、そして共通認識と共通感覚と共通意志を集合したとしても本当の意味の開新——新しい次元・地平・世界を開拓——するには何かが足りない。そのような思いが常にわだかまっていた。

人間が、国家が、世界が本当によくなるためには霊性革命(2)が必要なのである。一人ひとり、一国家、一世界の根本的変化には魂の革命が必要である。魂とは個体生命——人間であれ、国家であれ、世界であれ——の根源力である。個体生命を個体生命たらしめる根源的ないのちのはたらき——生命エネルギーである。それは粒子の様な実在である。霊とは、魂との対比で言えば、個体生命と個体生命とのあいだに立ちあがって両方をむすび・つなぎ・いかしあうもっともっと大きい・深い・広い生命的根源力——宇宙生命もしくは生命宇宙の根源的原動力である。biocosmic energy である。そしてそのような霊のはたらきを特に霊性と称するのである。霊性のはたらきによって生成する霊性革命とは人間革命・国家革命・世界革命として進展することになるであろう。それは今までのような支配権力の構造と人物の変更ではないのである。それは根源的生命エネルギーの発動の方向と強度を抜本的に変革させることである。制度改革や意識転換よりは／ではなく宇宙的生命力の源泉への通路を開くことなのである。

霊性革命は一人仕事では不可能である。それは根本的に共働事業なのである。魂と魂とがふれあうところから魂と魂とが宇宙的生命力によって相互霊動・霊通・霊変するようになることが何よりも大事なのである。霊性の哲学とは一言で要約すれば霊性革命のための対話・共働・開新の相関連動である。

（2）ともに公共する霊性――西田幾多郎との魂のふれあいから鈴木大拙とのともに公共する霊性へ

西田幾多郎は鈴木大拙の『日本的霊性』（大東出版社、一九四四年）は読むことができたけれど『霊性的日本の建設』（大東出版社、一九四六年）と『日本の霊性化』（法藏館、一九四七年）を目にすることなくその出版以前に亡くなっている。だから比較するのは不公平と言えるかも知れないが、寸心には魂の気配は感知できるが、霊と霊性の息吹は大拙にして初めて体感可能になる。ただ大拙一人の霊性論という性格がやや強すぎるのでそれをわたくしの方で大拙とわたくしとのあいだ・あわい・まじわりを通してともに公共する霊性として活かし直したいのである。(3)

まずその方法であるが、国境横断媒介的な対話による生命宇宙的根源力としての霊とそのはたらきとしての霊性への通路を開くということである。この方法を成功させるためには三つの前段階の見直しが必要である。①魂とか霊そして霊性というキーワードの意味と使用を宗教・神学もしくは神秘思想の枠から解放させることである。②それらを哲学及び科学の語彙によるか転換して意味を付け直し使用をあらためることである。③特定人間の覚醒体験に依存するのではなく、日常生活の中で誰でも経験できるような場面での事例を以て説明するということである。

方法と同じく重要なのは何のために霊性を見直すのかという問題とそれに対する答えを用意することである。魂とか霊とか霊性を語り出すとすぐさま懐疑と不信にさらされやすいし、謂われ無き中傷謀略の標的にもなりかねないので公平・公正・公明な議論を通して納得可能性を高める必要がある。

それでは具体的な実例として大拙の霊性三部作の基本的な問題意識を今日の日本と韓国、そして日本と世界が国境・民族横断媒介的に対話を通して相互の納得可能性を高めることが可能かどうかを探索してみることにしたい。例えば、日本的霊性の究明から霊性的日本の建設へと進展しその成就のためには日本の霊性化が先決条件であるという問題関心が、韓国的霊性の究明から霊性的韓国の建設に進展しその成就のための先決条件として韓国の霊性化が必要であるという問題関心と相関連動することによって、日本と韓国とのあいだ・あわい・まじわりに全く新しい和解と相和と共福の地平・次元・通路を切り拓くことができるかを、日韓の民間主導の共働事業として取り組んでみたいということなのである。まず自分にできることから始めることが大事なので、鈴木大拙と金泰昌とのともに公共する霊性のはたらきを確かめてみることにしたい。

わたくしの方から考えてみると、そもそも鈴木大拙は何故、何のために霊性を言い出したのか。霊性三部作を読んでみてそこから看取できたのは、①日本が無謀な戦争を起こして祖国日本と同胞民族、そして近隣諸国及びその大勢の人々に多大な損害と悲劇をもたらしたのは根拠無き日本精神とか神国教理にとりつかれた一部狂信的信条の指導者とその追従者たちの暴走による。②その根底には武威日本のあやまった力信仰の過信とその成り行きに歯止めを掛ける権能と責任の主体の不在という問題がある。そして③日本の真の新生には武力のみに存在理由とその正当性を置く国家体制のあり方を根本的に解体して、高い水準の道義文化国家の建設に全力投入すべきであるということで、その原動力として霊性の重要性が強調されているということである。それは西田幾多郎の特に一九四五年の書翰に繰り返し泣訴されている独善的武力信仰の弊害への憤慨とも通じることであるが、それでも何故霊性なのか。

その難問に対する大拙の真摯な応答が『霊性的日本の建設』の序・戦争禮賛(魔王の宣言)の文中及び行間に備蓄されていたのである。要は指導者と一部の狂信者をまちがった方向に駆り立てたのは魔王＝人格化された魔性の所作だというのである。そして魔王が何よりも恐れ怖がるのが霊性であるという魔王の自白をてこにして、霊性の力動による国家と社会と個人の魔王の支配と隷属からの解放と自由を提唱したのである。それは国家と社会と人間に共通する根源悪に——国家悪と社会悪と人間悪の発動に——対する警告と対策の提示でもある。ですから世界と国家と人間の根本悪の支配と隷属化から解放されて真の自由な魂の主体に生まれ変わるためには霊性の公共するはたらき——公共する霊性——を他者と自己のあいだ・あわい・まじわりに十分作動させることが必須不可欠であるということを深く肝に銘じて忘れないようにするべきである。——というのが鈴木大拙が霊性三部作を通してわたくしたちに伝えようとしたメッセージの核心である。今日の日本と韓国とが国境と民族の枠を横断媒介してともに・たがいに・偏りなく共感・共有・共振できるであろうか。わたくし自身の個人的な真感・実感・体感としては、努力すれば十分可能性があるという意味でＹｅｓ！であるが皆様は如何だろうか。

（3） 国際関係とともに公共する霊性の哲学対話

アメリカ、イギリス、ドイツ、フランスで国際関係哲学に関連する研究に集中した時期があった。それは主に戦争と平和と人間、特に権力者についての専門分野横断媒介的な研究であった。延べ五年程かかった。それが一段落して感知したことは結局、国家理性と国民感情と権力意志にひそむ根源悪をどう調整するのかという問題に帰着するという事実の確認であった。そして比較哲学・文明・文化論の方向に問題関心が移転し、将来世代への現在世代の良心と応答と、国内的・国際的な公共する哲学の問題意識が深まり、特に日本・中国・韓国の良好な関係構築に資する対話活動の推進を継続してきたわけである。結局、国際関係に関連する問題について深思熟慮する場合にも、鈴木大拙の霊性三部作の基本的なメッセージには、貢献可能性が十分あると思うのであるが如何であろうか。そして西田幾多郎と鈴木大拙についての専門家的・内在的研究だけに内閉するのではなく、わたくしのような外側の人間との、ともに公共する霊性の哲学対話を通してこそ、今まで見つからなかった新しい「未来共創へのみち」——路・途・径・道——が切り拓かれるのではないかとおもうのであるが、如何であろうか。

注

（1）尹東柱《ユンドンジュ》（一九一七年一二月三〇日～一九四五年二月一六日）詩人。一九一七年一二月三〇日、旧満州（現中国東北部）間島省和龍県明東村のクリスチャンの家庭で生まれる。一九三八年四月、ソウルの延禧専門学校（現延世大学）文科に入学。一九四一年一二月、延禧専門学校を戦時短縮により三か月繰り上げで卒業。「平沼東柱」と創氏し日本へ留学。一九四二年四月、立教大学入学。一〇月、同志社大学英語英文科へ入学。一九四三年七月一四日、治安維持法違反容疑で京都下鴨警察署に逮捕され、起訴される。一九四四年三月三一日、京都地方裁判所において、治安維持法第五条違反（独立運動）の罪で懲役二年を言い渡され、福岡刑務所へ収監される。

一九四五年二月一六日、午前三時三六分、福岡刑務所にて獄死。享年二七。

一九四五年三月、尹東柱と同じ罪で福岡刑務所に収監されていた、従兄の宋夢奎（京都大学留学中）も獄死。

一九九五年二月、母校同志社大学今出川キャンパスに詩碑が建立される。

二〇〇六年六月、下宿「武田アパート」跡地（現在・京都造形芸術大学高原学舎）に詩碑が建立される。

（2）霊性革命ということば自体は次のような文献でも使われているが、わたくしの言っていることとはちがう内容である。

David Tacey: *The Spiritual Revolution-The Emergence of Contemporary Spirituality* (New York: Brunner-Routledge, 2004)

Paul Heelas and Linda Woodhead: *The Spiritual Revolution-why religion is giving way to spirituality* (Oxford: Blackwell Publishing, 2005)

樫尾直樹『スピリチュアリティ革命——現代霊性文化と開かれた宗教の可能性』春秋社、二〇一〇年。

（3）ただ、問題は二つある。一つは日本での議論と考察が西田幾多郎の死後に展開された鈴木大拙の霊性論を西田哲学との関連に収斂させるというところにあると思われる。だから当然『日本的霊性』の「大地的霊性」と「場所の論理」に関心と論議が集中するという閉塞の傾向がある。この問題はいつか別途に論及するつもりである。そしてもう一つは鈴木大拙の『日本的霊性』を取り上げて論ずる場合にも『霊性的日本の建設』と『日本の霊性化』にはまったく目を向けないということである。つい最近の例で言えば、内田樹・釈徹宗『日本霊性論』（ＮＨＫ出版新書442、二〇一四年）や、『別冊ＮＨＫ１００分de名著「日本人」とは何者か?』（ＮＨＫ出版、二〇一五年）の中の中沢新一による鈴木大拙『日本的霊性』などがある。

しかしここで一言言って置くとすれば、今更日本的霊性とは何かという問い掛けよりは、何故日本的霊性を語る必要があるのか、またそれが二一世紀の日本と東アジアそして世界との関係改善に資するところがあるのか、あるとすればどういうところにそれがあるのかという文脈で三部作をひとまとめにして読むことが大事だというのが、私自身の個人的見解である。

第三章　産官学民連携による公共性の創造——グローカル・プロジェクトとは何か

中谷真憲

はじめに

平成二一年、民主党政権下で大きく打ち出された「新しい公共」の考え方は、NPO等の多様な市民活動の役割を重く見て、「官」による「公」の独占を打破しようとするものであった。これは官のスリム化を目指すという意味では、行財政改革の一角をも担ったわけであり、その意味では自民党の小泉政権下で導入された指定管理者制度などの「公共（施設）の民営化」路線とも合致する面がある。ただし、鳩山総理が「人の幸福や地域の豊かさは、企業による社会的な貢献や政治の力だけで実現できるものではありません[1]」と述べている通り、相対的には企業の持つ公共的価値よりも、市民活動の側により多くの期待が寄せられていたことは明確である。

実際、私たちは一般に、主に政府からなる公共部門は公共性を担い、私人や企業からなる民間部門は私的利益追求を旨とする、と理解している。しかしそれはどこまで正しいのだろうか。現実の企業活動は複雑であり、日本においてもCSRは拡大しつつある。またなによりも、企業は雇用を創造し、税を納め、社会を活性化し、地域社会の生活基盤を支える担い手でもある。

むろん筆者はここで単純な企業礼賛論を述べたいのではない。リストラと節税に励み、市場独占を狙い、安い労働力を求めて工場を他地域に移転していくのも企業である。ただ多くの場合、特に日本の全企業中九九・七％を占める中小企業の場合、企業は地域社会とともにあり、その地域社会の維持・発展は企業にとっての死活問題でもある。したがって、ここには従来の市民社会論、公共論が見落としがちであった命題が潜んでいる。企業が本来的に有する公共性とは何か、またその公共性を引き出すには何が必要か、という命題である。そして筆者の考えるところ、これは極めて今日的なテーマである。

かつてレスター・C・サローは資本主義と民主主義は価値観が相いれないがゆえに相補的である、と述べて、資本主義はその存続のため民主主義を必要とすることを説いた[2]。しかし、確かに必要であるのならば、資本主義（企業活動）が民主主義（社会に対する民主的貢献）の価値観を本質的に追求する場合もあるのではないか。「公」と「私」の間（あわい）には、広範な「公共」の領域がある。本稿ではこうした命題を京都で進むグローカル・プロジェクトに即して考えたいと思う。

1　グローバル化か、グローカル化か

（1）フラット化する世界？

一九八〇年代までの国際化の時代を経て、グローバル化（グローバリゼーション）が顕著となったのは冷戦以後の時代である。多国籍企業の活動はすでに活発化していたが、冷戦の終わりは、旧東側諸国も組み込んだ形で、文字通りの世界市場を出現させた。米ソ二大国の覇権争いは終わり、一九九〇年代にはアメリカが最終的な勝利

者であるかのような幻想が世界を覆っていた。アメリカのジョージ・H・W・ブッシュ大統領が語った「新世界秩序」は、冷戦の勝利宣言であった。一九九〇年代後半のニューエコノミー論は、史上最長の景気拡張と景気循環の弱まりを強調して、グローバル市場と情報技術をけん引したアメリカが経済においても勝利したことを誇っていた。しかしブッシュ大統領の「新世界秩序へ向けて」のスピーチは湾岸戦争を前にしてのものであり、それはその後のアフガニスタン戦争、イラク戦争、中東の混乱、対テロ戦争時代の幕開けでもあったのである。またニューエコノミー論はITバブルの崩壊を機に急速にしぼみ、私たちは、中国に奪われた雇用をアメリカに取り戻せと叫ぶ共和党大統領候補の登場と当選をいま目の当たりにしている。冷戦の勝者はアメリカというよりも、アメリカをもその構造に組み込んだグローバル資本主義そのものであり、トマス・フリードマンによれば世界の国々は「黄金の拘束服」[3]によって、好むと好まざるとに関わらず、民営化、小さな政府、自由貿易、規制緩和、競争促進、財政均衡策、法人税引き下げ以外の選択肢をもたなくなってきている、ということになる。

グローバル資本主義がもたらす世界のフラット化と、各国におけるナショナリズムの高まり、あるいはイスラム過激派の台頭はおそらく深い相関関係にある。欧州においては、自分たちの主権の及ばないものによってコントロールされる、という恐怖と不満が、EU批判へと結実し、世界的なグローバリゼーションの波の中での欧州の盾であったはずのEUそのものが、グローバリゼーションの悪しき象徴のように見なされる事態が目立ってきた。フランスにおける国民戦線やオーストリアにおける自由党の勢力伸長、イギリスの国民投票におけるEU離脱派の勝利等はすべて、EUから国家主権を取り戻し、経済政策の自由度を回復し、移民をターゲットに国際的な移動の自由を制限しようとする点で一致している。

さらにいえば、アメリカ大統領選挙におけるトランプ氏、サンダース氏の躍進はどちらもエスタブリッシュメントに対する戦いを標榜している点で共通する。トランプ氏的な観点でいえば、アメリカが世界市場において勝利することを目指すべきであって、中国や日本を含むグローバル資本主義に振り回されるアメリカは偉大ではない、ということになる。サンダース氏的な観点でいえば、共和党だけでなくいまや民主党主流派も、ヒラリー・クリントン氏のようにウォール街のエスタブリッシュメントの走狗に過ぎない、ということになる。

私たちが目撃しているのは、欧州においてもアメリカにおいても、「右派対左派」ではなく、「大衆対エリート」の世界観の台頭である。[4] 言い換えれば、自己認識におけるグローバル資本主義のアウトサイダーとインサイダーが相克する世界であり、グローバル資本主義の被験者と主導者の争いである。

イスラム過激派のＩＳＩＬ（ＩＳＩＳ）が、欧州育ちの多くの若者を惹きつけている背景にも似たような事情がある。フランスをはじめ欧州では石油ショック後に移民の受け入れが停止されたが、その後も家族の再結合などを名目として移民人口は増え続けた。[5] その第二世代、第三世代はホスト国の国籍をもち、その教育を受け、しかし父親の雇用も自らの将来も不安定な社会に育ってきた。その中で形成された自我は不安定となり、親も尊敬できず、若者失業率が高い社会構造の中でさらに厳しい視線にさらされるうちに、彼ら若者のアイデンティティは親の出身国の正統なイスラムよりも、メディアを通じて流れてくるＩＳＩＬ（ＩＳＩＳ）の過激で「英雄的」な思想に惹きつけられていく。経済的にあるいは心情的に、社会のインサイダーになれない疎外感こそが欧州の過激派の若者の根本なのである。そしてこの社会とは、変化のスピードの速いグローバル資本主義によって律せられている。移民というバックグラウンドを捨象してしまえば、私たちは彼ら過激派の若者のテロに、案外、日本のオウム真理教事件に似たものを見て取ることができるのかもしれない。

（2）ナショナリズムとパトリオティズム

世界的にグローバル資本主義に対する反感が勢いを増している現在であるが、日本はこれに無縁だろうか？　欧州やアメリカに比べ、相対的にイスラム諸国の政情から遠い日本においてたしかに事情は同じではない。しかし、ヘイトスピーチや嫌韓本、嫌中本出版の盛況、あるいは、しばしば軽率で過激な発言を繰り返すネット右翼の存在など、懸念すべき点がないではない。ここでは、個々の領土問題に関する正当性の議論は脇に置くが、排外的なナショナリズムがしばしば抽象的な血のたぎりだ、という点には留意すべきだろう。

　国民（ネーション）とは本来相当に抽象的な観念である。血縁でもなく顔見知りでもない、遠方の誰かを同じ国民と考えるには想像力が必要であり、その意味で国民とは「想像の共同体」[6]なのである。そして先方の国民はさしずめ〝想像される共同体〟である。ネットという安易かつ抽象的な言論空間は、書きこみ主である各個人がそれぞれにもつ不満を媒介に、ネーションのもつ抽象性をさらに増幅しその像を歪めやすい。

　健全なナショナリズムと愛国心があるとすれば、不満ではなく、落ち着いた客観的な誇りを媒介とするものだろう。そのような誇りのアンカー（碇）はどこに見出すことができるのだろうか。一つの方策は、グローバルな世界の実像をよりよく知ること、である。『ゆとり世代の愛国心』[7]はまさにその実践例であり、世界の課題現場に飛び込み、その解決に奔走する中で日本人としての誇りを見いだした著者の姿は、若き、良き範例と思える。一九九〇年代の企業不祥事など「かっこうの悪い大人」を見て育った世代の著者だが、世界のしばしば過酷な現場にいる日本人に、また数多くの国の人に触れる中で、日本についての誇りを取り戻していく。もう一つの方策は、地域社会の具体的で目に見える関係性の中で、自己を定着させることである。F・フクヤマは『歴史の終わり』の中で、政治理念が自由主義と民主主義へと収斂したのちも認知への闘争は残ると観察した[8]。その意味で、同書は実は冷戦の勝利ではなく、その後の民族主義台頭の兆候を見て取っていたとも言えるが、いずれにせよ、自由を得た後も残る課題は認知（誇り）だというこの主張は、いまもなお汲むべきところがある。そしてこの認知への闘争は、世界がフラット化し、労働者間のコスト競争が国際化し、グローバル資本主義のインサイダーとアウトサイダーが相克する中で激化する可能性があるのである。

ここであらためて振り返れば、政治学が無視しがちな「仕事」こそは、自己を社会の中で定位させるうえで決定的に重要である。これは仕事が「他者からの認知」につながるからであり、金銭的な充足以上に価値があるとも言えるからである。失業した若者がＩＳＩＬ（ＩＳＩＳ）に向かっているように、失業やプレカリアートな状況と、その人の抱える疎外感とは非常に深い相関があるだろう。

ただこのグローバル社会の中で誰もが「グローバル人材」になれるか、というとそうではない。この用語はむろん文科省の好む和製英語だが、語意としては、世界で活躍できる人材、特に国際的な企業人のことを指すだろう。[9]グローバル資本主義のインサイダーとなる人材である。問題は、大衆化された大学におけるこうした人材育成の方向性が、「大衆対エリート」という安直で危険な構図を生み出しやすい社会状況を、いっこうに解決しそうにないことである。グローバル資本主義のインサイダーとアウトサイダーの間には、国、地域、経済団体などによって「ため池」のように囲まれた領域が存在し、これが個人をむき出しのグローバル資本主義から守っている。そして国が「黄金の拘束服」の下で、経済政策の選択肢の幅を狭めている現在、相対的に地域の役割は増しており、地域がその独自の資源を活かして「世界の中での地域アイデンティティ」を考えねばならない時代に入っているのである。

慎重な言い方が必要だが、これはある種のパトリオティズムへの回帰を展望する、ということでもある。近代国民国家は、ネーションビルディングを進めるにあたって、各地のパトリオティズムを換骨奪胎して、より抽象的なネーションへの帰属意識に組み込む、という過程をたどった。周知のように、フランス革命期に生まれたマルセイエーズがフランス国歌であるのはその名残であり、あるいはブルターニュの王党派と結びついたパトリオティズムは共和国軍の前に無残に蹴散らされていった。パトリオティズムは本来、抽象的というよりも土地々々の具体的な伝統や歴史に根差したものである。産業資本主義がE・ゲルナーの言う「シンメトリーな（互いに等価性を持つ）人間」[10]を生み出し、またそれに支えられる中で、基本的には次第に後景に退いていった、肌触りのある地域感覚である。

しかし、国が、あるいは政治が、国境を超える大企業の活動にむしろ追い立てられ、「黄金の拘束服」にあわせて身体の方を調節するかのような政策を取らざるをえない今日、企業活動の観点から、そして同時に「他者からの認知」の観点から、パトリオティズムのもつ可能性はむしろ再考されるべき余地がある。独自のアイデンティティを持ち、そのことで付加価値をもつ財やサービスを生産ないし提供できる地域社会・地域経済の場合、これはグローバル資本主義の中で、一定のため池を確保することにつながり、また世界のどの多国籍企業でも活躍するような人材ではないにせよ、確実に地域社会の中に定位して市場経済と社会を支えていく資質をもった人間を育みやすい、と考えられるからである。したがって今日考えるべきはグローバル人材以上に、グローバルとローカルの「間」をつなぐグローカル人材の育成ではないのか。

実はこのような問題意識に基づいて走っている地域が日本にある。京都である。

京都では現在、産官学民が集ってグローカル・プロジェクトを推進している。これは経済界と大学界の協働によって産み落とされ、地元行政とも連携を取りながら進んでいる人材育成プロジェクトである。他にない特徴として、産学が日常的に協働し、ともに運営する「民」であるNPO法人を立ち上げていることがあり、その法人を中心に具体的な企業－学生（若者）連携プロジェクトが次々と生まれている。次章ではその活動を紹介し、その意義を考えていく。

2　グローカル・プロジェクトとは何か

(1) 企業を見ない日本的市民社会論のおかしさ

一般に政治学の分野では経済団体を与党と結びついた「圧力団体」として見ることが多い。五五年体制以降の自民党支配下の日本政治の姿は、政治学の教科書でしばしば「政財界の鉄の三角形」として描写されてきた。五五年体制の終焉や民主党政権の誕生などを経て、こうした単純な構図は崩れたものの、経済団体とは私利益を求める私企業群の利益団体である、という理解はさして崩れてはいない。したがって日本の大学の教育現場においては、企業や経済団体を扱うのは経済学部ないし経営学部であって、公共論や市民社会論を扱う法学部や（公共）政策学部はそれらには最も遠い、とされることが一般的である。ここには二つの大きな錯誤が存在する。第一に、企業や経済団体の活動に含まれる公共的側面にまったく注意を払っていないこと。第二に、より社会的価値、公共的価値の高い企業活動を創造しようとする政策論への主体的なコミットを欠くこと、である。企業は私利益しか考えていないのだろうか？　社会の大多数を構成する私企業で働く企業人とともに社会の公共のあり方を考えることが、本来、市民社会論の大きな分野でありえたのではないだろうか？

筆者はかつてフランス人の同僚と、「市民社会」と「市場」との関係について議論しようとしたことがある。しかしその彼は、私が話しだすやいなや、怪訝な顔をして、その二つは同じものではないですか、と尋ねてきたのである。

これは法学部のアイデンティティは、私企業の活動にコミットすることと、なんら関係がない、とする日本的な理解とはまったく異なるものであった。だが、たしかに société civile とは本来的に言って、啓蒙期ブルジョワジーの社会、市場社会から生まれてきたものであって、フランス語において、société は会社と訳すのである。株式会社は société anonyme と呼ぶ。

日本においては、市民社会という語は、どちらかといえば反権力、反企業的な市民運動にひきつけて理解されてきた面がある。これは、先に述べた政財官の「鉄の三角形」を批判する役割を、市民社会論が担ったということと無縁ではないだろう。一九六〇年代、七〇年代の重大な公害問題は、企業の責任を市民運動と市民派弁護士・学者が訴えるという構図の中で、日本における市民社会の台頭を印象付けるものであった。

こうした市民社会論はそれ自体、日本の民主主義にとってきわめて重大な貢献をなしており、もとより筆者にそれを否定する意図は全くない。ただその上で、今日的テーマとして企業の持つ社会的価値、存在意義にも目を向けてみたいのである。

筆者は平成二二年度以降、京都経済同友会の会議に参画しているが、企業人らが地域経済・地域社会のありようを議論し、若い世代の骨太な育成や、より多様な働き方や開かれた職場環境の実現に、あるいはＬＧＢＴの問題に、真摯に取り組むその姿勢は、まさに「公共」を問い直す市民社会の活動そのものである(11)。これらの議論は企業のＣＳＲの取り組みの枠内でなされているわけではない。本業とは別の社会的貢献策としてではなく、本業そのものを改革し、より活性化させるために検討されているのである。これはむしろ、企業人自身のビジネス感覚に裏打ちされた、社会・経済の停滞状況に対する危機意識の反映でもある。遅れていたのは、大学側の企業認識の方であった。そこで筆者は、企業人と学生とを橋渡しし、企業との具体的な実践に取り組む中で、社会的構想力をもった人材を育成するための組織を立ち上げることとした。これが平成二五年二月に設立されたＮＰＯ法人グローカル人材開発センター（略称：グローカルセンター）である。

(2) グローカル・プロジェクトの実績と射程

同センターは設立に向けての検討段階から、産官学民が議論に加わり、設立後も、京都市・京都府との緊密な連携の下、企業人と大学人が協働して運営する形をとっている。グローカルとは言うまでもなく、global と local からなる造語だが、glocal や glocalization という単語はすでに英語としても意外なほどに定着している。すぐに think globally, act locally という言葉が連想されようが、実際、筆者らはグローバルな視野で地域社会の公共を考え、支える人間として、グローカル人材を構想しており、とりわけ「地域社会を支える公共マインドと、グローバル経済に対応する冷静なビジネスマインドの双方を兼ね備えた人材」を目指して学生(若者世代)の育成に取り組んでいる。教育の具体的な手法として、企業-学生連携プロジェクトによるPBL(課題解決型学習)を重視しており、発足以来の三年のうちに、このプロジェクト数はすでに一〇〇を超えるまでに至った。学生の参加ものべ千人を超える規模である。学生提案のいくつかは企業に実際に採用されてもいる。

グローカルセンターは京都産業大学を代表校とする文部科学省大学間連携事業の中核組織として設立されており、この事業には現在六大学が加盟している。したがってこれらの複数大学の正規科目の改革にも関与しており、かつNPOであることから文科省事業で連携している以外の大学の学生も広く受け入れることができる。学生は京都市内を中心とする二六大学から集まっており、また高校に対しても地域や企業と連携した実践的授業(アクティブラーニング)を提供している。さらに特徴的なのは、グローカルセンターが産学の賛同の下に地域職能資格GPM(グローカル・プロジェクト・マネジャー)を創設し、発行していることで、これはヨーロッパのEQF(European Qualifications Framework)にならって大学科目群を職業能力の観点から資格プログラムとして体系化するとともに、プログラム履修者に実践的な企業連携プロジェクトの修了をも義務づけている。企業によってはすでにGPM取得者を採用において優遇する動きも出てきており、「役に立たない」とされてきた大学での学びがキャリアにも直結する可能性が広がっている。大学の外に目を向ければ、京都府や京都市でも、グローカルセンターのPBLを活かした人材育成を施策化してきた実績がある。

これは筆者の考えであるが、大学の社会的使命とは、まず真理の追求であり、また次の社会を構想しそのための人材を準備すること、である。自然科学であれ社会科学であれ人文知であれ、真理を追求することなき大学は大学ではない。しかし、大学の大衆化にともない、学生に対する指導は、アカデミックな研究をそのままにぶつけて済むものではなくなっている。これは決して悪いことではなく、研究者も自己の研究の社会的意義を考え、専門用語をまず日常の社会に届く言葉に直すところから、自己を鍛え直す必要がある、ということでもある。就中、学生の圧倒的多数は卒業後、企業に入社していく。この明白な事実と正面から向き合うことなしに学生指導にあたるとすれば、それはほとんど詐欺のようなものである。

筆者は、アカデミズムの価値をどこまでも信じる者である。むしろ何の役に立つのか分からない研究も含め、研究のすそ野の広さこそが全体としての教育力と国力をも上げるものと考えている。自身の実践している企業連携PBLも含め、それだけが万人にとって唯一、正しい教育などこの世には一切存在しない。古典の精読によって社会に目を開かれる者もいれば、商品開発プロジェクトによって人間的に成長する者もいる。ただ、どの教育手法をたどるにせよ、大学人としては学生の育成、すなわち、自己と社会に対する客観視点の取得、専門知および教養としての活きた知識の吸収、徹底した論理的思考への習熟、豊かな感性の獲得、そして勇気の涵養など、何らかの実際的な能力育成に通じるよう、アカデミズムと社会とを橋渡しする工夫をしておかねばならないのである。

しばしば誤解されるところだが、グローカル・プロジェクトの目指しているものはPBLでもなければ、キャリア教育でもない。PBLやキャリア教育自体が目的となるのであれば、それは教育上の手法を目的そのものと取り違える錯誤を犯している。企業連携ＰＢＬを中心としたキャリア教育的な手法を活用しつつ、社会的構想力を持った人材を育成すること、言いかえれば、次の社会のあり方を考え担う、資質と気概を持った人材を企業の中にきちんと定位させることこそが、このプロジェクトの本質的狙いである。したがってグローカル・プロジェクトは若い企業人を対象とした社会的研修事業をも展開している。グローバルとローカルを見わたし、次代の社会構想を講師や企業の垣根を超えた朋友とともに考える、そうした研修であり、京都の企業人と大学人の熱心な議論によって、いま形を整えつつある。おそらくこれによく似たものを求めるとすれば、江戸期の私塾だろう。緒方洪庵の適塾、石田梅岩一門の心学講舎、あるいは懐徳堂等々。この時代、教育力の根幹にはこうした私塾の存在があった。時代そのものをとらえようとする、町人たちの主体的な学びがあった。

ビジネスを無視した公共論は戯言にすぎず、公共論なきビジネスは社会の災厄である。ビジネスは、よき人材の獲得、およびそれに伴う競争力ある技術の開発や経営手法の進化、そしてそのビジネスにとって好適なエコシステムの構築によって、維持され発展していく。人材の供給やエコシステムの構築は、その企業の属する地域社会の発展や教育界の水準と切り離して考えることはできない。そして地域社会やその教育界も、経済の担い手であり人材の引き受け手である企業と相即不離の関係にある。ビジネスと公共の本質的むすびつきに、法制度論、政策論、公共論の観点から光を当ててみることは、今日の大学の、法学部教育の取り組むべき課題でもあるだろう。

最後に付言すれば、こうしたプロジェクト理念を企業人が共有するその背景には、文化や大学を尊重する京都人の気質、あるいは近江商人から伝わった三方よしの精神が存在するだろう。「自分よし、相手よし、世間よし」の三方よし[12]は、時に日本におけるＣＳＲの源流と称される。しかし、これは家業の家訓という観点からしても、むしろビジネスの極意そのものであった。

おわりに

「働く」とは社会の中に人を定位させることでもある。企業の持つ最大の公共的価値は、おそらくここにあるだろう。だからこそ逆に、企業も社会の中に定位できなければ、企業存続のためのエコシステムをうまく構築することができないのである。昨今のブラック企業批判[13]を見てもこれは明らかだろう。とくに、そうやすやすと生産拠点や営業拠点を、国から国へと移転することのかなわない地域密着型の企業が、社会からの厳しい批判にさらされれば、ことは当該企業の存廃にも直結しかねない。「世間よし」はビジネスを維持し、よき人材を集め、企業を存立させるうえで不可欠の要件なのである。かくして公共への志向は、ビジネスのためにこそ、企業のただなかに埋め込まれる指針となる。

このエコシステムの根底にあるのは、先にも述べたゆるやかなパトリオティズムである。人々の間に共有される地域に対するおだやかな誇りは、人材の獲得と定着を容易にし、経済論理とは別の位相で、その地域の企業にとって存続に好適な環境を形成する。企業が地域経済団体ごとにさまざまな社会的活動を行うのは、なにも情報交換や発言力の強化のみを目的としているのではない。地域社会の誇りを喚起できなければ、その地域は他地域と差別化できず、早晩エコシステムを失う。グローバル化が国と地域のフラット化を進める時代にあってはなおさらである。比ゆ的な表現になるが、デジタル化の進展するグローバル化の時代には、人の心＝誇り、というアナログ的な要素こそが盾となって、人と企業を社会に定位させ、その負の影響を和らげるのである。

この心は、国民＝ネーションのレベルでは、その抽象性に由来する乱暴な表現に帰着することがある。しかしパトリオティズムは、目に見える地域社会のありように依拠しており、より具体的な生きるもの、働くもの、生命の世界である。これは理性の哲学（理学）ではなく、生命の哲学（心学）であり、抽象的な理ではなく、日々の行の中に育まれるある感覚である。この陽明学的な知行合一によって、見出される世界こそは、現代では大学と企業との連携によって見出される世界に近いものだろう。

グローカル・プロジェクトは、産官学民連携の教育事業ということになるが、より歴史鳥瞰的に眺めれば、町人・庶民の自治精神にもとづく江戸期の教育運動の系譜に連なる、とも言える。その意味で、社会的構想力と現実感覚のバランス感覚に裏打ちされた、実践志向、実学志向の水脈の豊かさを訪ねてみることは、今日の浅薄なキャリア教育に対する生産的批判にもなりえるだろう。紙幅の関係でここでは十分論じることができないが、最初期の例の一つとして江戸時代初期、岡山藩の巨人、熊沢蕃山（一六一九―九一）の思想・業績には汲むべき多くのものがあることのみ、注意を喚起しておこう。

熊沢蕃山は、名君と称される岡山藩主池田光政（一六〇九―八二）を補佐し、『集義外書』『集義和書』『大学或問』など、後世にも多くの影響力のある書物を残した。この時期、「殿さまの光政、思想の蕃山、土木の永忠（津田永忠）」と称される岡山の三傑の中にあって、しかし蕃山は書斎にこもる研究者であったのではない。藩政の改革に奔走する実務家であり、藩校の先駆けとなる花畠《はなばたけ》教場の中心を務める教育者であり、幕府の参勤交代制度や官製朱子学を果敢に批判する闘う知識人でもあった。付言すれば、岡山藩の教育熱は後年、石山仮学館や日本初の庶民学校である閑谷学校に受け継がれていく。(14)

ただし、蕃山のバランス感覚は中庸の一言で済ませることができるようなものではない。思想の巨人だが、その本質はきわめて現実的な感性に存する。蕃山は中江藤樹の衣鉢を継ぐが、朱子学であれ、本来は知行合一の陽明学であれ、それが単なる机上の学問に堕していると見れば、治国平天下の教えではないと痛烈にこれを批判した。国の風土（水土）、思想的土壌を重視し、日本、中国、インドそれぞれの国柄を考察しつつ、外国思想の単なる輸入は学問でない、と見た。

儒者がただ倹約にのみ傾きがちなところ、彼は、「仁政を天下に行はん事は、富有ならざれば叶わず。近世無告の者多し。（中略）仁君の政にはまずこの無告の者をすくひ給へり。今の無告の至極は浪人なり[15]」と書き、富有大業と浪人の救済を説いた。この件から、今日の非正規社員やニート問題を連想するとすれば、想像力の飛躍と批判されるだろうか。

歴史的経緯として言えば、浪人由井正雪の乱は同時代であり、二百年ほど下っても陽明学徒大塩平八郎の乱がある。実際、由井正雪の乱によって蕃山は幕府やその大学頭林羅山らに警戒されることとなるが、蕃山はただ社会的安定や富国と、浪人問題との関係を鮮明に捉えていたに過ぎない。

彼は、「仕事」と「公共」との関係に気づき、これを政策論の中枢に置いた最初の人物の一人であった。幕藩体制の基本は言うまでもなく士農工商の身分制であり、それを支えるのが兵農分離である。この時代、財政の中心は米であるが、兵農分離であれば米を作るのは農民だけである。士を養わねばならない農民の年貢負担は増え、当然、農民の負担は重くなる。根本の農民が疲弊すれば、養われている武士もまた困窮し、国の本が立たない。ただでさえ、藩のお取りつぶしが続く中で、士意識のみ高い浪人が天下にあふれている。蕃山の武士帰農論は、冷静な観察に基づく具体的な社会政策、労働政策の提唱であった。自給自足への守旧的回帰ではない。たとえば彼の米価についての考え方は、市場経済を前提としている[16]。

蕃山の鋭敏な現実感覚[17]は今日のエコロジーの分野にも表れる。彼は古い耕地を荒らすような新田開発に反対し、農業の基盤としての環境の保全を重視する。「古人の心ありてたて置きし山沢をきりあらし、一旦の利を貪るものは子孫亡ると也」「山に草木蕃りぬれば、にはか水の憂もなく[18]」と書くとき、その視点は牧歌的な山水の保全というよりも、人の生きる条件、働く条件に向けられていたのである。

人と国を働く現場から現実的に把握し、明確な政策論をもって切り込んでいくこの感性こそが、蕃山を蕃山足らしめていたように筆者には思える。彼の感性を、私たちはいまどこまで持ち得ているだろうか。教育の現場において、どこまで、人、仕事（経済）、国、公共を丁寧にむすびつけて、具体的実践的に伝えられているだろうか。現場から次のより良い社会を、働き方を構想する想像力を養うこと、そしてまず実践してみること。これをことさらにキャリア教育などと呼ぶ必要はない。

これはおそらく元々、すべての教育が有していた役割のはずなのだから。

注

（1）第一七四回国会、鳩山内閣総理大臣施政方針演説。
（2）レスター・C・サロー『資本主義の未来』山岡洋一・仁平和夫訳、TBSブリタニカ、一九九六年、三九二頁。
（3）トマス・フリードマン『レクサスとオリーブの木（上）』東江一紀・服部清美訳、草思社、二〇〇〇年、一三六頁。
（4）この点を以前から指摘していたのは、佐伯啓志『現代民主主義の病理』NHK出版、一九九七年、一〇七頁。
（5）中谷真憲、第二章「フランスにおける移民の社会統合と共和国理念」参照のこと（河原祐馬・植村和秀編『外国人参政権の問題の国際比較』所収、昭和堂、二〇〇六年）。
（6）ベネディクト・アンダーソン『想像の共同体』白石隆・白石さや訳、NTT出版、一九九七年。
（7）税所篤快『ゆとり世代の愛国心』PHP新書、二〇一四年。
（8）フランシス・フクヤマ『歴史の終わり（上）』渡部昇一訳、三笠書房、一九九二年参照のこと。認知への注目はヘーゲルから引き出されたものである。
（9）「産学官によるグローバル人材の育成のための戦略」産学連携によるグローバル人材育成推進会議（平成二三年四月二八日）参照。http://www.mext.go.jp/component/a_menu/education/detail/__icsFiles/afieldfile/2011/06/01/1301460_1.pdf
（10）アーネスト・ゲルナー『民族とナショナリズム』加藤節訳、岩波書店、二〇〇〇年。
（11）京都経済同友会の提言、特に大学との連携について以下を参照。これに基づいてグローカル人材開発センターは設立された。http://www.kyodoyukai.or.jp/uploads/7653c7485a32595e0e7f8efe502753ce3.pdf

(12)三方よし、について詳しくは、末永國紀『近江商人 三方よし経営に学ぶ』ミネルヴァ書房、二〇一一年を参照。

(13)ブラック企業問題に切り込んだものとして、今野晴貴『ブラック企業　日本を食いつぶす妖怪』文春新書、二〇一二年。

(14)藩校の石山仮学館が「孝」のイデオロギー装置となったことを考えれば、庶民校の閑谷学校こそがむしろ蕃山の現実感覚を伝えていったかもしれない。

(15)『熊沢蕃山』（岩波書店『日本思想大系』所収、一九七一年、四一五頁）。

(16)山田芳則『熊沢蕃山の思想冒険』思文閣出版社、二〇一四年、一六〇頁。

(17)山田はこれを「政治は俗と共に進退するもので、俗を離れてはいけない」と解説している（山田、一九六頁）。

(18)『熊沢蕃山』三七四―五頁。なお「にはか水」とは突然の出水のこと。

参照文献

『熊沢蕃山』岩波書店『日本思想大系』所収、一九七一年

山田芳則『熊沢蕃山の思想冒険』思文閣出版社、二〇一四年

第四章　世界的経済循環における中国内生的経済循環
――「間（あわい）」＝「公共」という視点から――

岑　智偉

「天の下では、何事にも定まった時期があり、すべての営みには時がある。」
"For everything there is a season, and a time for every matter under heaven."
伝道者の書　第三章一節『聖書 新改訳』
ECCLESIASTES 3:1 Holy Bible (ESV)

はじめに

歴史が繰り返すのと同様に、世界経済も循環している。中国の経済規模の「拡大」は「世界的経済循環」（＝経済面の興亡）という視点から見れば、必然性があると思われる。[1] しかし、国際社会または中国自身が「世界的経済循環」という意味を正確に理解しなければ、色々な摩擦や将来に対する政策判断の誤りが生じかねない。本章は以上の論点を「間（あわい）」としての「公共」[2]という視点から整理しまとめてみる。まず、「間（あわい）」としての「公共」（以下では「間（あわい）」＝「公共」とする）をどう理解すべきかについて考えてみよう。

西田哲学では、「絶対矛盾的自己同一」という考え方がある。ここで言う「絶対矛盾」（例えば、過去と未来）とは一般的な認識を遥かに超越し哲学的あるいは宗教的なものである。そして、「絶対矛盾」の「自己同一」とは「過去と未来とが相互否定的に現在において結合する」（西田、2001）のように、過去と未来という絶対矛盾的なものが、現在という「場所」において「自己同一」であるという、「自覚（悟り）」の境地に至らなければ理解できないものである。

西田哲学について全く門外漢であるが、初心者＝学習者として以上のこと（ロジック）を整理（理解）しながら、それを参考に「間（あわい）」＝「公共」とは何かについて考えてみたい。まず、矛盾について再考してみよう。矛盾とは相反することを言うが、終焉と開始、衰退と繁栄、死と生、過去と未来、有と無、有限と無限といった両面性をもつ双対的な概念も矛盾として考えられる。これらの矛盾をより深層的に「絶対矛盾」として考えるならば、これらの「絶対矛盾」は空間または時間という「場所」においてこそ、「同一」の存在となる。このような思考では、「間（あわい）」＝「公共」も「場所」として考えることができる。以上のことをより直感的に議論できるように、以下では集合の概念を用いて「間（あわい）」＝「公共」を定義してみよう。


AとBはそれぞれ異なる事象（事柄）であるとする。ある状態（論理的関係）を想定してみよう。（1）$A \cap B = \phi$（事象Aと事象Bの間に共通するものはなく、両者の共通集合は空集合ϕ）であり、かつ$A \cap C$ and $B \cap C$（AもBもCの部分集合）であるならば、$A \cup B \cap C$という関係が成り立つ（AとBは共にCに包摂される。図1aを参照）。これは相反（矛盾）する二つの対立事象（事柄）が対立（矛盾）の状態でありながら、両者を包摂するような事象（＝場所）において両者が「同一」となる可能性を示唆している。その「同一」を可能にする事象（＝場所）とはCという大きな

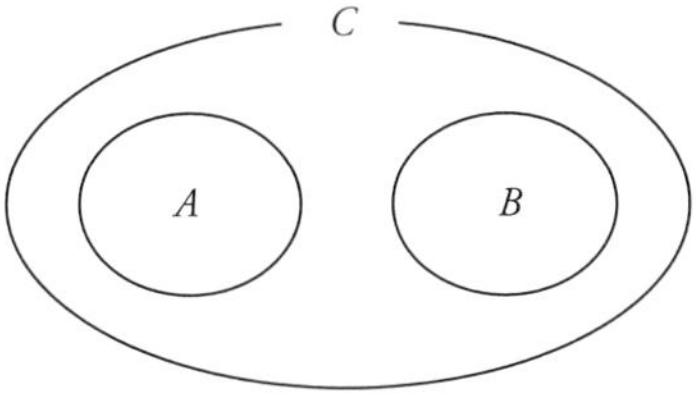

図表 1a　$A\cap B=\phi$；$A\subset C$ and $B\subset C$

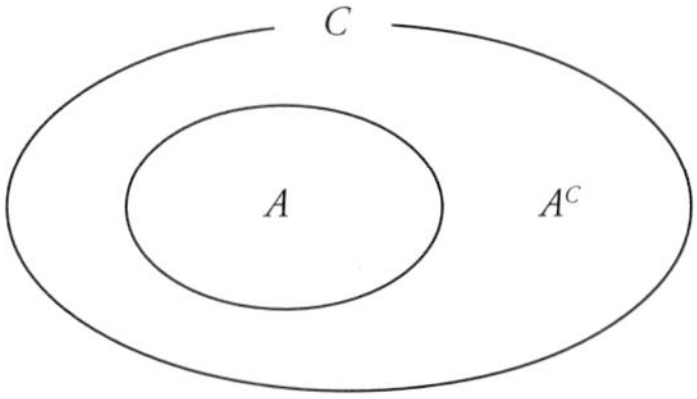

図表 1b　$A\cap A^C=\phi$；$A\cup A^C=C$

空間であり、または永い時間である。それは正しく「間（あわい）」＝「公共」（以下では公共Ⅰとする）として考えることができる。（2）A^CはAの補集合（A以外の事象、即ち、非A）であるとし、$A\cap A^C=\phi$（Aと非Aは相反するもの）であり、かつ$A\cup A^C=C$（Aと非Aの和集合はC）であるならば、CはAと非Aを包摂する（図1b）。AとA^C（非A）を主と客として考えるならば、その関係（$A\cap A^C=\phi$）は「絶対矛盾」として考えられる。よって、Cはそれらを包摂する「場所」、即ち、「間（あわい）」＝「公共」（以下では公共Ⅱとする）であると考えられる。

　以上の議論における「矛盾」が「同一」となる「場所」、即ち、「間（あわい）」＝「公共」についてもう少し検討しよう。まず、「場所」とは何かについて整理（理解）してみよう。高坂正顕（1985）は「人及び思想家としての西田幾多郎先生」という著作において、西田哲学における「場所」について、以下のように述べている。「場所について三つの段階を考えられている。……有の場所に於いてあるものは物理的な力のような自然世界であり、相対無の場所にあるものは意識一般の内容即ち意識作用でありますが、絶対無の場所に於いてあるものは我々の心そのものであり、我々の心そのものが成立って場所、その於いてある場所、それが絶対無の場所なのであります。従って無の場所の論理は心の論理、たましいの論理といってもよいでありましょう」[3]（pp. 99-pp. 100）この論述に従えば、「場所」は（段階的に）「有の場所」（＝自然世界）、「相対無の場所」（＝意識作用）と「絶対無の場所」（＝心の論理）に分けることができる。「相対無の場所」は物と意識を包摂する「場所」であると理解するならば、本章における

「場所」は「有の場所」または「相対無の場所」に類似するものである。例えば、世界経済におけるある経済の「衰退」とある経済の「繁栄」という相互否定的な「矛盾」が世界的経済循環という「場所」(その「矛盾」を包摂する時間、または空間)において、実は一体であることを実感(自覚)すれば、「矛盾」が「同一」となる。その場合の「場所」は「有の場所」であり、「相対無の場所」である。即ち、ここで定義している公共Iであり、公共IIである。[4] 本章はここで定義した「場所」としての「間(あわい)」=「公共」(公共I、公共II)という考え方と現実の経済データを用いて、冒頭で述べた世界的経済循環と中国内生的経済循環の関係について論じてみる。本章は以下のように構成される。第一節は、世界的経済循環とは何か、第二節は、世界的経済循環に包摂される中国経済成長をどう理解すべきか、第三節は、「間(あわい)」=「公共」から見る世界的経済循環とその現実性についてそれぞれを検討し整理する。

1 世界的経済循環とは

(1) Maddisonの「超」長期経済統計による歴史的エビデンス

イギリス統計学者Maddison (2007a, 2007b, 2007c) は紀元一年から今日までの世界経済状況を数量化しながら、紀元一年から現在までの二〇〇〇年強の世界経済変遷を独自の方法で推計した「「超」長期」[5]の経済データ、即ち、Maddison Historical Statistics[6](以下ではMHSとする) で示した。MHSについて、その推計方法が適切ではないという批判があるものの、世界銀行を含め、現在多くの研究に利用され、様々な分析に用いられている (Pomeranz (2000)、Clark (2007)、Galor (2011)、Jacques (2012) など)。

MHSを用いた数多の分析では以下の歴史的事実が確認されている。(1) 紀元一年から一八世紀半ば頃まで、世界経済に大きな変化が見られず、世界一人当たり所得（GDP）の平均水準は生存水準に留まっていた。しかし、第一次産業革命（一七六〇～一八三〇）以降、イギリスをはじめとする西ヨーロッパ諸国、アメリカを中心とする「西洋の分家」（Western Offshoots）の国々の一人当たりGDP水準が急上昇し、世界経済は成長の軌道に乗った（Galor (2011)、**付表1**を参照）。（2）一八世紀半ば頃まで、世界の中核地域（core regions）、即ち、中国の長江デルタ地域、日本の畿内と関東、西ヨーロッパの国々の発展状況（識字率など）が殆ど同じであったが（秋田（2011））、その後、「マルサスの罠」から脱出できない国（例えば、中国とインド[7]）と長期停滞状態からうまくテークオフ（take-off）できた国（例えば、イギリスとアメリカ）の間に「大分岐（Great Divergence）」が起きた（Pomeranz (2000)、Galor (2011)）。その「大分岐」による世界経済の分布（**付表2**を参照）は二〇世紀後半まで、二〇〇年ほど続いていた[8]。（3）産業革命以前の長い経済停滞期から経済成長期への移行要因について、Galor (2011) は統合成長論（Unified Growth Theory）[9]を用いて説明している。Galor (2011) は紀元後の人類経済史を三つの段階に分けた。即ち、（a）マルサス時代（Malthusian Epoch）、（b）ポストマルサス時代（Post-Malthusian Regime）と（c）現代成長期（Modern Growth Regime）である。（a）は経済停滞期であり、（b）は一人当たりGDPが停滞状態からテークオフした時代である。（c）は人口転換（demographic transition）[10]を伴う現代成長期である。Galor（2011）の定義に従えば[11]、アメリカ、イギリスと日本は一八世紀後半から一九世紀の前半に（b）の時代に入り、一九世紀後半から二〇世紀前半に（c）の時代に入ったと推測される。一方、中国とインドは一九世紀後半から二〇世紀前半に（b）の時代に入り、二〇世紀半ばから二〇世紀後半に（c）の時代に入ったと思われる（**付表1**と脚注（11）を参照）。

ＭＨＳでは二〇三〇年までの世界経済についても予測を行っている。これに対し、W&P (2003)[12]とPWC (2015) は二〇五〇年までの世界経済を推計している（田所他（2013）を参照）。W&P（2003）は二一世紀におけるＢＲＩＣｓ諸国（ブラジル、ロシア、インドと中国）と（カナダを除く）Ｇ７の国々に注目し、ＰＷＣ（2015）は

BRICsにメキシコ、インドネシアとトルコを加えた国々をE7とし、G7にスペイン、オーストラリアと韓国を加えた国々をG7（本章ではG7＋α）として、それぞれの推計方法で二〇五〇年までの世界経済を予測している。これらの予測の特徴として、二一世紀前半または半ばから、世界経済を牽引する主役は中国とインドが担い、中国は再び世界最大経済規模の国となるという点がある。

（2）世界的経済循環とは

Pomeranz（2000）やClark（2007）、Galor（2011）の分析は、専ら一人当たりGDP（＝GDP÷人口）の変動に注目しているが、世界経済変遷を考察する際には、世界経済の重要な構成要素であるGDPと人口の変遷及びその要因を考えなければならない。以下では、MHS、W&P（2003）とPWC（2011）のデータを用いて、世界GDPと人口の変遷に焦点を当て、本章の主題である世界的経済循環とは何かについて考えてみる。**図表2a**と**図表2b**は「超」長期」における世界経済成長の趨勢を図示している。

図表2aと**図表2b**はそれぞれ紀元一～二〇〇八年と二〇〇九～二〇五〇年における世界のGDP、GDP成長率とその趨勢を図示している。棒線は世界GDPの推移、折れ線はその成長率、点線は成長率の趨勢を示す多項式近似曲線を表している。まず、**図表2a**を見てみると、一九世紀始めから二〇世紀の半ばまでの期間において、世界経済規模（GDP）の増減を示す成長率は上昇傾向にあり、その後は緩やかに減速したが、一九九〇年代から二〇〇七年までは再び上昇していたことがわかる。一方、**図表2b**は推計GDPを含め、二〇〇九年から二〇五〇年までの世界経済変遷を示している。**図表2b**で示されるように、二〇〇九年以降の世界経済規模は穏やかに上昇しつつあるものの、経済成長率は低下しながら、二〇三〇年頃からはほぼ横ばい（三%前後）となることがわかる。[13] 二つの図表を合わせて見ると、以下のことが判明される。第一に、一九世紀から世界経済規模は急速に拡大

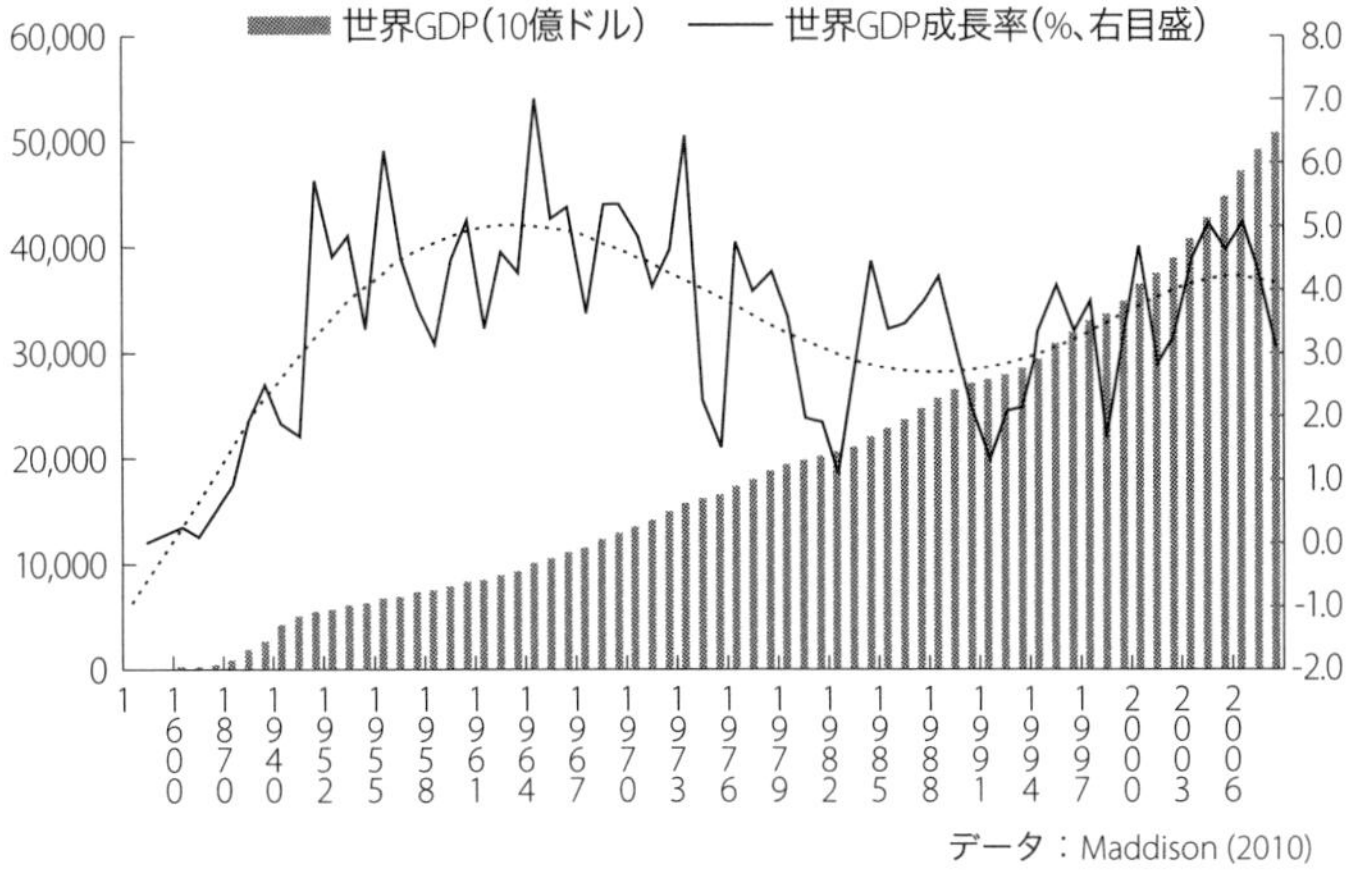

図表 2a　1 ～ 2008 年世界経済成長実績

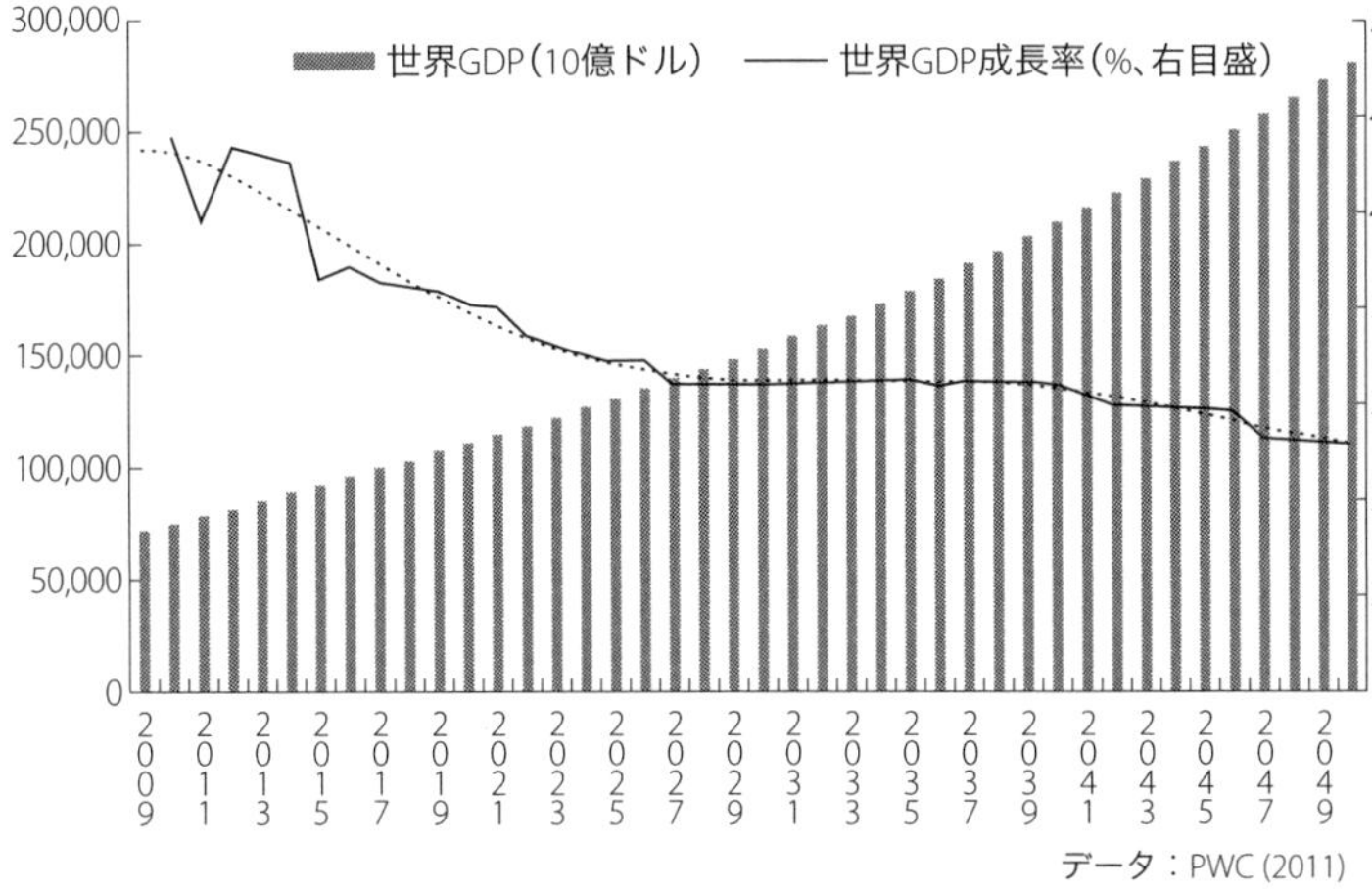

図表 2b　2009 ～ 2050 年世界経済成長予測

し、二一世紀まで続いたが、二一世紀以降において世界経済成長率が低下しながら、二〇三〇年頃に世界経済はその経済規模を維持するための持続成長の段階に入ると推測される。第二に、一九世紀から二一世紀までの約二〇〇年間において、世界経済は年平均成長率二・二三％の速度で経済規模が約五二・九倍に拡大していたが（MHSによる試算）、二〇〇九年から二〇五〇年までの約四〇年間においては、世界経済は年平均成長率三・三六％の速度を維持しながら経済規模が約三・九倍にしか拡大できない（PWC（2011）による試算）。よって、一九世紀及び二〇世紀は世界経済規模の拡大期であると考えるならば、二一世紀はその経済規模を維持していく持続経済成長期だと言える。

以上のことを考慮に入れながら、世界的経済循環とは何かについて考えてみよう。

MHSデータをよく観察してみると、さらに以下の重要な歴史的事実が明らかにされる。（1）Galor（2011）などが言うように、確かに紀元一年から一九世紀初め頃まで世界一人当たりGDP水準が殆ど変化しなかった。しかし、それは世界GDP及び世界人口の変動がなかったことを意味しない。一八二〇年における世界GDPと人口の規模は六九三五億ドルと一〇・四二億人であり、それぞれ紀元一年の六・六倍と四・六倍であった。（2）一八二〇年までの世界経済（GDP）成長に対する中国とインドの貢献度（寄与率）は世界の中で最も高く、一五〇〇～一六〇〇年と一七〇〇～一八二〇年における中国による世界経済成長への寄与率は四割以上であった。これらの事実は一九世紀前半までの世界経済成長の牽引役が中国とインドであったことを意味する。一九世紀後半以降の世界経済成長の牽引役はアメリカに移り、一八七〇年から一九五〇年代半ばまでのアメリカによる世界経済成長への寄与率は二割から三割であった。[14] 二一世紀以降は世界経済成長の牽引役が再び中国とインドに遷り変り、二〇〇八年におけるアメリカ、中国とインドの世界経済成長への寄与率はそれぞれ二・四％、三八・五％と一四・九％であった（**付表4**を参照）。

以上の歴史的事実を踏まえ、世界的経済循環は以下のように考えられる。即ち、一九世紀から拡大された世界経済規模は二一世紀よりその経済規模が維持されている。世界経済規模を維持するためには経済成長（持続的成長）が必要であり、世界経済成長を牽引する主役は時代と共に交替し繰り返されている。本章はこのような「超」長期における経済成長牽引役の交替を伴う世界的経済変遷を世界的経済循環と考える。世界経済牽引役の交替は紀元後の世界経済史において二回ほどあったと思われる。第一回の交替は一八七〇年頃に始まった中国からアメリカへの交替であり、第二回の交替は二〇〇〇年頃よりアメリカを中心とするＧ７＋αから中国とインドを中心とするＥ７への交替である。これらの交替を経済面における「衰退」と「繁栄」の交替であると理解するならば、このような交替は実は世界的経済循環の一環であるということ（公共Ⅰ）を理解すること（公共Ⅱ）が非常に重要である。

2　世界的経済循環に包摂される中国内生的経済循環

（1）二つの「大分岐」を伴う世界的経済循環

Galor（2011）は一八世紀半ば頃から一人当たりＧＤＰの急上昇を達成できた国々とそうでない国々の間に「大分岐」が生じたことに注目し、その「大分岐」による一人当たりＧＤＰ格差は二一世紀においてさらに拡大していくと分析している。Galor（2011）が注目しているのが、一八二〇～二〇〇一年における世界で最も豊かな国々（二〇〇一年世界人口の六・四％を占める Western Offshoots 諸国）と世界で最も貧困な国々（二〇〇一年世界人口の一三・四％を占めるアフリカ諸国）間の所得格差問題である。ところで、この問題を世界的経済循環という視点から見れば、即ち、世界経済成長を牽引し世界経済変動に大きな影響を与えている世界ＧＤＰの七割、人口の六割[15]を占めているE７とG７＋αの国々に焦点を当てれば、結論は異なる。一八七〇年（第一回の交替）から二〇〇〇年（第二回の交替）までの一三〇年間において、E７とG７＋αの国々の間に所得格差の縮小傾向を示す経済収束性（convergence）が全く見られず、この期間における二つのグループの所得格差は拡大される一方である。しかし、第二回の交替が始まった二〇〇〇年以降は、二つのグループ間の経済収束性が現れ始め、その収束速度が益々速くなっていくと予測される。[16] この事実を背景に、Pomeranz（2000）やGalor（2011）らの「大分岐」の考え方と本章の世界的経済循環概念を合わせて考えてみると、紀元後の世界的経済循環において、世界経済牽引役の二回交替と同様に、「大分岐」も二回あったと思われる。一人当たりGDPの他に、世界経済成長牽引役の交替や世界GDPに占める割合の変化なども「大分岐」を判断する総合的経済指標とすれば、二つの「大分岐」は以下のように特徴付けられる。（１）二つの「大分岐」は二回の世界経済牽引役交替と重なり同時期に起きたものと考えられる。（２）世界的経済循環の一環として、第一回の「大分岐」は第一回の交替に伴い経済停滞期から経済成長期（経済規模拡大）への「分岐」であると考えれば、第二回の「大分岐」は第二回の交替を伴って経済成長期から持続経済成長期への「分岐」であると思われる（付表１〜付表４を参照）。（３）二つの「大分岐」に伴い世界経済牽引役の世界GDPに占める割合も変化している（付表２を参照）。（４）第一回の「大分岐」は世界における一人当たりGDPの格差を広げた「大分岐」であったのに対し、第二回の「大分岐」はE７とG７＋αの国々間の所得格差が縮まることにより、世界における一人当たりGDP水準の均等化傾向をもたらす「大分岐」であると考えられる。（５）第一回の「大分岐」は航海技術や産業革命によってもたらされたものであると考えるならば、第二回の「大分岐」はIT技術やグローバル化によって実現されたものであると思われる。

（2）世界的経済循環に包摂される中国内生的経済循環

世界的経済循環という視点から見れば、中国経済の衰退と繁栄もその循環における一環であることは言うまでもない。Maddison（2007a）は一〇世紀から一五世紀までの中国一人当たりＧＤＰはヨーロッパより高く、一九世紀まで中国は世界一の経済大国であり、一九七八年以降の中国高度成長[17]は「奇跡（miracle）」ではなく中国経済史における「復興（resurrection）」であると分析している。Needham（1956）は紀元一世紀から一八世紀までにシルクロードなどを通してヨーロッパに伝わっていた数多くの中国の発明は当時のヨーロッパより遥かに技術水準が高く、ヨーロッパとの距離は二〇〇〇年（例えば、航海用羅針盤）～一〇〇〇年（例えば、鋳鉄や造船技術など）ほどもあったと指摘した（Needham（1956）pp. 242 の table-8）。イギリス政治家・哲学者フランシス・ベーコンは中国の発明の三つの技術（火薬、羅針盤、紙と印刷）が中世ヨーロッパを暗黒時代から脱出させるのに重要な役割を果たしたと考えていた（林（2014））。

ところが、それほど経済と技術面において世界をリードしてきた中国は近代、とりわけ、一八四〇年のアヘン戦争以降は「急に」衰えを見せ、一九世紀後半から二〇世紀の後半までの中国は経済と技術の面において世界から見れば遅れた発展途上国であった。なぜ前近代と近代の中国にそれほどの差があったのか。「Needham のパズル」をはじめ、これについての研究は少なくないが（Needham（1956）、Pomeranz（2000）、Clark（2007）、Jacques（2012）、林（2014））、納得できる解答が得られず多くの謎が残されたままである。

世界的経済循環論はこれらの謎を解く糸口となるかもしれない。即ち、中国経済史における各時代の繁栄と衰退は「超」長期の世界的経済循環の一環として、世界的経済循環に包摂される中国の自律的な内生的経済循環であると理解すれば、二〇世紀後半までの中国における多くの謎が少しでも解明されるのであろう。世界的経済循環に包摂される宋（九六〇～一二七六）、元（一二七一～一三六八）、明（一三六八～一六四四）と清（一六三六～一九一二）

の繁栄と衰退は、世界経済に大きな影響を与えたことは明らかである（Needham（1956）、Maddison（2007a）を参照）。Maddison（2007a）はローマ帝国（BC二七〜AD四七六）が衰退した五〇〇年後、一〇〇〇年からは宋時代の経済規模拡大期であり、一〇〇〇年から一三〇〇年までの三〇〇年間では、中国一人当たりGDPはヨーロッパより高いことを示している。一〇〇〇〜一五〇〇年（宋〜明時代）における中国経済の世界経済成長に対する貢献度（寄与率）は二割以上であった（MHSによる試算）。同様に、清の繁栄[18]も世界経済成長に大きく貢献し、一七〇〇〜一八二〇年における〇・七二％の世界経済成長率への中国の寄与率は四五・五％であった。

中国内生的経済循環において「繁栄」と「衰退」が繰り返されていたが、一八二〇年まで世界経済に対する中国の影響力は世界一であった[19]。しかし、中国内生的経済循環の「衰退」期においては、外来侵略や略奪などにより、多くの近代化に必要なもの（例えば、都市）が破壊されたばかりではなく、Galor（2011）が言う現代成長をもたらす人口転換に必要な人口と教育投資機会も奪われてしまい、新たな技術革新をもたらす社会的環境が破壊されてしまったのである。Maddison（2007a）は衰退期にある宋時代の人口の三分の一がモンゴル人によって虐殺されたと指摘した。清の衰退期以降も外来による破壊や国内の動乱により、中国の近代化に必要な人的資本形成が損なわれてしまったと思われる。所謂「餓死的駱駝比馬大」（中国の諺―死んだラクダは馬より大きい）はまさに宋と清の時代の衰退期の状況の描写である。これらの歴史的背景は「Needhamのパズル」を解く一つの手懸りとなろう。

一九世紀後半に起きた第一回の交替及び「大分岐」は世界的経済循環における中国の世界経済牽引役の終了を意味する。中国の自律的な内生的経済循環から見れば、一九世紀後半から二〇世紀半ばまで中国経済は長期衰退期に入ったと思われる。これに対し、一九八〇年代以降に始まった中国経済成長は新たな中国内生的経済循環の始まりであり、一九九〇年代からの中国の高度経済成長は新たな中国内生的経済循環における繁栄期への上昇期に当たると思われる。一方、世界的経済循環から見れば、第二回の交替及び第三回の「大分岐」はアメリカから中国への世界経済の牽引役のバトンタッチであり、一九七八～二〇〇八年及び二〇〇九～二〇五〇年における世界経済成長率の二割以上は中国によってもたらされている（**付表4**）。Galor（2011）の統合成長論から見れば、中国内生的経済循環における今回の経済成長は高い水準の人的資本を伴う経済成長であり、「人口転換」を伴う経済成長は一九七〇年代後半から始まっていると思われる。[20]

3 「間（あわい）」＝「公共」から見る世界的経済循環

二〇〇二年に中国現地視察を行った際に、同行の一人の日本人研究者が建設ブーム中の中国を見ながら不安に駆られた様子を思い出した。なぜかと聞くと、中国の経済成長は日本やアメリカを脅かすかもしれないからと答えた。一九九〇年以降の世界経済を見ればわかるように、中国以外の国々は経済低迷状態にあり、G7の国々の平均経済成長率は世界経済成長率を下回り、世界経済成長の二割以上は中国によって持ちこたえられている（**付表1**と**付表4**を参照）。しかし、国際社会が中国を見る目は違ったようである。一九世紀からアメリカが世界経済の牽引役となったことを世界的経済循環における経済牽引役の交替と理解するのか、それとも「支配」と考えるのかにより、世界経済変遷における「交替」または「大分岐」があった時の国際関係に与える影響は異なる。言い換えれば、世界経済変遷におけるある経済の「衰退」とある経済の「繁栄」を、世界的経済循環の一環である（公共Ⅰ）と理解（公共Ⅱ）しなければ、世界的経済循環における「分岐」または交替が繰り返された時、相互理解し合うような国際関係は築かれないであろう。これは過去と未来、終焉と開始、死と生といった「矛盾」が空間または永い時間という「場所」において「同一」であることを「自覚」（悟り）できなければ、「同一」とはな

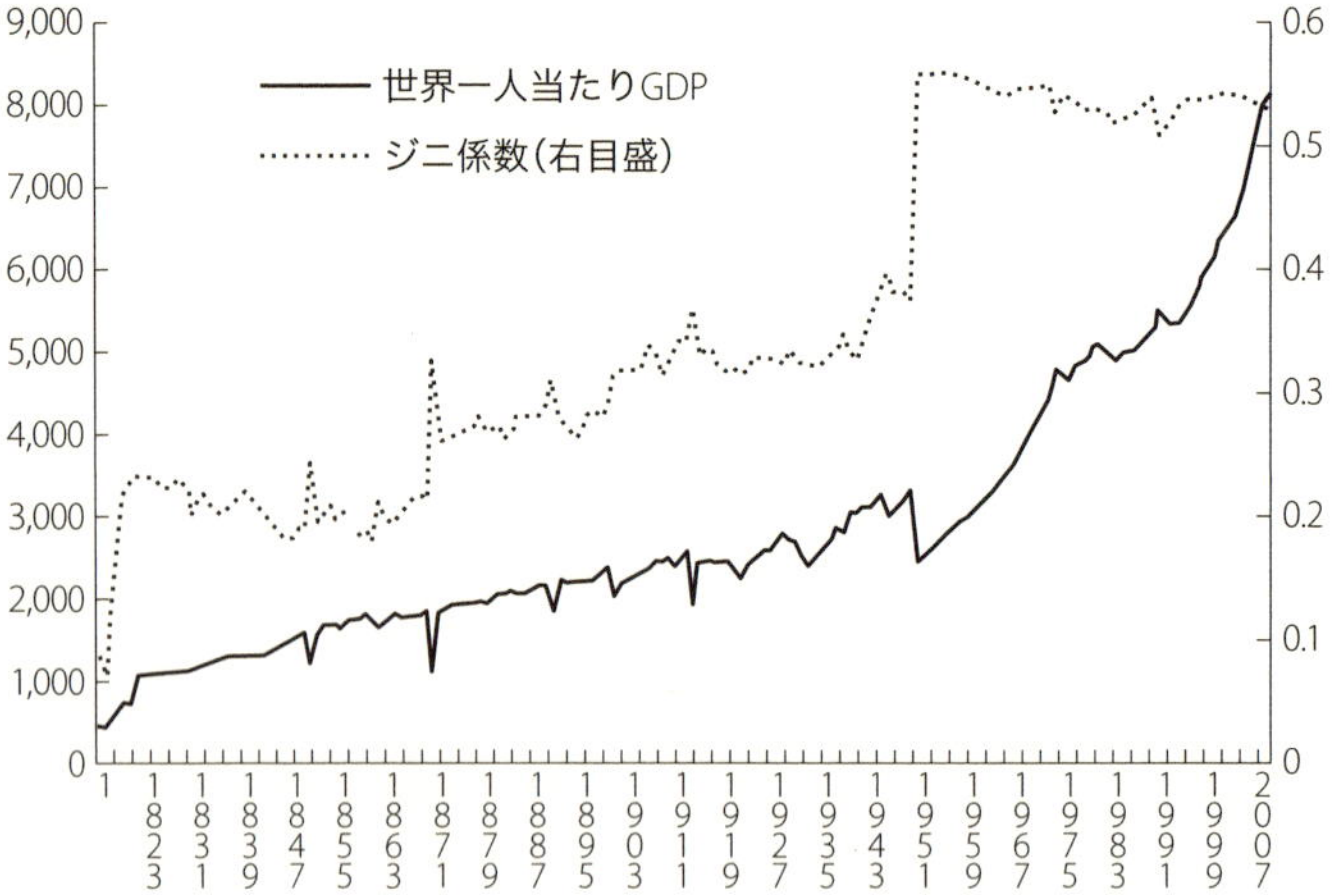

データ：Maddison (2010)

図表3　世界一人当たり GDP とジニ係数（1 〜 2008）

らないのと同様の理解である。

なぜ世界経済変遷を世界的経済循環（「公共Ⅰ」）として見ないのか、そして「公共Ⅱ」のない世界的経済循環がなぜ問題なのか。以下ではそれぞれについて整理しまとめてみる。

世界経済変遷を世界的経済循環と見ない理由はおそらく世界的経済分配に関わる問題であると思われる。**図表**3は紀元一〜二〇〇八年の世界におけるジニ係数とその推移を図示している。**図表**3で示されているように、一八七〇年（第一回の交替）から二〇〇〇年（第二回の交替）までの一三〇年間において、世界における一人当たりGDPの格差を示すジニ係数は大きくなる一方であり、一九五〇年代以降は世界ジニ係数が〇・五四（平均）という高い水準を維持している。一般的にジニ係数が〇・四（二〇%人口が半分以上の富を所有する状況）を超える社会は非常に不平等な社会であると判断されるが、**図表**3は世界経済における分配面での異常な不平等さを示している。これは世界GDPと人口に占める割合が釣り合わないことを反映している。[21] 世界的不平等問題について、経済学における永遠の課題である効率性と平等性の問題として、論争が始まっている。Piketty（2015）とMankiw（2015）の論争は正にそれである。マクロ経済学では「収益率＞経済成長率」という条件が成り立つ時に資本蓄積と消費が（動学効率性がある）最善（最適）の状態であると考えている（Mankiw（2015））。しかし、Piketty（2014、2015）はその条件が満たされれば、世界的不平等が改善されないことを指摘している。例えば一九世紀から欧米諸国のように、資産対収入比は約六倍であり、その資産の半分以上は経済活動に使われないことこそが世界的不平等をもたらしていると批判している。この問題を世界的経済循環から見れば、世界経済牽引役の交替に伴い、世界に占めるＧＤＰの割合が変化することが当然であるが（付表2を参照）、「大分岐」を世界的経済循環における交替と見ず、「支配」と見るならば、「公共Ⅰ」として見ない世界的経済循環では、摩擦が生じるのであろう。

一方、世界経済におけるある経済の「衰退」とある経済の「繁栄」という相互否定的な「矛盾」が世界的経済循環という「場所」（公共Ⅰ）において、実は一体（一環）であることを自覚（公共Ⅱ）しなければ、「矛盾」が「同一」とはならない。「公共Ⅱ」がなければ、世界的経済循環における国家間の協力もなければ、ゼロサム的な思考に支配された国際社会では必要のないコストが発生するという意味で、効率的に資源配分が実現されないであろう。

宇宙（空間）と永い時間から見れば、地球は小さく、各時代の歴史は短いであろう。その小さい地球と短い歴史の中で、「間（あわい）」としての「公共」に対する認識が非常に重要であり、少ない資源と時間で人類が「公共Ⅱ」を有しながら「公共Ⅰ」の中で共存していくことがいかに大切であるかということを理解することこそ、世界は調和的・平和的になれるのであろう。

付表1　各国GDP成長率分解（1–2008, 2008–2050）（%）

期間	年数	中国			インド			アメリカ			イギリス			日本			標準偏差		
		GY	GL	Gy	GY	GL	Gy	GY	GL	Gy	GY	GL	Gy	GY	GL	Gy	GY	GL	Gy
1-1000	999	0.002	-0.001	0.003	0.000	0.000	0.000	0.065	0.065	0.000	0.092	0.092	0.000	0.098	0.092	0.006	0.042	0.042	0.002
1000-1500	500	0.162	0.111	0.051	0.117	0.077	0.040	0.086	0.086	0.000	0.252	0.136	0.116	0.176	0.144	0.032	0.057	0.026	0.038
1500-1820	320	0.409	0.409	0.000	0.191	0.201	-0.010	0.860	0.502	0.358	0.798	0.526	0.272	0.310	0.219	0.091	0.268	0.138	0.148
1820-1870	50	-0.373	-0.125	-0.248	0.382	0.382	0.000	4.118	2.788	1.330	**2.034**	**0.782**	**1.252**	0.405	0.210	0.195	1.608	1.033	0.657
1870-1913	43	0.560	0.464	0.096	0.965	0.425	0.540	3.860	2.061	1.800	1.878	0.870	1.008	**2.412**	**0.944**	**1.469**	1.164	0.592	0.614
1913-1950	37	0.039	0.605	-0.566	0.228	0.452	-0.224	**2.796**	**1.202**	**1.594**	1.182	0.253	0.929	2.187	1.307	0.880	1.075	0.417	0.798
1950-1978	28	**4.784**	**1.996**	**2.788**	3.697	2.109	1.588	3.689	1.356	2.333	2.601	0.406	2.194	7.841	1.127	6.714	1.797	0.620	1.836
1978-2008	30	7.514	1.087	6.427	**5.657**	**1.906**	**3.751**	2.804	1.042	1.763	2.324	0.272	2.052	2.324	0.341	1.983	2.101	0.595	1.765
2008-2041	33	7.417	0.271	7.146	8.630	0.934	7.696	2.399	0.795	1.604	1.803	0.169	1.634	0.877	-0.514	1.392	3.162	0.514	2.886
2041-2050	9	5.135	-0.249	5.384	8.036	0.495	7.540	2.560	0.685	1.875	1.657	-0.079	1.736	1.023	-0.821	1.844	2.588	0.540	2.375

出典：(a) 筆者より計算。(b) G(Y) = G(y) + G(L) については脚注11を参照；1–2008についてはMaddison（2010）を、2008–2050についてはWilson and Purushothaman（2003）のデータを用いている。

付表2　各国のGDP、人口と1人当たりGDP対世界比（1–2008, 2008–2050）（%）

期間	年数	中国			インド			アメリカ			イギリス			日本			標準偏差		
		GDP	人口	1人当たりGDP	GDP	人口	1人当たりGDP	GDP	人口	1人当たりGDP	GDP	人口	1人当たりGDP	GDP	人口	1人当たりGDP	GDP	人口	1人当たりGDP
1-1000	999	24.06	24.23	99.59	29.93	30.63	97.83	0.34	0.39	86.96	0.48	0.55	86.96	1.88	2.07	89.72	12.93	13.12	5.43
1000-1500	500	23.79	22.78	104.36	26.10	26.57	98.18	0.38	0.47	79.42	0.90	0.82	107.15	2.87	3.16	91.01	11.60	11.46	9.99
1500-1820	320	27.28	27.93	98.59	21.82	24.19	89.74	0.61	0.46	103.08	2.76	1.37	187.27	3.29	3.57	92.19	11.11	11.99	36.85
1820-1870	50	25.03	32.32	75.53	14.11	19.95	70.68	5.34	2.06	234.95	**7.13**	**2.25**	**311.51**	2.64	2.84	92.63	8.04	12.28	98.17
1870-1913	43	12.33	26.01	46.80	9.42	18.32	50.97	14.55	4.49	317.70	8.87	2.55	348.57	**2.52**	**2.80**	**89.75**	4.07	9.59	133.78
1913-1950	37	4.47	23.48	28.73	5.84	16.09	36.72	**22.29**	**5.74**	**400.35**	7.36	2.28	325.77	3.43	3.09	90.98	6.93	8.29	155.62
1950-1978	28	**4.80**	**21.96**	**21.84**	3.61	14.51	24.91	24.13	5.74	420.05	5.00	1.64	303.12	5.51	3.00	188.49	7.79	7.73	155.72
1978-2008	30	10.08	21.21	48.19	**4.50**	**16.10**	**27.77**	21.07	4.78	441.16	3.36	1.07	314.38	7.59	2.28	333.94	6.33	8.06	165.18
2008-2041	33	11.43	19.54	58.48	4.09	18.41	22.23	21.51	4.78	450.38	2.86	0.87	329.45	6.44	1.64	391.49	6.79	8.22	165.07
2041-2050	9	17.98	18.40	97.71	9.94	20.09	49.46	15.88	5.22	304.08	1.79	0.82	216.84	3.23	1.33	242.59	6.50	8.38	94.28

出典：同付表1。

付表 3　各国の GDP、人口と 1 人当たりの倍率（1–2008, 2008–2050）（%）

期間	年数	中国			インド			アメリカ			イギリス			日本		
		GDP	人口	1人当たりGDP	GDP	人口	1人当たりGDP	GDP	人口	1人当たりGDP	GDP	人口	1人当たりGDP	GDP	人口	1人当たりGDP
1-1000	999	1.03	0.99	1.04	1.00	1.00	1.00	1.91	1.91	1.00	2.50	2.50	1.00	2.66	2.50	1.06
1000-1500	500	2.25	1.75	1.29	1.79	1.47	1.22	1.54	1.54	1.00	3.52	1.97	1.79	2.42	2.05	1.18
1500-1820	320	3.70	3.70	1.00	1.84	1.90	0.97	15.69	4.99	3.14	12.87	5.39	2.39	2.69	2.01	1.34
1820-1870	50	0.83	0.94	0.88	1.21	1.21	1.00	7.84	4.03	1.94	2.76	1.48	1.87	1.22	1.11	1.10
1870-1913	43	1.27	1.22	0.92	1.51	1.20	1.26	5.26	2.43	4.22	2.24	1.45	2.88	2.82	1.50	2.07
1913-1950	37	1.01	1.25	0.81	1.09	1.18	0.92	2.81	1.56	1.80	1.55	1.10	1.41	2.25	1.62	1.39
1950-1978	28	**3.82**	**1.75**	**2.18**	2.82	1.81	1.56	2.81	1.46	1.92	2.07	1.12	1.85	8.98	1.37	6.55
1978-2008	30	9.53	1.39	6.88	**5.46**	**1.77**	**3.08**	2.32	1.37	1.70	2.01	1.09	1.85	2.01	1.11	1.81
1-1913	1912	9.00	7.33	1.23	6.05	4.05	1.49	1902.14	143.54	13.25	701.93	57.06	12.30	59.71	17.22	3.47
1913-2008	95	36.90	3.03	12.18	16.72	3.78	4.42	18.33	3.12	5.88	6.44	1.34	4.83	40.53	2.46	16.45
2008-2041	33	25.98	1.15	22.62	28.76	1.53	18.82	2.84	1.40	2.03	2.27	1.08	2.09	1.46	0.85	1.72
2041-2050	9	1.59	1.14	22.46	2.06	1.51	20.88	1.26	1.40	2.04	1.16	1.08	2.16	1.10	0.84	1.81

出典：同付表 1。

付表 4　各国世界 GDP 長率への寄与率（1–2008, 2009–2050）（%）

期間	年数	世界 GDP 成長率	世界 GDP 成長率への寄与率				
			中国	インド	アメリカ	イギリス	日本
1-1000	999	0.01	4.26	0.00	1.57	3.04	12.58
1000-1500	500	0.14	15.63	10.52	0.89	2.31	8.06
1500-1820	320	0.32	20.04	21.39	0.88	6.30	5.51
1820-1870	50	0.94	17.94	6.02	12.18	11.64	1.39
1870-1913	43	2.10	-0.99	4.73	24.12	10.14	2.26
1913-1950	37	1.81	1.60	2.56	31.49	4.98	3.01
1950-1978	28	4.53	4.99	3.32	18.57	2.76	8.87
1978-2008	30	3.30	23.09	8.23	17.68	2.22	6.39
2009-2040	31	3.43	24.59	15.86	11.83	1.62	1.84
2040-2050	10	2.93	21.32	22.31	10.66	1.60	1.37

出典：1–2008 については Maddison（2010）を、2009–2050 については PWC（2011）のデータを用いている。

注

（1）「世界的経済循環」は筆者が定義した概念である。

（2）「間（あわい）」としての「公共」は本書編著者が提案した概念であるが、本章における「間（あわい）」としての「公共」の定義及び議論は筆者が理解するものであり、他の章とは多少異なる可能性がある。また、ここで言う「公共」は一般経済学における公共財の概念とも違っていることに注意されたい。

（3）高坂正顕は「相対無の場所」については、次のように考えている。「有の場所が成立している場合、それをこちらで知っているものがある、それはカントの意識一般のようなものであります」。

（4）「公共」は一般的に一国の官民問題として議論されることが多いが、国際公共財やグローバル公共財で議論されているように、「公共」という概念は国際的またはグローバル的な議論などにも適用されている。この意味においては、本章の議論はグローバル的な「公共」をより広大に解釈しているものと理解されよう。

（5）景気循環論では、景気変動波長の長さにより、四種類の景気循環を分類している。即ち、平均年数五五年のコンドラチェフ・サイクルを長期波動（Long Wave）、平均年数二〇年のクズネッツ・サイクルを長期循環（Long Swing）、平均年数一〇年のジュグラー・サイクルを中期循環、三、四年のキッチン・サイクルを短期循環としている（嶋中（2006））。本章はPomeranz（2000）やClark（2007）、Galor（2011）などと同様に、紀元一年から今日までの経済変遷を分析対象とし、二〇〇〇年強の永い歴史的な時間を「時間」として考えている。そのため、景気循環論における時間の概念と区別する必要がある。以下では、このような永い歴史的な時間を「超」長期とする。林（2015）も「超長期」の概念を用いて、一八七〇年～二一〇〇年（二三〇年）における日本の人口と経済を分析している。

（6）Maddison Historical Statistics には、Maddison（2007a, 2007b, 2007c）とMaddison（2010）があるが、前者はデータを含めた著書であり、後者はデータのみである。本章におけるＭＨＳはその全てが該当する。

（7）ＭＨＳによれば、一九世紀後半まで、中国の経済規模（ＧＤＰ）は世界最大であったが、人口規模も世界最大であったため、一人当たりＧＤＰ成長率及び水準は極めて低かった。このような状況は二〇世紀半ばまで続いていた（**付表1**、**2**を参照）。

（8）一九世紀から二〇世紀までのアメリカと中国の格差を示す一人当たりＧＤＰ比は2：1（一八二〇年）、21：1（一九五〇年）、15：1（一九八二年）であった（ＭＨＳによる計算）。なお、**付表2**の一人当たりＧＤＰ対世界比におけるアメリカ対中国比（＝両国の格差）を計算しても、本文で述べていることを確認できる。

（9）内生的経済成長理論を基礎に、人口動態と経済成長を統合的に考える統合経済成長論である。

（10）平均教育水準が上昇すると共に、人口成長が低下していくような人口構造の転換（Galor（2011））。

（11）Y、LとZをGDP、労働人口と技術進歩（または教育水準）とし、$\tilde{y}$（$\equiv Y/ZL = y/Z$；但し、$y \equiv Y/L$は一人当たりGDP）を効率的労働単位当たりGDPとすれば、GDP成長率は次のように分解できる。即ち、$G(Y) = G(y) + G(L) = (G(\tilde{y}) + G(Z)) + G(L)$ である（$G(X) \equiv \Delta X/X$ は成長率を表す）。この関係式を用いて、Galor（2011）が分類した三つの時代を確認できる。（a）は、$G(Y)$、$G(y)$、$G(L)$ の三つとも値が非常に低い時代であり、（b）は、$G(Y)$、$G(y)$、$G(L)$ の三つとも値が大きくなっていく時代である。（c）は人口転換（産業革命や learning-by-doing などによる技術進歩の加速が産業の人的資本に対する需要を喚起させたと同時に、教育投資＝人的資本形成を促し、それらによる労働者スキル向上が更に技術進歩を加速させたという好循環となるような人口構造の転換である）を伴う持続成長時代であるが、この時代では、$G(y) = G(\tilde{y}) + G(Z)$ の関係が最も重要であり、$G(y)$ の値も役割も大きくなる（Galor（2011）と**付表1**を参照）。Galor（2011）の統合成長論では人口転換こそが世界経済を停滞期から持続経済成長に導いた大きな要因であると考えている。

（12）Wilson and Purushothaman（2003）の略。

（13）W&P（2003）はBRICs＋G6のGDP成長率が二〇三二年頃まで上昇し、その後は横ばい（四%前後）になると予測している。

（14）同期間における中国とインドの寄与率はそれぞれ三・三八%と三・四四%であった。

（15）一九九〇〜二〇〇八年平均（MHS）。

（16）MHSとPWC（2011）のデータを用いた推計では、一八二〇〜一九八〇年まで二つのグループにおける経済収束性は全く見られなかったが、一九八〇年以降では経済収束性が現れ始めている。一九八〇〜二〇〇八年、二〇〇九〜二〇四〇年と二〇四〇〜二〇五〇年における二つのグループの経済収束性を示す絶対的収束係数（それぞれ〇・〇八二、〇・二四七、〇・六三五）が有意に得られることを確認できる。Piketty（2014）も同じ見解を示している。収束係数については Barro and Sala-i-Martin（2004）を参照。

（17）中国の高度成長は一九九〇年以降に始まったと思われる。

（18）一八世紀の「康乾盛世」は清の最盛期だと言われている。

（19）世界経済成長率に対する寄与率や世界GDPに占める割合などで確認できる。

（20）一九七八年以降の期間の中国GDP成長率分解（$G(Y) = G(y) + G(L)$）における一人当たりGDP成長率は、

GDP成長率の八〇%以上を占め、同期間のアメリカより高い（**付表4**を参照）。

（21）一九一三年以降、世界人口に占める割合五%のアメリカは二割以上の世界GDPを所有している。これに対し、世界人口に占める割合二割以上の中国は世界GDPに占める割合は五%しかない（**付表2**を参照）。

参考文献

1. 秋田茂「「長期の一八世紀」から「東アジアの経済的再興」へ」『待兼山論叢（史学篇）』大阪大学、二〇一一
2. 『聖書 新改訳』新日本聖書刊行会翻訳、いのちのことば社、二〇一五
3. 高坂正顕「人及び思想家としての西田幾多郎」天野貞祐『西田幾多郎とその哲学』燈影舎、一九八五
4. 田所昌幸、岑智偉、藤本茂「中国の台頭と世界経済の秩序変動」吉田和男・藤本茂編著『グローバルな危機の構造と日本の戦略』晃洋書房、二〇一三
5. 嶋中雄二「複合循環と日本経済」『經濟學論叢』五十七巻三号、同志社大学、二〇〇六
6. 林敏彦「日本経済の超長期予測」APIR Discussion Paper Series No. 39、一般財団法人アジア太平洋研究所、二〇一五
7. 西田幾多郎『絶対矛盾的自己同一』青空文庫（Kindle版）
8. 林毅夫『解読中国経済』（増訂版）北京大学出版社、二〇一四
9. Barro, R. J. and X. Sala-i-Martin, *Economic Growth* (Second Edition) McGraw-Hill, 2004.
10. Clark Gregory, *A Farewell to Alms: A Brief Economic History of the World*, Princeton University Press, 2007（グレゴリー・クラーク『一〇万年の世界経済史』（上、下）、久保恵美子訳、日経BP社、二〇〇九）.
11. Collins Anglicised ESV Bibles, *Holy Bible: English Standard Version* (ESV), Collins, 2010.
12. Galor Oded, *Unified Growth Theory*, Princeton University Press, 2011.
13. Jacques Martin, *When China Rules the World: The End of the Western World and the Birth of a New Global Order*, 2rd ed. Penguin Books, 2012（マーティン・ジェイクス『中国が世界をリードするとき――西洋世界の終焉と新たなグローバル秩序の始まり』（上、下）松下幸子訳、NTT出版、二〇一四）.
14. Maddison, Angus, *Chinese Economic Performance in the Long Run* 2nd ed., OECD, 2007a.
15. Maddison, Angus, *The World Economy* (*Development Centre Studies*), OECD 2007b.
16. Maddison, Angus, *Contours of the World Economy 1-2030 AD: Essays in Macro-Economic History*, Oxford University Press,

2007c.
17. Maddison, Angus, *Statistics on World Population, GDP and Per Capita GDP, 1-2008 AD* (copyright Angus Maddison, university of Groningen), 2010.
URL: http://www.ggdc.net/maddison/oriindex.htm
18. Mankiw, N.G. "Yes, $r > g$. So What?" *American Economic Review: Papers & Proceedings*, 105 (5), 2015.
19. Needham, Joseph, *Science and Civilisation in China: Volume 1, Introductory Orientations*、Cambridge University Press、1956
20. Online Sources (1): Maddison, Angus, *Statistics on World Population, GDP and Per Capita GDP, 1-2008 AD*, 2010 (copyright Angus Maddison, university of Groningen).
URL: http://www.ggdc.net/maddison/oriindex.htm
21. Online Sources (2): PWC, *PwC Main Scenario Model Projections for 2010-50*, 2011.
URL: https://www.theguardian.com/data
22. Online Sources (3): United Nations, *World Population Prospects: The 2015 Revision*, 2015.
URL: https://esa.un.org/unpd/wpp/
23. Piketty, Thomas, *Capital in the Twenty-First Century*, Translated by Arthur Goldhammer, Belknap Press, 2014.
24. Piketty, Thomas, "About Capital in the Twenty-First Century", *American Economic Review: Papers & Proceedings*, 105 (5), 2015.
25. Pomeranz, Kenneth, *The Great Divergence*, Princeton University Press, 2000.（K・ポメランツ『大分岐』川北稔監訳、名古屋大学出版会、二〇一五）
26. PWC, "The World in 2050 Will the shift in global economic power continue? ", PricewaterhouseCoopers LLP, 2015.
27. Romer, David, *Advanced Macroeconomics*, 3rd ed. The McGraw-Hill, 2006.
28. Wilson, D. and R. Purushothaman, "Dreaming With BRICs: The Path to 2050" *Global Economics Paper* No: 99, 2003.

第五章　持続可能な地域実現と日中環境協力

焦　従勉

はじめに

日本では持続可能な社会、あるいは持続可能な開発（sustainable development：SD）とはしばしば、経済的繁栄と自然環境保護の両立と理解されている。しかし、世界的には、この二つの項目に加えて、社会的公正を含む、三つの項目を両立させることが、持続可能な社会のトリプル・ボトム・ラインであると考えられている。経済のeconomy、生態系のecology、社会的公正のequityの三つの「e」をとり、英語では三つの「e」と称される[1]。

現在の中国は大気汚染、水質汚染、土壌汚染のような従来型の公害問題から環境ホルモンなどの化学物質による新しいタイプの環境問題、さらに地球温暖化への対応というありとあらゆる環境問題がそろっている。これを日本の公害・環境問題の歴史になぞらえると、一九世紀に発生した公害問題の原点である足尾鉱毒事件が、二一世紀の現代にも中国で存在し、高度成長期に多発した水俣病、四日市ぜんそく、イタイイタイ病などの公害病が中国では現在も進行しているのである。さらに、最も重要な問題である地球温暖化についても、今や中国は日本をはるかに超え世界最大のCO_2排出国である。中国は、一〇〇年以上にわたる日本の公害・環境問題の歴史をわずか三〇年で経験しようとしているのである。

日本の公害事件の一つ、水俣病事件は、原因企業チッソが犯した罪であると同時に、高度成長の恩恵に与かり、便利さや快適さを過度に追い求めた私たち人間が、自然との付き合い方において過ちを犯した結果でもある。海に流せば希釈されてしまうはずの水銀を含んだ工場排水が、食物連鎖を介して生物濃縮され、人の体内に戻り、母親の胎盤をも通過して胎児の健康と命に大きな影響を及ぼした(2)。

水俣市と同じように公害問題で苦しんだ日本の地域（富山市、北九州市、四日市市など）は、さまざまな環境問題を克服し、持続可能な地域づくりに向けて、住民・行政・企業がパートナーシップを結び、綺麗な自然環境を取り戻し、日本の環境先進地域に変貌している。公害問題を克服したこれらの地域において持続可能性を実現するために、経済成長と社会的公正が重要なキーワードになる。一方、経済成長を続ける中国における持続可能な社会の実現を考える際、上述のような大気汚染、水質汚染、土壌汚染、あるいは食の安全といった環境問題および社会的公正が重要なキーワードである。

本章は、北九州市と大連市の環境協力を中心に環境分野における日中の互恵関係の構築について考察し、一般的な環境先進国・日本による技術協力という枠組みを超えた、日本と中国両方の持続可能な地域実現について、その限界と可能性を分析する。

1　日中環境協力の現状と問題点

日本は一九八〇年代以後、途上国の環境保全に資する政府開発援助（環境ODA）の供与額を大幅に増加させた。

一つ目の動機としては、国際社会での日本批判を回避することである。一九八〇年代後半以後、日本は世界最大の国際収支黒字を実現したが、同時に国際的な批判を受けることになった。国際社会からの批判を回避するには内需拡大と国際的な資金還流措置が必要とされ、その一環としてODAの増額が考案された。二つ目の動機としては、中国の環境汚染の悪化とその日本への影響の懸念である。中国の急速な経済成長と工業化は、中国国内に深刻な大気汚染・水質汚染をもたらしたことに留まらず、日本でも中国起源と推測される酸性雨被害と黄砂の飛来が増加した。日本政府は、中国の深刻な大気汚染に直面している都市に対して工場汚染対策や都市環境インフラ整備などへの資金援助を行った。この時期の日本は世界最大の環境ODAの供与国となった(3)。

しかし二一世紀に入ると、環境援助に対する総括を行わないまま、主に国内の財政事情から、日本はODAの供与額を削減してきた。中国に対するODA供与も縮小傾向にあり、二〇〇八年に対中国円借款の新規供与を停止した。一方、中国は経済成長し続けた結果、大気汚染・水質汚染がますます深刻化し、温室効果ガスの排出量が世界第一位となり、さまざまな環境問題を抱えている。

(1) 円借款

日中環境協力(4)は、一九八八年に竹下登首相が李鵬総理に対して、日中平和友好条約一〇周年事業として「日中友好環境保全センター」の設立を提案したことを起点として、政府開発援助(ODA)による協力を中心に進められてきた。中国に対する円借款供与額に占める環境円借款の割合は約三〇%(約一兆円)であるが、第二次円借款の前半(一九八七年度)までは、環境改善・公害対策は含まれていなかった。第二次円借款後半以後都市部における上下水道などの民生用インフラ整備を通じた環境対策が実施された。第四次円借款では環境分野が重視され、大気汚染対策や水質・環境改善事業が行われた。二〇〇一年以後は、さらに砂漠化や土壌浸食を防止する植林、公衆衛生などの分野に拡大するなど環境分野が約七割を占めることになり、対中円借款の中核を担った。

また、一九九七年九月に、橋本龍太郎首相と李鵬総理との間で「二一世紀に向けた日中環境協力」として「日中環境モデル都市構想」が合意された。一九九八年四月に同モデル都市を重慶、大連、貴陽の三都市に決定し、円借款（三〇七億円）による大気汚染対策などを実施した。資金規模的に最大の協力であった円借款は、二〇〇一年以後供与額が急減し、二〇〇八年度には新規供与停止に至った。(5)

（2）無償資金協力

無償資金協力でも「環境」は重要なテーマであり、前述の「日中友好環境保全センター」は、日本の無償資金協力一〇五億円および中国側の六六三〇万元を投入して、一九九〇年より施設建設が始まり、一九九六年五月に開業した。現在も中国環境保護部直属の総合研究・管理執行機関として、さまざまな事業を実施している。「二一世紀に向けた日中環境協力」では「環境情報ネットワーク構想」に合意し、無償資金協力（一九・九一億円）により、中国の主要一〇〇都市の環境情報ネットワーク整備を実施した。このネットワークは、地域の環境モニタリング体制の整備や環境アセスメントのための情報センターとしても活用された。環境分野における無償資金協力は二〇〇六年一二月に「酸性雨及び黄砂モニタリング・ネットワーク整備計画」（七・九三億円）の書簡交換を最後に停止状態にある。(6)

（3）技術協力

現在も継続しているのは技術協力である。特に二〇〇六年安倍政権以後、日中関係は「戦略的互恵関係」をキーワードに、新たなバランスを模索し続けている。二〇〇七年四月、温家宝総理が訪日した際、一〇年ぶりの日中環境協力にかかる新たな文書として、大気・水、廃棄物、気候変動など今後の日中協力分野を包括的に盛り込んだ「日中環境保護協力の一層の強化に関する共同声明」が発表された。この共同声明では、①水質汚濁、②循環経済、③大気汚染、④気候変動、⑤化学物質・廃棄物、⑥緑化活動、⑦酸性雨防止など東アジア地域における協力、⑧環境教育、⑨日中環境保護合同委員会・知的財産権、⑩環保センターの一〇項目を挙げ、総論的に日中環境協力の強化を確認している。

また、二〇〇七年一二月には福田康夫首相が胡錦濤主席と会談し、「環境・エネルギー分野における協力推進にかんする共同コミュニケ」、「気候変動問題を対象とした科学技術協力の一層の強化にかんする共同声明」へ署名した。具体的には、日本環境省と中国環境保護部による農村地域などにおける分散型排水処理モデル事業や窒素・リンの総量削減などの水質関係協力の実施、「循環型経済推進プロジェクト」や「環境汚染健康損害賠償制度構築推進」にかんする技術協力など、両国間の技術協力が拡大し続けている。

「日中友好環境保全センター」において、二〇〇八年より「循環型経済推進プロジェクト」を行っている（実施期間は二〇〇八〜二〇一三年）。プロジェクトは、環境保全の観点から循環経済政策を推進するため、物質循環の各過程（資源投入、生産、販売、消費、廃棄、資源化、処分など）における環境配慮の強化にかかる諸施策のキャパシティビルディングの強化を目的としている。このほか、環境汚染による健康問題を扱う「環境汚染健康損害賠償制度構築推進」にかんする技術協力が二〇〇九年より（実施期間は二〇〇九〜二〇一二年）始まり、中国関係者からの訪日研修及び現地でのセミナーが行われ、中国政府に政策提案を行った(7)。

（4）環境ODA以外の日中環境協力

環境ODA以外の日中環境協力は次の通りである。

ア　日中政府間による政策協議

・一九八一年、「日中渡り鳥等保護協定」を締結、八五年には人工繁殖のため中国のトキの借入れを行った。

・一九九四年、「日中環境保護協力協定」を締結、第一回「日中環境保護合同委員会」が行われ、九六年北京に「日中友好環境保全センター」が設置された。

・一九九八年、「日本国政府及び中華人民共和国政府による二一世紀に向けた環境協力に関する共同声明」が発表され、翌九九年からは「日中韓三カ国環境大臣会合」が行われている。

・二〇〇七年、福田総理が訪中した際、「環境・エネルギー分野における協力推進に関する共同コミュニケ」が発表された。

イ　日中友好環境保全センター

・同センターは、日中平和友好条約締結一〇周年記念事業として、日本の無償資金協力と中国側の資金で建設された日中協力の象徴的な事業。

・環境保護に関する研究開発、情報収集・分析、人材育成、普及啓発という広い分野で、中国における環境保護の活動拠点となっている。

・また、中国国家環境保護局（現在の環境部）直属の総合的研究・管理・人材育成の機構として、中国が二国間・多国間の国際環境技術協力や国際交流を行う際の主な窓口となっている。

ウ　日中環境開発モデル都市構想

・一九九七年の日中首脳会談において、二一世紀に向けた日中環境協力が提唱され、円借款や技術協力により実施された。

・貴陽、重慶、大連の三都市をモデル都市とし、大気汚染（酸性雨）対策、循環型産業・社会システムの形成、地球温暖化対策を中核とする環境対策の成功例を作り、その成果を中国全土の各都市に普及させるものである。

エ　国際協力銀行（JBIC）による協力

オ　東アジア地域での多国間協力

・日中韓三カ国環境大臣会合（地球温暖化対策、漂流・漂着ゴミ、黄砂等）

・北東アジア環境協力プログラム（国連機関等の関与を得て環境保全プロジェクトの実施）

・東アジア酸性雨モニタリングネットワーク（地域の環境モニタリングを共同で行い、中国等の対処能力を向上させる）

カ　NGO

・「日中緑化交流基金」（小渕基金）、特に砂漠化地域における植林・緑化事業に取り組むNGOが多い。

（5）問題点

日中の環境協力は、中国の環境改善に大きな役割を果したが、次の問題点も指摘されている。第一に、日本は資金援助の見返りとして中国に押し付けた面があり、両国は援助供与国と援助受取国という非対等な関係にあったこと。例えば、環境モデル都市構想を大連、重慶、貴陽の三都市で具現化する際に、中国政府が水質汚染対策を主張したのに対して、日本の主導で大気汚染・酸性雨対策を中心に支援が行われることになった。[8] 第二に、対中二国間援助において日本は最大規模の協力国であるにもかかわらず、中国における影響は小さく、日本企業のビジネスチャンスあるいは日本の経済利益につながるような十分な成果が得られていないこと。

以上述べたように、今までの日中環境協力は、先進国としての日本が一方的に発展途上国としての中国に資金・技術援助を供与し、中国の環境改善という目的がある程度達成できたことを評価できるが、日本の経済利益という側面が重要視されなかったことを指摘できる。中国は改革開放路線に基づき、七〇年代末から年平均一〇％前後で経済成長し、二〇一〇年日本の国内総生産（GDP）を抜いて世界第二経済大国になっている。一方、日本政府は二〇〇九年一二月に新成長戦略を打ち出し、「強みを活かす成長分野」として「環境・エネルギー」をあげ、「アジアの経済成長を通じた成長機会の拡大」を目指している。日中環境協力について今後の課題としては、援助・非援助の関係から双方にとって持続可能な地域づくりにつながるような関係に転換することと言えるだろう。次節では北九州市と大連市の環境協力の事例を検討する。

2　北九州市——公害都市から環境モデル都市へ

北九州はかつて日本を代表する公害都市だが、いまや国際研修事業や環境技術の輸出などで国際的に注目され、日本の環境モデル都市に認定されている。アジア諸国との環境協力を「援助」あるいは「交流」に留まらず、「ビジネス」に発展させ、地方自治体でありながら、部長職の「対中国環境協力担当部長」なるものを設けて、積極的な海外環境ビジネスを行っている。

（1）公害問題

福岡県北九州市は九州の北東端、関門海峡を挟んで本州下関市と向き合う九州の入口に位置している。北九州市は一九六三年の合併前、小倉、門司、八幡、戸畑、若松の五つの市に分かれていた。市の工業発展は一九〇一年、八幡に官営八幡製鉄所が作られたことが契機となる。それまで人口二〇〇〇人に満たない漁村であった八幡に、日本初めての大規模な官営製鉄所が作られたのは、前に洞海湾という天然の良港を抱え、中国大陸からの鉄鉱石輸入に便利なこと、そして背後に筑豊炭田を持つということが大きな理由である。鉄鋼業以外にも、セメント産業、化学工業などが発展をみせ、第二次世界大戦前にすでに京浜、中京、阪神と並び、日本四大工業地帯の一つとして発展を遂げた。[9]

一九六〇年代からの高度成長期には、重化学工業を中心とする北九州工業地帯は煤煙の町として有名であった。北九州市の公害は「七色の煙」から始まったといわれる。製鉄所をはじめとするさまざまな工場から立ち上がる煙は、繁栄の象徴であり、小学校の校歌にも歌われるほどの市民の誇りであった。しかし、工業生産の増大に伴って、煤塵、煤煙、亜硫酸ガス、悪臭などの大気汚染が著しいものとなり、汚染のひどい地区では、洗濯物も屋外に干せず、庭木が枯れ、花も咲かないといった状態であった。[10] さらに、学童をはじめとして喘息などの健康被害も発生するなど、市民生活に深刻な影響を与えるようになった。

工場排煙による大気汚染以外に、工場排水による洞海湾の水質汚濁も深刻だった。洞海湾は郷灘から内陸に一〇km以上入り込んでおり、現在は埋め立てにより細長い水路のような形状になっている。戦後の産業復興とともに汚染が深刻化し、一九六五年頃からは悪臭の被害が著しいものとなってきた。一九六六年に実施された第一回の洞海湾の水質調査では、湾央部から湾奥部にわたって水深三mでは溶存酸素量がゼロという「死の海」になっていることが明らかになった。[11] この時期の北九州市は、四日市、川崎と共に日本を代表する公害都市であった。

（2）公害対策の特徴

北九州市における公害対策の特徴として取り上げられるのは、官民一体となった取組みということである。北九州市では大きな公害訴訟は起きなかった。全国各地に発生した公害問題が北九州市で認識されはじめた時期に、行政と企業が速やかに対応していったことがその理由といえる。[12]

北九州市において最初に大気汚染を問題視しはじめたのは、婦人会であった。一九五〇年に、旧戸畑市の中原婦人会は、日本発送電（後の九州電力）中原発電所からの煤塵問題を議会でとりあげさせ、その結果発電所側は一億円をかけて集塵機を設置することになった。婦人会による公害問題への取組みは、北九州市における公害運動の中で大きな役割を果たした。

また、工場による粉じん公害に対して地元の住民が対策と損害賠償を要求する紛争が発生したが、これらはばい煙規制法にもとづく仲介制度により和解が成立した。こうした北九州市における住民と企業との公害紛争では、住民対企業の対立が政治問題として紛争化するのではなく、行政が仲介することによって住民と企業の対話をすすめ、和解により解決していったことが大きな特徴である(13)。

こうした住民による公害運動を契機として、企業と行政が危機感を抱いたことから、北九州市で本格的な公害対策がとられていった。北九州市の取組みは、法的な手段を用いつつも、実務的には、企業との話し合いとそれに基づく公害防止協定の締結、あるいは硫黄酸化物の排出削減要請といった、法律によらない形で実効性の高い対策を取っていったことに大きな特徴がある。それを可能にしたのは、大企業が中心という産業構造の特質と、経済発展の中で住民と企業との間で長年共有されてきた一体感というものであった。

（3）環境モデル都市へ

一九七〇年には公害関係一四法案が国会で可決され、全国的に公害問題への社会関心が高まるなかで、北九州市では官民あげた取組みにより、環境改善が急速に進んだ。八〇年代には「七色の煙」に覆われた街に青空が戻った。また、大腸菌も棲めない「死の海」といわれた洞海湾に一〇種類以上の魚介類が生息するようになった。

企業は革新的な技術を開発し、鉄鋼業の汚染削減の例で言えば、SOx排出量は一九七二年度の三万七七三〇トンから、二〇〇一年にわずか三六三トンに削減した。行政は下水道の整備、廃棄物処理に取り込んだ。下水道の普及にあたって受益者負担制度を導入し、家庭ごみでは、一九九〇年代にカン・ビンなどの分別収集やごみ袋の有料指定袋制度を実施し、ごみの資源化・減量化に取り込んだ[14]（叶、二〇一〇）。北九州市が一九七二年から一九九一年までの二〇年間に公害対策に要した費用は、八〇四三億円である（行政五五一七億円、民間二五二六億円）[15]。

行政と企業が一体となって公害克服に取り組んだ結果、イノベーションが進展し、今日では北九州市は世界最先端のシステムを構築している。このような環境再生の実績が評価され、一九八五年には経済協力開発機構（ＯＥＣＤ）の環境白書で「**Gray city to green city**（灰色の街から緑の街へ）」と紹介され、一九八七年には環境庁から大気環境が良好な「星空の街」に選定された。国際的にも高く評価され、一九九〇年には国連環境計画（ＵＮＥＰ）から環境貢献を表彰する「グローバル５００」を受賞、一九九二年のリオ・デ・ジャネイロで開催された国連地球サミットでは「国連地方自治体表彰」を受け、二〇〇二年のヨハネスブルグ国連地球サミットでは「持続可能な開発賞」を受賞した。さらに二〇〇八年には国から「環境モデル都市」に認定された。モデル認定の理由は、環境水準というより、先駆的な取組みと環境負荷の削減率の大きさ、方向性が評価されたのである。

3　北九州市・大連市モデル――環境協力から互恵関係へ

北九州市は、公害克服過程で得た技術と経験を、地球環境の保全に生かそうという使命感から、国際環境協力に積極的に取り組んできたが、従来の日本の環境ＯＤＡのやり方と大きく異なっている。発展途上国への一方的な援助ではなく、環境を成長戦略の柱にして、環境技術を武器に東アジアとともに発展することを目指している。

（1）大連市の環境改善

北九州市は、中国の大連市と友好都市協定を締結したのは一九七九年である。大連市は急速な工業化や都市化に伴い、大気汚染が深刻化していた。北九州市は一九九三年にＯＤＡを活用し、市や市内企業の持つ公害克服経験と技術を総動員して大連の環境改善計画を提案した。大連市では、大気汚染や水質汚濁の問題を克服しつつ、環境保護局の職員を増員して新たに自動車公害対策や固体廃棄物管理などの問題にも取り組んでいる。また、エコ・シティを目指して、市民の環境意識向上を目指すほか、環境産業の育成にも力を入れている。その結果、大連の環境汚染が劇的に改善され、二〇〇一年には国連環境計画から世界的に環境保全に貢献した団体に贈られる「グローバル５００」を受賞し、中国では環境先進都市として広く認識されるようになった。

（2）大連市環境モデル地区整備計画

一九九三年一二月、宋健国務委員が北九州市を訪問した際、北九州市は「大連市環境モデル地区」の建設による持続可能な都市づくりに協力することを提案した。翌年の九月、北九州市長が訪中し、朱鎔基副首相および解振華国家環境保護局長との会談で、この計画への支援を表明した。一九九六年、大連環境モデル地区計画がＯＤＡの開発調査に正式に採択され、北九州市は国際協力機構（ＪＩＣＡ）と共同で、ＯＤＡによる開発調査（一九九六年一二月～二〇〇〇年三月）を実施し、環境改善の基本計画を策定した。

調査地域は大連市の中心市街地（面積約二二七km、人口約一七〇万人）、対象分野は大気対策（一般環境・固定・移動発生源など）、水質対策（工場排水処理・下水処理）、騒音対策、廃棄物処理、モニタリング体制、法制度、都市計画、環境教育など幅広く、現地調査業務を通じて、大連市側の技術者への技術移転を行うことが目的であった。

開発調査に、北九州市調査団は行政面（環境行政、モニタリング技術、下水処理など）と低公害型生産技術（クリーナープロダクション）を担当し、多くの専門家を派遣した。従来、ＯＤＡは発展途上国からの要請がほとんどだったが、今回は北九州市が要請して採択された。この計画に基づいて工場移転や排煙脱硫装置の導入がなされ、それが日本企業の輸出につながった[16]（五件、八五億円の商談）。二〇〇〇年の円借款を契機にそれまでの環境協力がビジネスに代わり、大連の環境改善とともに、日本企業にも経済利益をもたらし、環境分野における両国間の互恵関係が実現できた。

（3）「エコタウン」計画における環境協力

二〇一〇年は北九州市と大連市の友好都市締結三〇周年である。記念事業として大連市の「エコタウン」を立ち上げる計画が動き出した。北九州市の「エコタウン」事業は、あらゆる廃棄物を資源として活用し、可能な限り廃棄物をゼロに近づける循環型社会を目指し、エコタウンプラン全国第一号として一九九七年に通産省から承認を受けた。北九州市はこの環境ビジネスを通して、二一世紀型の地域経済の創出を狙っている。エコタウンには、リサイクル事業を中心に、リデュース事業、リユース事業に取り組む企業が多数立地しているほか、実証研究エリアに多くの研究施設が集積している。北九州市エコタウンは循環型社会のモデルとして、国内外に注目されている。

北九州市「エコタウン」事業の成功は、同じ循環型社会を目指す大連市にとって良い手本になっている。この記念事業を通して、環境技術のスムーズな移転、信頼関係・互恵関係の更なる拡大を目指している。

（4）環境協力から互恵関係の環境ビジネスへ

北九州市は地元企業の環境国際ビジネスへの参入を支援している。海外の環境ビジネス情報を広く提供するほか、展示商談会への出展企画、海外企業との環境ビジネスマッチングなどを行い、「交流」に留まらず、「ビジネス」につなげているところが注目されている。循環型都市協力事業では、協力相手国の計画作り、政策作り支援を行うことが、その後にビジネスに繋がっていくので、地元企業の支援になっている。このような取組みが実り、多くの環境関連企業が中国進出を果たしている。[17] こうした事業の企画・推進を担っているのは、北九州市の「対中国環境協力担当部長」（二〇一〇年四月から「環境国際戦略室長」に名称変更）である。担当部長は毎月中国を見回って、低コストで中国にない技術の売買に繋がっている。

環境ビジネスを推進するため、北九州環境ビジネス推進会（ＫＩＣＳ）が組織されている。ＫＩＣＳのメンバー四三社のうち一三社は中国でのビジネスに進出している。また、アジアの環境人材育成拠点として（財）北九州国際技術協力協会（ＫＩＴＡ、前身は（財）北九州国際研修協会、一九九二年に名称変更）がある。これは北九州市がこれまで培った技術や経験を発展途上国に移転することを目的に、地元経済界が中心になって設立されたものである。発展途上国の人材育成を目指して、環境や工業分野での研修生の受け入れや専門家派遣を行っている。研修生の受け入れは、二〇〇九年度まで累計で五三〇〇名を超え、人材育成を通して発展途上国の環境改善に貢献すると同時に、地元にとって観光客の誘致と同じ経済効果がある。この事業も発展途上国との互恵関係が実現できている。

（5）知的所有権の問題

北九州市・大連市の環境協力モデルは、上述のように成功した側面が強いが、知的所有権問題にも直面している。北九州市には、一九六〇年代の「死の海」を甦らせた技術とノウハウがある。その技術を持っている新日鉄は水質汚染問題が深刻な中国に環境技術を輸出できれば、かなりの経済利益に繋がる。しかし、同社は技術を移

表1　北九州市と大連市の環境交流の歴史

1979年5月	友好都市締結
1981年10月	大連市で「公害管理講座」を開講（北九州市の環境協力の始まり）
1989年11月	「中国・北九州生産管理セミナー訪中団」を派遣
1990年12月	北九州市が国連環境計画（UNEP）の「グローバル500」を受賞
1993年8月	大連市から行政研修員受入開始（～2002年まで）
1993年10月	大連市で「北九州-大連技術交流セミナー」を開催（環境保全技術、生産性向上技術など）
1993年12月	北九州市が中国政府に「大連環境モデル地区計画」を提案
1995年1月	大連市で「北九州-大連環境交流セミナー」を開催（環境保全技術）
1996年4月	「小型ボイラー燃焼改善事業」開始（～2000年まで）
1996年12月	「大連環境モデル地区整備計画」開発調査開始（～2000年3月まで）
1999年4月	友好都市締結20周年記念クルージングで環境学習を開催
2000年9月	大連市で開催された「2000年中国国際環境保護博覧会」に北九州市のブースを出展し、「環境技術セミナー」を開催
2001年3月	北京市で「日中都市間環境協力セミナー」に出席（大連市との協力成果を発表）
2001年6月	大連市が国連環境計画（UNEP）の「グローバル500」を受賞（姉妹都市で受賞したのは両市が初めて）
2001年8月	大連市で「クリーナープロダクション技術移転事業」を実施（～2003年1月まで）
2001年9月	北九州市の大連市との環境協力が認められ、北九州市長が中国政府から「国家友誼賞」を受賞
2001年11月	北九州環境ビジネス推進会（KICS）が大連市環境保護産業協会と友好団体締結
2002年9月	大連市で開催された「2002年中国国際環境保護博覧会」に北九州市及び企業ブースを出展し、「環境技術セミナー」を開催
2003年1月	大連市で「クリーナープロダクション技術移転セミナー」を開催
2004年9月	大連市で開催された「2004年中国国際環境保護博覧会」に北九州市及び企業ブースを出展

出所：北九州市ウェブサイト（http://www.city.kitakyushu.jp）資料に基づき、筆者作成

転すれば、競争相手の中国鉄鋼業の競争力を強めることになりかねないというジレンマを抱えている。もう一つの理由は、中国で知的所有権を守らないことが多く、技術を盗まれる恐れがある。(18) 中国にとって「後発の利益」を享受するためには、しっかり知的所有権を守り、信頼関係を築くことが大事になる。信頼関係を前提に、先進環境技術の移転がスムーズに行われ、互恵関係が構築されるだろう。

おわりに

本章は日中環境協力の現状と課題を明らかにしたうえ、北九州市における公害克服から環境モデル都市への経験、および大連市との環境協力を中心に、環境分野における日中両国間の互恵関係の構築について考察した。この成功事例から以下の三点を指摘することができる。

第一に、環境ＯＤＡを活用することによって、北九州市と大連市の環境協力が実現でき、大連市の環境改善と北九州市の経済成長につながった。

第二に、二〇〇八年以後、日本側のＯＤＡが停止したことによって、両国が対等の関係になり、両自治体にとって環境利益・経済利益がなければ環境協力が実現できない。大連市のエコタウン建設における環境協力は、大連市の持続可能性に貢献し、北九州市の成長戦略の実現にもつながった。

第三に、中国の環境問題がますます深刻化するなか、日本の公害地域の経験と教訓を中国で活用することを通して、両国における持続可能な地域の実現に貢献できるし、自治体間の環境協力は今後日中協力の新しいあり方の一つになるだろう。

注

（1）斉藤文彦・白石克孝・新川達郎編（二〇一一）『地域実現と協働型ガバナンス――日米英の事例比較を通じて』日本評論社。
（2）宮北隆志（二〇一〇）『失敗の教訓を活かす――持続可能な水俣・芦北地域の再構築』熊本日日新聞社。
（3）森晶寿（二〇〇九）『環境援助論――持続可能な発展目標実現の論理・戦略・評価』有斐閣。
（4）日中環境協力は、ODA以外に環境協定、政策対話などの形態がある。
（5）染野憲治（二〇一〇）「環境分野における日中の戦略的互恵関係」東京財団ウェブサイト、http://www.tkfd.or.jp/topics/detail.php?id=199 二〇一五年一月三一日アクセス。
（6）染野、同上。
（7）染野、同上。
（8）森、前掲書。
（9）北九州市産業史・公害対策史・土木史編集委員会編（一九九八）『北九州市公害対策史』。
（10）二〇一〇年二月二六日、北九州市役所でのヒアリング調査。
（11）竹歳一紀（二〇〇二）「北九州市における公害対策とその特徴」『桃山学院大学経済経営論集』第四三巻第四号。
（12）二〇一〇年二月二六日、北九州市役所でのヒアリング調査。
（13）二〇一〇年二月二六日、北九州市役所でのヒアリング調査。
（14）叶芳和（二〇一〇）「東アジアの時代、北九州がおもしろい！――環境技術の輸出を成長戦略に」『京大東アジアセンターニュースレター』第三一七号。
（15）永田勝也監修、北九州市環境首都研究会編著（二〇〇八）『環境首都―北九州市　緑の街を蘇らせた実践対策』日刊工業新聞社。
（16）叶、前掲論文。芳和（二〇一〇）「東アジアの時代、北九州がおもしろい！――環境技術の輸出を成長戦略に」『京大東アジアセンターニュースレター』第三一七号。
（17）例えば、環境テクノ（株）が上海に進出している。検査技術をベースに、自動車部品や情報家電の有害物質の分析・検査を行う。また大連市では、石炭ボイラー用の排煙脱硫装置を独自設計し実証している。
（18）叶、前掲論文。

〈コラム〉

ナショナリズムからソフトパワーへ——対話のために

植村和秀

文化的なものに、世界を形成する力はあるだろうか。二〇世紀において、世界を現実に形成したのは近代国家の力であった。そしてそれは、政治的なものの力であった。もとより、その背景には経済的な力などが働いていたが、現実の形成力であったのは、イギリス、ドイツ、日本、アメリカ、ソ連などの諸強国の力であった。

これに対して二一世紀はどうか。グローバル化と情報化の進行の中で、世界を現実に形成しているのは、経済的なものの力ではないか。もとより、近代国家の力は今も巨大であり、政治的なものが引き続き世界を形成してはいる。ただ、経済的なものがますます政治を右往左往させているというのが、今世紀の生活実感である。

＊　＊　＊

それでは、われわれが人間らしい生活を実現し、より良い世界を実現するために、文化的なものはどのような可能性を持ちうるであろうか。人類志向というだけでは、二〇世紀のソ連型社会主義や二一世紀のイスラーム過激派のように、人間の幸福を打ち砕くものとなる危険性を排除できない。人間の心と心を創造的に結び付けていくことは、一挙に単一的にはできず、どこまでも多元的かつ持続的にしかできないのではないか。一つのまとまりを求めれば、その主導権獲得を目指す権力闘争がどうしても生じてしまうからである。

それゆえ、さまざまなまとまりが、相互に複雑なネットワークを延々と組み合う方が、より人間的な可能性を開いていくように思われる。そして、そのために必要なのは、多様性を一元化することなく、相互の対話を確保する「論理」の開発である。西田幾多郎は、東洋と西洋の対話という視点、とりわけ仏教とキリスト教と自然科学の対話という視点から、このような論理の開発に尽力した。矛盾するものを矛盾するままに包み込み、それによって真の対話を可能ならしめ、そこから真に世界の名にふさわしい舞台を創造していくことが、西田の悲願だったのではないか。

＊　＊　＊

ところで、多数の人間のまとまりとして、現在も有力なものがネイションである。そして、ネイションに肯定的にこだわるナショナリズムは、とりわけ二〇世紀において、政治的対立の駆動力として深刻な危険性を発現させた。ただしかし、ネイションは歴史的に形成されてきたものであり、それゆえ簡単に消えるものではない。現時点で可能な方策は、その危険性を減らしつつ、ネイションにおける歴史的蓄積を創造的に活用することであると考える。

ソフトパワーという言葉は、近年、ネイションの特性の戦略的・対外的な発信という意味でさかんに用いられている。この言葉を転用し、ネイションの経験を世界のために創造的に活用するという自覚を持って、ネイション間の深い対話の実現に努力していくことが、ネイションに関して現在の人間が担うべき課題ではないか。そのためにも、西田が追い求めた対話の論理は、今ますます必要である。

第三部　〈和《やわらぎ》〉としての外交

〈問題提起〉「哲学」から〈和《やわらぎ》〉としての外交へ

東郷和彦

I

この共同作業において、「日本という場所」の中でその思想的特質をもっとも徹底的に究めた先達として、これまでの議論でとりあげられたのが、西田幾多郎と鈴木大拙であったと思う。

西田幾多郎は、哲学の根本課題である「最も具体的な実在」としてまず「主観と客観の分離していない意識の直接状態」として「純粋経験」を提示する（『善の研究』）。しかし後期の哲学においてその思索を深め、そういう「意識の状態」をも包み込むものとして、「一切の作用や存在を自己のうちにおいて成立させ、また、それらを自己自身の内に映して見る場所」を提示する。自らの意識の側から世界を説明するのではなく、世界の側から説明するのである。このすべてを包摂する（＝絶対）目には見えない（＝無）ものは「絶対無」であり、したがって西田の提示する「場所」は「無の場所」ないし「絶対無の場所」ということになる。

鈴木大拙の場合、その思想の根源に「霊性的自覚」がある。「霊性的自覚に入って本当の世界が見える、世界が世界を見ることになる、自覚が世界である」という表現は、そこで見る世界が、西田の言う「絶対無の場所」に非常に近いのではないかと思わせる。「どこかに霊性的自覚があるとき、そこに世界がその本有の一切の荘厳をもって出現する。大地の中から湧出する」という大拙の世界は、「絶対無の場所」において大拙が到達する世界の表現のように見える。

＊　　＊　　＊

さて、西田幾多郎にしても鈴木大拙にしても、その哲学的思索の原点、「日本という場所」から生み出した思想の原点に、禅があった。大拙は、日本で「霊性的自覚」がその頂点に達したのが十三世紀の鎌倉仏教であり、その顕現が禅と浄土信仰であるとした。

禅における世界観をわかりやすく直感的に把握させるのが「十牛図」であろう。

特にそのしめくくりにおける⑧、⑨、⑩の含意は驚異的である。この含意は、①から⑦をもっていったん円環を閉じ、⑦の「忘牛存人」のあとに現れる⑧の空白の図を、いわば禅における哲学的思索の中核に据えて考える森哲郎教授の説明により、わかりやすく伝わってくる。

ひととおりの修業をへて、西田流にいうならば、③の「見牛」をへて⑦の「忘牛存人」において到達した「純粋経験」をへて、⑧の空白の図「人牛倶忘」が「絶対無の場所」を示すと言うことになろう。

大拙のいう「一切の荘厳をもって出現する世界」もまた、この「絶対無の場所」に近いのだろうか。

＊　　＊　　＊

それでは、以上の哲学的思索をどうして「日本という場所」の思想といいうるのか。

西田はその『日本文化の問題』で「神ながら言挙げせぬ」日本精神の精髄を本居宣長の言葉「其はただ物にゆく道こそ有りけれ」に凝集させる。しかし明治以前の日本のこの「物にゆく道」は「日本というものが即世界」

であって、いわば横の無い「縦の世界」であった。

明治において日本は、「これまでは諸の国々は世界において横に並んでいた、世界は空間的であった」ところの世界、すなわち「横の世界」に遭遇する。

そのことにより、日本と世界の双方に未曾有の転換が起きる。「ヨーロッパ歴史においては世界は横から縦へ、我が国の歴史においては縦から横へということができる」。

日本における縦から横への転換は、横としての世界の完全なる受容によってのみ可能となる。「今日我国文化の問題は、何千年来養ひ来った縦の世界の特色を維持しつつ、之を横の世界性に拡大することになければならない。身心脱落脱落身心というごとき柔軟的文化を発揮することでなければならない。主体として他の主体に対することでなく、世界として他の主体を包むことでなければならない」。ここにおいて西田の言う「絶対無の場所」がほかならぬ「日本という場所」における無限の包摂性として現れているように見える。

鈴木大拙の思索の中でこの「日本と言う場所」を最も端的に述べているのが「大地の中から湧出する」であろう。戦後世界の建設について大拙は「霊性的日本の建設は（中略）青人草で覆われて居る大地を底つ巌根として、宮中廣く太しきを立てて、その上に築きあぐべきである。（中略）青人草は何にも拘束せられぬ自由な大気を呼吸しつつ、大地の底に深く根を下ろしつつ、思うままにその枝葉を蒼空に広げていくのである」（『霊性的日本の建設』）と述べている。

この「大地性」は、「霊性的日本、否、霊性的世界」をめざすものとされ、それは「人間にある大悲」によってのみ実現されるとする。ここに大拙の世界を包摂する宗教性が表現されているといえよう。

＊　＊　＊

以上の「日本という場所」の思想において、筆者には際立った特徴があるように思われる。それは、ここでいう、禅・西田・大拙を始めとして提示される思想が、その根本において世界を受け入れる、世界を包摂する視点をもっていることである。西田が「縦のものを横にする」と言い、大拙が「日本的霊性、否、世界的霊性」と言ったとき、「日本という場所」から発する思想は、世界を包摂することによってのみ成り立っている。

しかもそれは、一回激しい「否定」の契機をもつ、つまり、世界をその目にみえるとおりにうけとめ、そこからでてくる結論をそのまま適用するのではなく、一回すべてに対して真摯に対応したあとにすべてを御破算にするような「否定」の契機が入ることによって、限りない深みをもってくる。それが、西田のいう「絶対無の場所」であり、大拙の言う「一切の荘厳をもって出現する世界」であり、十牛図における⑧の白い空白「人牛倶忘」ということになるように見えるのである。

そしてそのあとに現出する世界は、⑨の（返本還源）にしても⑩の（入鄽垂手）にしても、極めて伸びやかで自由な広く深い世界が広がっているように見えるのである。

II

以上の「日本という場所」から紡ぎだされる哲学的思惟に対して、この第三部として、どのように対応すべきか。

現時点で筆者が把握できる「日本という場所」から発する思想の特徴は、世界をいったんすべて受容し包摂し、それをふまえて、自らに厳しい自己否定をする、そこから、新しい、より自由で、より深い生き方になっていくと集約できるように思われる。

それではこの「受容―否定―自由」と言う「日本という場所」から発する哲学からのメッセージを、国際政治の局面でどううけとめたらよいのか。

自分としては、この哲学的言語をもう少し世俗的言語に変え、「内に謙虚になって世界をもう一回見てみることによって肩の力が少し抜ける」と言い換えてみたいと思う。この言いかえを〈和《やわらぎ》〉と表現して見た。「肩の力をぬく」という状態を〈やわらぐ〉と表現し、そこで使われる漢字が「和」ということになる。

＊　＊　＊

第一章は、〈和《やわらぎ》〉としての国際政治の発想の原点にある西田哲学を、今一度歴史哲学の諸潮流に遡ってふりかえり、現代の国際政治において持ちうる意義を論述する。そのために、本章筆者は、国際政治学（国際関係論）の背後にある歴史哲学を一九世紀後半のドイツに遡り、国家主体の世界史の進歩に楽観的であったランケと、進歩に対し悲観的でありながら、宗教・国家、文化の総体的な把握の中に世界史を追求したブルクハルトの分析から始める。しかしながら、両者をついで第二次世界大戦から戦後において次の時代を画さんとしたマイネッケは、この歴史主義による世界把握に成功せず、この潮流と丁度入れ替わった形で、戦後世界の政治の主な流れをつかんでいく英米から、力による国際政治分析を主張したE・H・カーとハンス・モーゲンソーのリアリズムの思潮が登場する。だが、冷戦期に大きな影響力をもったこの主張は、ポスト冷戦にいたり、世界を動かす要因が多様化していく状況を説明しえず、むしろ世界は再び一つの混沌に向かっているように見える。

さて、時あたかも西欧の思潮が、ドイツ歴史哲学から英米のリアリズムに揺れている時に、日本においては、ランケの国家を主体とする歴史哲学を真剣なたたき台として、自らの歴史哲学を探求した京都学派の動きがある。西田幾多郎の弟子たちが、ランケに通ずる歴史的主体としての国家を重視した分析を行ったのに対し、西田幾多郎自身は、視点の中心を個と世界に置き国家はその中間項の役割をもつとした。そして「歴史的世界」は、「個が個として歴史を形成しつつ、しかも世界を映しだしている表現作用的関係」であり、「時は法則的、継続的に流れるものではなく、『非連続の連続』として一瞬、一瞬が独立している」とする。本章筆者は、このような歴史哲学は、冷戦終了後次第に顕在化し今や現代世界の特質となりつつあるカオスに対する実践的な倫理を提供する可能性があるとする。

＊　＊　＊

第二章では、現在の国際政治の混迷の背景として、現代国際政治の骨格を創ってきた西欧とその現代における体現者たるアメリカの形作る「現状」と、これに対する二つの根本的挑戦者たる「イスラーム急進主義」と「台頭する中国」があることを分析する。この対立の構図を、日本にとって、より直近の意味をもつ、東アジアにおける中国の台頭と、そこから生ずる米中対立の観点から分析する。

現下の日中の対立の根幹にある尖閣問題を考えるときに、日中双方が共通の歴史的知識として一緒に考えうる堯舜の「王道政治」に本章筆者は注目した。中国では、現代中国における政治的正当性の危機をみ、正当性回復の根本を、公羊学の「王道政治」に見る蒋慶がいる。日本では「富国・強兵・士道」のうち、「士道」の根幹を「王道政治」に求めた横井小楠がいる。「王道政治」が直に現代の政治の指標にはならないとしても、その意味を問う議論の中に、現下の政治的・思想的閉塞状況をきりひらく一筋の道筋はないかが問われる。

更に、日本の歴史認識の根幹にある村山談話と安倍談話を考えるに当たり、ドイツの歴史認識の根幹にあるワイツゼッカー演説の背景にカール・ヤスパースの「四つの罪」思想があったように、村山談話の背景に、鈴木大拙の「日本的霊性」を於いて考えうるのではないか。横井小楠、鈴木大拙いずれをもヒントとして、日本という場所において生まれた思想を現代の問題に適用し、そこに、西欧のロジックだけからは生まれてこない、〈和《やわらぎ》〉の空間を見出すことはできないかが問われる。

＊　＊　＊

第三章では、第二章で提起された「王道政治」の根幹にある「真の文武と徳」から分析を進める。最初に、東アジアにおいてそれに関連する様々な事象を集める。次に、現在の中国における、習近平の文化慫慂政策、近・現代における儒教、習近平の儒学観、国際儒学連合会の活動に分析の焦点をしぼる。更に、そういう中国と日本において文化的背景を共通して形作るものとして、漢字の共有があり、漢字の受容とその変容の過程において、日本的な受容性の歴史が最も解りやすく浮彫になると主張される。結論として、今後、東アジアにおいて日中は、この漢字の共有性に焦点をあててその歴史と意味を探ってゆくことにより、「真の文武と徳」の含意を明晰化させ、「日本という場所」から発する思想は「アジア的価値」にリンクされると主張される。そこに、〈和《やわらぎ》〉としての国際政治につらなる空間が生まれるのではないか。

＊　＊　＊

第四章は、日本と韓国との関係を考える。分析の鍵は、日韓関係を文明の観点から論じる点にある。その視点を、社会に長期間にわたって内在する「集合的心理構造」にあて、その焦点を地理的条件の分析にあてる。両国の山の構造、位置、海との関係、平野の位置と役割等から二つの構造的特徴がうかびあがる。

第一は、日本は、海という外部世界から遮断された世界において、山が越えることができない高山に覆われ、人々の生活は、わずかの平野部と山に切り込んでいく小規模の田畑の中に集約され、そういう小共同体間の調和とコンセンサスの形成が社会構造の根本となってきた。これに対し韓国の山は越えることができる低山であり平野部の割合も多い。半島として、中国その他の大陸民族からの直接の影響を常にうけ、そういう越えやすい地形の中で、人々は、諸勢力の中で勝ち残るための力と正義を求めて絶えず自らの存在を顕示してきた。

第二は、韓国の山が全体的に東側に位置し、いきおい、国としての目線は西側、すなわち「黄海」を超えた中国に向かう大陸指向型の歴史をもってきた。これに対し、日本の主要な平野は、太平洋を向いた東に位置し、従って、単に海に囲まれているという位置にとどまらず、日本の歴史は、太平洋を向いた海洋国家として発展してきたということである。本章筆者は、そういう地理地政学から発生する社会構造と風土、政治、法、正義などに対する考え方の違いについての詳細な分析を行い、結論として、日本外交における「機能主義」（what it does から帰結する〈和〉を尊ぶ）と韓国外交における「当為主義」（what it ought to be から帰結する〈正義〉を希求する）の差異を指摘する。韓国と言う鏡に照らすことにより、日本という場所から発する思想が〈和《やわらぎ》〉の国際政治という側面を持つことの意味が改めて問われるのではないだろうか。

* * *

第五章は、世界と東アジアにおける国際政治の最大のアクターであるアメリカ外交の総合的な分析である。二〇一五年までのアメリカ外交思潮を、①冷戦の終了とアメリカの価値の勝利は実は地政学の終焉を意味しておらず、現在の国際政治の動揺の根本は、この地政学の争いにあるとする Walter Russel Mead、②現状変更国家の様々な挑戦はあるにせよ、過去七〇年アメリカがつくってきたリベラルな秩序の優位性は圧倒的であり、同盟関係、パートナーシップ、多国間主義、民主主義と言ったアメリカのリーダーシップのツールは、更にこれらを有効活用することによって、今後ともに十分な力を発揮できるとする G. John Ikenberry、③現下の国際政治は、秩序解体の流れが主流となりつつあり、それは多様なアクターによる国際パワーの分散、アメリカ・モデルのソフト・パワーとしての魅力の減少、アメリカ自身の意思と決断の欠如の三要因によるとするRichard N. Haasの三者を分析する。

最後に、アクターの多様化、不確定要素の増大、相対的な国力の低下、国内対立の先鋭化などにより「アメリカの世紀は一九一四年に始まり二〇一四年に終わった」(Michael Lind)という意見がでてくる所以もあるが、さればこそ、本章筆者は、「手段と目的、優先順位の明確かつ柔軟な設定、軍事力の行使を含めたリーダーシップの発揮などを展開する意志と能力が求められる」と結論する。日本を取り巻く国際環境の中で最強のアクターであることは疑ええないアメリカをそのように考えるのであれば、一方において、多くの点でアメリカとの価値と同盟を共有する日本が、他方において「日本という場所」から発する〈和《やわらぎ》〉の国際政治としての発想をもつことは、アメリカの発想を補完するものとしての世界史的な意味があるのではないだろうか。

第一章　現代国際政治の思想的背景——京都学派の世界像からの示唆

中西　寛

はじめに

今日、国際政治の現状は混迷の度を増しつつあるように見える。この状況に対して、二〇世紀に入って生まれ、特に第二次世界大戦後にアメリカを中心に発達した国際政治学（ないし国際関係論、本稿では以下略）は十分な説明枠組みを提供し、また、現実への処方せんを示す上で役割を果たしているのであろうか。冷戦が終焉して以降、国際政治学は自己反省を重ねてきたが、ここへ来て改めてこうした問題が投げかけられている。

国際政治学の歴史を振り返る時、その源流に一九世紀から二〇世紀前半まで大きな知的論争の系譜をなしていた、啓蒙主義的な社会観と歴史主義的な社会観との相克があった。誤解を恐れず単純化すれば、前者は一八世紀に英仏を中心に発達し、自然科学的分析を社会にあてはめ、合理的人間観に立って社会を分析する観点を共有するものであり、今日の国際政治学の系譜ではリベラリズムの学派につながる枠組みである。対して後者は西欧に対峙したドイツで主に主張され、社会の文化的、歴史的文脈を重視し、内面価値の問題を重視する立場である。

この系譜は国際政治学においては二〇世紀中葉に古典的リアリズムによって英語圏に移植され、戦後国際政治学の支配的な枠組みを提供した。その後リアリズムが特にアメリカにおいては自然科学的アプローチと強く結びつけられたこともあり、歴史的文脈への関心は構成主義（コンストラクティビズム）に移った感が強いが、近年では新古典派と称するリアリズムも登場し、古典的リアリズムの再評価も行われている。

英語圏とは別に、西田幾多郎を含めた京都学派の人々が特に一九三〇年代以降盛んに論じた歴史哲学もまたドイツ歴史主義の影響を色濃く受けていた。この時期の彼らにとってドイツ歴史主義の批判的摂取が中心的な課題であったと言っても過言ではない。戦前日本の国際政治学は自らの古典的リアリズムをもつことはなかったが、当時の状況にあっては西田らの歴史哲学は一種の国際政治思想を提示していたとも言いうる。戦後初期に、彼らの中からリアリズム国際政治学の紹介者が登場したのは偶然ではないだろう。

本稿は、西田幾多郎ら京都学派の思想、特にその歴史哲学を国際政治思想として再検討することで、今日の国際政治を理解し、また何らかの実践的処方せんを得る手がかりを探りたいと考えるものである。(1) もちろんそこには様々な限界が存在しており、今日の国際政治の理解と実践に対してもつ意義も限定的であることは言うまでもない。にもかかわらず、こうした試みは、京都学派の思想を世界の知的系譜の中に位置づける上で一定の示唆をもつであろうし、また、現在の国際政治学が抱える問題について新たな角度から問題を提起することは可能ではないだろうか。

このような問題意識から、本稿はまず国際政治の現状について簡単に要約した上で、ドイツ歴史主義の概観を示し、更に京都学派がそれをどのように摂取し、当時の国際政治を理解しようとしたのかについて分析を進める。

1　国際政治の現状と性質

現代国際政治は混迷ないし複雑化していると表現されることが多い。ここでは二〇一四年という年の国際政治を具体的にとりあげて、国際政治の現状と性質について考えるところから出発しよう(2)。

二〇一四年の前半はウクライナをめぐる国際紛争が世界の主要課題になった。二〇一四年二月に、親ロ的とされていたヤヌコヴィッチ政権が国内の反対運動の圧力に抗しきれずに倒れ、親西側的な政治勢力が主導力を握っていく。ロシアはこの動きに反対し、三月にクリミア併合の挙に出て、欧米諸国は強く反発する。また親西側勢力と対立する東ウクライナ地方の親ロ勢力との間で武力紛争が起こり、その背後にもロシアの介入があるのではないかと西側は疑い、制裁を行うという形で米欧ロの対立関係が国際政治全般に影響を及ぼした。例えば日米関係においても日本の対ロ政策が大きな関心事項となった。

ところが二〇一四年後半の様相は大きく変わり、中東でのイスラム国（ＩＳ）が大きな関心事項となった。イスラム国の起源は二〇〇三年のイラク戦争後、イラクで勢力を伸ばしたアル・カーイダ系のイスラム武装勢力だが、イラク国内のスンニ派とシーア派の対立や二〇一一年に始まったシリア内戦によって独自の発展を遂げた。イラク、シリア国境を越えて勢力を拡大し、複雑な国際情勢の真空の中で武器や兵員、支配地を獲得すると共にアル・カーイダからも自立し、独自の「カリフ制国家」樹立を唱えるに至った。さらに高度なインターネット宣伝技術を利用して世界から共感者を引き込み、脅威を感じたアメリカのオバマ政権がイラクおよびシリアで空爆を行うに至った。イスラム国側はそれに対抗する形で残酷な人質処刑をネットで公表して衝撃を与えた。結果としてアメリカはイスラム国打倒を政策目標に掲げるに至り、ウクライナ問題やロシアとの対立は依然として対立が続くもののやや後景に退く形となった。

こうした政治・軍事問題とは異なるが、現代の国際政治のもう一つの大きな基調をなしているのは世界経済問題である。現代の世界経済は人類史的に見てもかなり大きな節目にあるという見方がある。[3] その端的な証左は超金融緩和であり、日本やヨーロッパでは金利が〇ないしマイナスになるという異常事態が生じている。これが世界経済にどういう意味をもつのかは誰もよくわかっていない。こうした超金融緩和の理由には資本主義世界の低成長と財政赤字の拡大があり、財政支出に頼らずに成長を回復させるためにこの手段が選ばれている。しかし超金融緩和によってアメリカのように資本市場を活性化させることができても、金融緩和を終えることで資本市場をクラッシュさせるリスクと、金融緩和を続けてバブルを生じさせる下落するリスクとのジレンマに悩まされる。更に日本の場合、将来の金利上昇が政府財政や民間の借入に及ぼす影響は見通せない。金融だけでなく、世界経済の相互依存の深化は、近代的な経済構造を変えつつある。たとえば二〇一四年末より進行した原油価格の低下は、従来の考え方ならエネルギー消費国の生産コストを下落させて景気を押し上げる効果をもつはずだが、産油国の景気の低迷によって景気を後退させる効果も見なければならなくなった。世界経済レベルでの統合が進んだ結果、経済変動の影響や政策効果がかつてほど明確にならなくなっている。そして各国政府の安定性は経済状態に依存する比重が高まっており、世界経済の変容と予測困難性が政治的に不確実性にもつながっている。

二〇一四年の国際政治を例として幾つかの事例を挙げただけでも現代国際政治の複雑な様相を見ることができる。こうした現象を踏まえて現代の国際政治を貫く構造的な特徴を読みとるとすれば、以下の四点を指摘できよう。

第一に、大国間政治が、少なくとも表層的には復活してきているという点である。二〇〇〇年前後にはアメリカ中心の一極構造という見方が国際政治の専門家の中でも強かった。しかしその後の「テロとの戦い」により、アメリカの軍事的限界が示され、更に二〇〇八年のリーマンショックによって経済的脆弱性も明らかとなった。同じ年には北京オリンピックが中国をはじめとするBRICS（ブラジル、ロシア、インド、中国、南アフリカ）など新興国の勢いを示し、また同年の大統領選挙ではアメリカ外交の政策転換と多極間協調路線を訴えるオバマ氏が大統領に当選した。現在では、アメリカの一極構造という見方はほとんど語られなくなった。代わって、アメリカに加えて中国、ヨーロッパ連合（EU。主権国家ではないが、かなりの一体性を有しているので国家に準ずる存在として扱う）、ロシア、インド、ブラジルなどを大国と見なして、現代の国際政治を多極構造と見る見方が浮上してきた。もちろん現代において国力ないし大国の定義は難しく、たとえば日本を含めてG20諸国あたりまでを含めることも可能かも知れず、厳格に大国と非大国を区分することは不可能であるが、比較的国力の大きな複数の国家の相互関係が国際秩序に大きな影響を与えるという構造が考えられる。

それでは現代の国際政治は、よく言われる古典的なヨーロッパの国際政治像である、少数の大国が営む国際政治の地球規模への拡大版と見なされうるであろうか。こうした捉え方は間違いとは言い切れないが、部分的で不完全と言うべきであろう。そもそも今日の大国と一八、九世紀のヨーロッパにおける大国とは性質が違う。今日の大国はヨーロッパのかつての大国と比べて、人口、面積、経済力ではるかに大きい一方、内部に多様性を抱えており、伝統的な「帝国」に近い。他方で、武力行使に対する法的、道徳的制約が高まり、また、コストが高まったことで国力を結集した戦争は行い難くなっている。そして、かつてのヨーロッパの大国が比較的狭い地域に密接に配置されていたのに対し、今日の大国は相互の間にかなりの間隙ないし人口希薄な地域をもっている。

さらに大きな相違は、現代の国際政治における非国家主体の活動性とその影響がもたらす国際政治への影響である。この点が現代の国際政治の第二の特徴であろう。現代においては大国ですら、非国家主体の行動に振り回され、対応を迫られる場合が少なくない。イスラム国の事例では、残酷な処刑行為の映像がインターネットなどの社会ネットワークを通じて流された結果、アメリカなど関係国の政府は対応に迫られることになった。イスラム国に限らずテロ活動の影響は単なる破壊規模では図れないものがあり、また、ウィキリークスのような個人による情報リークや対人地雷規制条約のように非政府組織（NGO）による広報が国際政治を動かす状況も存在する。もちろん非国家主体の中でも企業など経済主体の影響力が大きい。ヘッジファンドなどの投資企業が目立つが、グーグルやトヨタといった巨大企業は、そうした企業を誘致したい国家との間で様々な交渉を行う能力を備えている。非国家主体の活動を大国も制御できず、むしろその行動が大国の行動にも影響を及ぼすようになっている、言い換えれば国際政治において影響を持つパワーの性質が極めて多様化し、軍備や経済規模といった単純な指標では測ることができず、様々な経路と態様を通じて影響力が行使されるようになっているのである。

第三に、こうした影響力の一つの形態として文化的要素の比重が高まっていることが指摘できる。大国間においても、米欧のような西洋起源の国家と中印のような非西洋文明の伝統をもつ国家の間で現状に対する評価が大きく分かれる場合がある。たとえば米欧が主導してきた国際通貨基金（IMF）や世界貿易機関（WTO）といった国際経済組織に対して、中国やインドは異を唱え、BRICS銀行やアジアインフラ投資銀行などを途上国主導の国際機関として提唱している。更には非国家主体として今日の国際政治に大きな影響をもつ政治的イスラム主義の存在も、文化的、宗教的主張を抜きにしては考えられない。文化的、あるいは価値的相克が国際政治に及ぼす影響が高まっているのである。これに伴い、国際秩序に影響を及ぼす多様な主体の行動を制御するものは、軍事的、経済的利害よりもむしろ文化的要素が重要になってきている。他者に対して自己の価値を魅力と感じさせる「ソフト・パワー」といった概念が喧伝される所以でもある。

第四に、これまで述べた諸特徴の帰結として、現代国際政治の予測不能性（カオス化）ないし偶然性が高まっているという特徴が挙げられる。

先述の事例でも、二〇一四年という年の中で前半はウクライナ問題と米欧ロ関係、後半はイスラム国問題と大きく転換した。もちろんその他の問題、たとえば中国の東シナ海や南シナ海での活動や、イランの核開発問題なども存在した。重要なのは、現代の国際政治では複数の問題が同時進行しており、その相互作用や、あるいは予測不能の偶発的な突発事態が事態の推移に影響を及ぼすということである。たとえば二〇一四年では、米欧ロ間の緊張関係の高まりがイスラム国の強大化や中国の行動に影響を及ぼし、逆にそうした現象が米欧ロ関係に影響を及ぼした。更に西アフリカでのエボラ出血熱の感染拡大や東ウクライナでのマレーシア航空機撃墜事件は誰にとっても予想外の事態であった。

こうした状況は、古典的な自然科学に範をとり、因果関係の連鎖を明らかにすることで国際政治の法則的理解をもたらし、また、そこで科学的処方せんを提示しようとしてきた国際政治学のあり方に挑戦を投げかけるものである。主体が複雑化し、文化的価値規範が重要性を増し、偶発的事象がその後の展開を大きく変えてしまうような対象から、特定の主体と因果関係を析出し、そこに一般的な命題を見出すことは極めて困難だし、仮にそれが可能であっても、現実への適用可能性は極めて限定されるものとなろう。こうした状況にあって、とりわけ政治的実践を意識した時、区分された部分世界に対する精密な理解をもたらす中範囲の理論では不十分であり、世界全体に対する総体的な（もちろんそれはぼんやりとした不完全なものにならざるを得ないが）理解を踏まえ、主体の選択に対する判断材料を提供する知的枠組みが求められるのではないか。このような枠組みのヒントとして、今日では顧みられることの少なくなった歴史主義の系譜を改めて検討してみたい。

2 ドイツ歴史主義の世界像

京都学派が歴史哲学を論じ始めた時、その土台にとしたのがドイツの歴史主義の枠組みであったことは彼らの著作から明らかである。[4] まずその中核には歴史主義の基礎を築いたと見なされるレオポルト・フォン・ランケの歴史観があった。今日ではランケは一九世紀の前半から後期にかけていわゆる実証的な歴史学を築いたと理解されることが多いが、京都学派はこうした歴史学者としての側面ではなく、ランケ史学を支えていた歴史と哲学の一種の結合を重視したのである。[5]

ランケはまずラテン・ゲルマン諸民族史やローマ教会史、教皇史などを著した後、国民史に入っていったが、そのプロセスにおいて、諸民族が国民国家を形成し、国民国家を通じて相関関係を取り結ぶ中に人類史の進歩を見るという発想を得た。そこには一八七〇年の普仏戦争を経て実現したドイツ統一の影響もあったのであろう。晩年のランケは世界史を書くのだが、世界史とはランケにとってヨーロッパ諸国の関係史であった。ドイツ、フランス、イギリス、イタリアといった諸国はそれぞれが独自の民族精神を体現した一個の人倫の集合体であり、世界史とは人倫の集合体と人倫の集合体が相互に関係を取り結ぶことで作られ、進歩する。そこで国家は持てる理性や情熱を尽くして外交を営み、時に戦争を戦うが、その帰結は予め定まっている訳ではなく、運命的性質、すなわち高度に偶然性が絡んだ形で展開する。たとえばドイツとフランスが戦争をする時に、その結果は法則に基づいて予測することはできず、両国の文明程度、国民の熱情、それに運といったものすら作用する。ランケはこの相互作用の中に文明進歩の精髄を見出した。それゆえ彼は歴史の方法、特に実証的史料に基づいた方法を採ったのである。何らかの法則によって歴史を説明することはできず、諸国家の複雑精妙な相互作用の瞬間の連続を明らかにすることが人類史の進歩を示すことになると考えたのである。それを彼は徹底して実証的な方法で明らかにしようとする、それがランケの実証史学と同時に、世界史観であった。ランケのこの立場がドイツにおいて引き継がれ、後に歴史主義（Historismus）として理解されるようになったのである。

しかし、こうしたランケの方法論に対しては一九世紀後半からさまざまな批判が起きてきた。ランケの歴史観は比較的素朴に楽観的な進歩史観を前提としていた。この点では、理性に関する哲学的考察によって進歩の過程を明らかにしようとしたカントやヘーゲルと方法こそ違え、進歩の理念に対する楽観そのものは共有されていたのである。しかし一九世紀の後半になると、若い世代には国家間の闘争や民族精神の称揚が直接に世界史的な進歩を意味するかについて懐疑的な見方を持つ人が出てくる。そしてこの懐疑は二〇世紀に入ると、ドイツを中心に起きた二つの大戦によって更に膨らむことになる。

その過程を典型的に跡づけたのは、ランケ史学の継承者の一人とも見なされるマイネッケ（Friedrich Meinecke）であろう。マイネッケは第一次世界大戦前の『世界市民主義と国民国家――ドイツ国民国家発生の研究』でランケ的世界史観と普遍的な価値の両立を課題としたが、第一次世界大戦を経て、マキャヴェリ以来の国家理性の理念の変遷を跡づけた『近代史における国家理性の理念』では現代における国家理性理念の堕落を論じ、更に第二次大戦後には『ドイツの悲劇――考察と回想』を著して、かつて近代国民国家の代表として進歩を担うと期待されたドイツの悲劇を正面から認めるに至ったのである。(6)

『ドイツの悲劇』を書いたのとほぼ同じく最晩年にマイネッケは「ランケとブルクハルト」と題した講演を行った。(7) この講演でマイネッケはランケを自らの「導きの星」であったと評価しながらも、結局は十九世紀後期の文化史家ブルクハルトの方がより高い立場に立っていたのではないか、と回顧している。ブルクハルトもまたランケに学んだが、特に普仏戦争におけるプロシアおよびドイツの肥大化した国家主義に幻滅し、政治史中心の歴史主義の限界を感じて、出身地のスイスのバーゼルに戻って静かに研究と教育を行った。

ほぼ同世代のドロイゼンやトライチュケがドイツでランケ学派の正統的な政治史中心の歴史研究を行ったのに対して、ブルクハルトはイタリア・ルネサンスやギリシャの文化を研究し、文化史の道を開いた。しかしランケの政治史とブルクハルトの文化史の関係は単純ではない。ランケは文化をも含めた人類活動の総体が国家政治に反映されると見なして、政治史をもって世界史が構成できると考えた。対してブルクハルトは、国家政治を規定し、また国家を越えたより普遍的な動因は文化にあると考えて文化史を中心に据えたのであり、決して政治史を忌避して文化史に行き着いたのではなかった。

ブルクハルトは、世界史を動かす基底的要因として宗教、国家、そして文化を考えた。宗教は中世において中核であり、国家は近代において中核であったが、一九世紀の後半以降、社会が大衆化し、また文明が進歩した結果、宗教は世俗化に抗し得ず、国家間の抗争は野蛮さを垣間見せるようになった。そこからブルクハルトは宗教や国家の枠を越えて人類が共有する文化的、精神的要素に重要性を見出し、その研究を通じて国家主義的世界観を克服しようとしたのである。

ただし、ブルクハルトの世界観、歴史観は基本的にペシミスティックであった。ブルクハルトは、政治的単位を超越した統合を実現したギリシャやルネサンス期の文化を高く評価したけれども、大衆化の時代にかかる文化が形成され得るかには懐疑的であった。にもかかわらず、ブルクハルトと彼を尊敬していたニーチェを対比したレーヴィットが詳細に分析したように、ニーチェが近代社会に対して根源的な批判をニヒリズムの観点から行ったのに対し、ブルクハルトはあくまでヨーロッパの伝統や文化の中にとどまり、「進歩」への懐疑と共存し続けた(8)。

言い換えれば、ランケとブルクハルトは共にドイツ歴史主義の系譜に属しながら、ポジとネガのように対称的な社会観、歴史観に至ったと言えよう。ランケが国家主体の世界像に楽観的、肯定的であったのに対し、ブルクハルトは国家間の権力闘争のデーモンをより明確に意識し、進歩に対して悲観的、懐疑的であった。この対比は十九世紀にあってはまだ思考上のものであったけれども、二十世紀に入るとこの相克の中でドイツ歴史主義は苦悶することになる。先に触れたマイネッケの足跡は二〇世紀歴史主義の困難を体現したとも捉えられよう。

3 歴史主義の国際政治学への受容と変容

こうして歴史主義は二十世紀に入るとその発祥の地ドイツでは行き詰まりを迎える。これに応じて改めて登場してきたのが社会科学という分析視角である。十九世紀にあって歴史主義が理念と実証分析を歴史学という方法で統合することを目指したのに対して、社会科学は改めて自然科学をモデルとした手法による社会分析を試みたのである。その代表例はイギリスを中心に発達した新古典派の経済学であり、また、フランスやドイツで当時台頭した社会学であった。これらの社会科学は歴史主義が重視した国家中心の視点および歴史実証的方法を脱却し、社会経済的視点を導入することで社会の法則的把握に至ることを期するものであった。もちろん社会学においても、フランスのエミール・デュルケームに見られるような社会統計を活用したより自然科学的、客観主義的な社会学と、ドイツのマックス・ウェーバーが提唱した理解社会学のように内面的価値に対する客観的理解を導入しようとする立場があり、その方法論は一様ではなかった。しかしともかくも、国家ないし政治分析から社会経済分析に移すことと科学性、法則性への志向が一体であった。

こうした初期の社会科学は大学が制度化され始めたアメリカに移植され、アメリカの社会科学分野の基調をなすことになった。社会科学は当時のアメリカの改革主義と融合し、それを理論づける作用を果たしたのである。

しかしこうした流れに対して、ドイツ歴史主義の影響はとりわけ国際政治研究の分野で独特の役割を果たした。一九三〇年代になり、各国の国家組織が拡大し、また思想的にも国家主義的色彩が強まるにつれて、国際政治を分析する枠組みとして、社会科学モデルの不十分さを唱え、むしろ権力政治の観点を導入することを求める学派が登場したのである。彼らは自らの立場をリアリズムと呼び、それ以前の改革志向の社会科学的アプローチと自らの立場とを区別した。この議論を代表するE・H・カーは『危機の二十年』の中で社会の自動調節作用が国際政治の場でも働くという思考をユートピア主義と名づけて、これとリアリズムを対置した。もう一人の代表者、ハンス・モーゲンソーは主著『国際政治』などでケルゼンに代表される新カント派的な法実証主義を理想主義として批判し、力と国益、外交による調整を重んじる国際政治分析の枠組みをリアリズムとして提唱した。(9) ドイツにおいて行き詰まりつつあった歴史主義は、二十世紀文明の知的ヘゲモニーを握りつつあった米英世界において国家間の権力闘争を認識し、制御する分析枠組みとして移植されたのである。

しかし特にアメリカにおいて国際政治学が研究分野として制度化されるにつれて、社会科学の中に国際政治学を埋め込もうという意欲が高まることとなった。古典派リアリズムはその中核的概念である国益や権力といった概念の曖昧さや、国家の意志決定過程がブラックボックス化している点を批判され、より実証的、論理的な方法の採用を求められた。一九七〇年代末に登場し、ネオリアリズムや構造的リアリズムと称されるようになったケネス・ウォルツの『国際政治の理論』は、古典的リアリズムがこうした批判によって解体され、社会科学的装いをまとって再構築されたものであった。(10)

ところが、こうした社会科学的国際政治学に対しては冷戦終焉後様々な批判が寄せられるようになっている。第一にウォルツ流の構造的リアリズムでは各国の対外政策の選択を十分に説明できない。ウォルツによれば、国家は安全保障の最大化を目指して慎重に行動すると見なしたが、たとえば構造的リアリズムの基本枠組みに立ったジョン・ミアシャイマーはあくまで国家は権力の極大化を求めて権力闘争を続けると見なす。国家の行動を理解するには国家の意志決定主体の主観や価値観といった問題を捨象できないという問題意識が強まってきた[11]。

のみならず、第二に、すでに触れた現代国際政治における主体の多様化は、社会科学が志向してきた規則性の発見を困難にする。従来、社会科学は人間を個人としてではなく、集合として扱うことでそこに一種の規則性、法則性が発見できると考えてきた。例えば大数の法則が示すように、個々の人間の行動は多様であっても、十分に多数であればその分散は統計的規則性をもつと考えてきたのである。しかしこうした属性は、個々の個人が活動性を増し、また社会的相互依存が複雑に絡みあってくると、あてはまりにくくなる。例外的な個人の行動が社会全体に大きな影響を及ぼしたり（たとえば9・11事件では少数のテロリストによる行為が国際政治の方向性を大きく変えた）、予想外の連鎖が生まれたりする（たとえばリーマンショックに見られたように、低金利から土地バブルの発生、その破綻と金融商品への波及、更には新興国の景気拡大策の採用と発言権の増大は発生確率が低いと見なされたテール・リスクの顕在化と理解できる）。社会はリスク社会とか液状化社会と呼ばれるような性質を強めているのである[12]。

第三に、国際政治における文化的、価値的要素の拡大は、主流の社会科学が依拠してきた自由主義的な価値観に対する疑問を呈することになった。アメリカが主導してきた二十世紀文明は超越論的普遍的自由主義、すなわち自由の絶対性、人権の普遍性、市場経済の合理性を前提としていた。たしかにフランシス・フクヤマがかつて主張したように、自由主義に正面から対抗しうる競合的なイデオロギーは存在しないかもしれないが、そのことは世界的に自由主義が自然に受容され、定着することを意味しない。自由主義的な価値規範が法や制度といった外形的な形態で導入され、内面的な受容が追いつかない場合、文化的摩擦や価値観の相克が生まれやすいことは当然である。従って価値の多様性を分析枠組みの中に組み込む必要性が出てくる。

4　京都学派によるドイツ歴史主義の受容と「歴史的世界」

前節においてドイツ歴史主義が英語圏を中心とする国際政治学に受容され、変容する過程について概観した。こうした経緯と対比した時、京都学派と称される西田幾多郎や『世界史的立場と日本』座談会の参加者（高坂正顕、鈴木成高、高山岩男、西谷啓治）あるいは三木清といった人々が特に一九三〇年代後半から戦中期（昭和十年代）にかけて盛んに論じた歴史哲学は、ドイツ歴史主義の影響を色濃く受けた日本独自の一種の国際政治論の試みであったと捉えることができる。換言すれば、京都学派の歴史哲学と英米の国際政治学は、ほぼ同時期にドイツ歴史主義を批判的に受容し、乗り越えようという企図を共有していたのである。

京都学派が歴史的世界や世界史といったような表現で歴史哲学を主題に据えた論考を公刊し始めるのは昭和一〇年前後からである[13]。もちろん個別の論者ごとの差異を踏まえる必要があるが、彼らが「歴史的世界」として表現しようとしているのは、自然科学的社会観ないし人間観に対する批判的スタンスを含んだものであり、人間を合理的・法則的に行動する主体、すなわち理性や法則のいわば要因として捉えるのではなく、各々の人間が歴史の創造者であるという認識、西田の言葉で言えば「つくられるものからつくるものへ」と表現される存在として人間を認識しようという立場であろうと考えられる。

こうした人間観、社会観に大きな示唆を与えたのはランケであった。個人が民族的自覚をもち、民族を形成する。さらに民族的自覚を持った民族が国家を持つ。そして国家を通じて世界史に参画するという段階的な世界像を中心的な枠組みとして採用したのである。繰り返しランケを参照しつつ語られた「民族のモラリッシュ・エナジー」すなわち道徳的エネルギーの概念は歴史主義から京都学派が学んだ視点であった。対して、ランケおよびドイツのその後継者たちに対して京都学派の人々が対置した中心的なテーゼは「世界の世界化」であった。これは西田が示唆したところに発すると考えられるが、その意味をめぐって西田と彼の弟子たちの間では差があったように思われる。鈴木成高、高山岩男、高坂正顕、西谷啓治といった「世界史的立場」の座談会に参加した人々は、歴史的主体として国家を考え、あるいは歴史の主体的な変革の側面を重視する傾向が強かったように見える。鈴木は「歴史的国家」、高山は「道義的生命力」、高坂は歴史的基体について語り、西田に比較的近い西谷も「民族の能動的な主体性」について語っていた。彼らはランケに典型的であったヨーロッパ中心主義を批判しながらも、国家の主体性を重視し、政治の中に歴史の本質を見出そうとする点ではランケにより近い存在であった。

ただし彼らにとって「世界」は単にヨーロッパが中心でなくなったというだけではなく、従来の世界(world)があくまで抽象的、理念的存在であったのに対して、今日では世界がglobeとして実体化し、それを意識しながら、すなわち世界意識をもちながら各主体は行動せざるを得なくなった点が重要であった。そこでは、ランケのように国家間の競争という政治的相関関係の積み重ねが世界史を作るのではなく、世界に関する哲学的理念、ヘーゲル的な理性に限定された立場ではなく、道義や宗教も含んだ普遍的理念の形成に向かって各主体が役割を担うことで、主体と世界の統一が目指されると考えるのである。[14] 国家を越えた世界の理念的統一を具体的な目標とするという意味で、京都学派が「近代の超克」という発想に共感していたことは確かであろう。

しかしそうした理念的統一がいかにして可能かという方法論の問題や、日本がアジア太平洋地域で行っている現実の対外政策との関連において、世界の理念的統一といった構想は曖昧にならざるをえなかった。目指すべきは「旧き世界構造の国家における国家主義の如く自国のみの権力の欲望に動かされるのでもなく、デモクラシーや世界主義の如く、恣意的なる諸国の間に客観的なる(すなわち諸国の各々がそれを主体的に荷うことなき)自由平等の世界秩序を設けんとするのでもなく、世界秩序を荷う民族的主体性と、かかる主体の立場を包む世界の客観性

とである」という指摘は正しいとしても、当時の日本がこうした理念の実現のために動いていたとは考えられない。(15)

対して西田幾多郎のこの時期の論考は、歴史主義の影響を受けてはいるが、焦点を異にしていた。西田においては視点の中心はあくまで個であり、世界であり、国家はその中間項として副次的な位置づけを与えられていたに過ぎなかった。また、世界と個人をつなぐ紐帯は、国家間関係のような政治的経路ではなく、むしろ文化という経路が重視されていた。その文脈で、西田は日本文化ないし日本の国体を文化的視点から理解し、非西洋文化を世界へとつなげる位置づけを与えたのである。(16)

たとえば一九四一年の論文「国家理由の問題」では、マイネッケの『近代史における国家理性の理念』の要約を記した後、「国家理性（西田の言葉では国家理由）」の意義について西田の観点から定義し直す。「ローマ以来、ヨーロッパは一つの世界となったが、今日は真に世界が世界となったのである。今日の我々を動かすものは、最も強力な国家理由でなければならない。国家を道徳的実態と考える前に、国家理由の問題を究明して見なければならない。(17)」

西田は、世界と個、環境と主体が相互的に自己限定を行う構造に着目する。個は内に世界を含んでおり、世界は個を通じて自己を形成するのである。この時、個と世界の関係は、個が寄せ集まって世界が構成される機械的関係でもなく、また、個が世界的目的に向けて統一される目的的関係でもなく、個が個として歴史を形成しつつ、しかも世界を映し出しているという表現作用的関係となる。「個物が自己自身を限定することが世界が世界自身を限定することであり、世界が世界自身を限定することは個物が個物自身を限定することである世界でなければならない。かかる世界に於ての個物と世界との関係は機械的であることもできない、目的的であることもできない。それは何処までも表現作用的でなければならない。(18)」

ただし西田も、国家が歴史的世界において重要な役割を果たすことは認めている。社会は「歴史的世界の種的生命」であり、自己は歴史的に形成された社会から生まれてくる。そして社会が世界を映し、世界の形成に寄与するためには、社会が法制をもち、理性国家とならねばならない。「国家形成と云うのは、社会が世界の種的形成から発して、世界自身の個性的自己形成に達することである」[19]。なぜなら、「我々の個物的自己の実践の世界とは、法制的に構成せらるのでなければならない」からである。[20]

このように論じながらも、西田の国家に関する記述は珍しく自信なげな様子が伺える。「私は法律学と云うものを知らない」、「私は法学について何等の知識を有せないものではあるが」といった表現が繰り返されている。[21]また、国家を法制的観点から捉えながらも、「国家は法的に自己自身を形成するが、法的形成が国家であるのではない。……政治と文化とは、いつも一つではない。否、却って相反すると考えられる場合が多い。併し個性的生命としての歴史的世界の自己集注なくして、文化というものは形成せられない。国家的形成なくして、文化は生れない。」と述べて、国家が形式的な法制にとどまる存在ではなく、文化による生命力を持つべき存在であると述べて、政治と文化の「矛盾的自己同一」の必要性を説く。しかしそれは望ましい理想ではあっても、政治と文化を分かつ分裂、ドイツ歴史主義でランケとブルクハルトの間にあった懸隔を乗り越える論理は示されていない。

国家に関するこうした曖昧さは、西田を含めた京都学派全体にとって当時の日本外交および戦争という現実とどう向き合うかという問題と関連していたことは明らかであり、ここで改めて詳述する必要はないだろう。しかしこうした国家の位置づけの曖昧さにもかかわらず、京都学派、特に西田の「歴史的世界」の把握の中には今日の国際政治を考える上で示唆となる指摘をみいだすことができる。

たとえば「非連続の連続」という概念である。西田は「絶対矛盾的自己同一的に自己自身を形成するというとき、そこには通常考えられる如き、直線的な時の連続に於ては、作られたものと作るものとは何処までも相反するものでなければならない。……絶対矛盾的自己同一的に、作られたものから作るものへと、自己自身を形成して行く創造的世界の時は、断絶の連続でなければならない。……私の所謂メタモルフォーゼ的なる連続である」と言っている。(22)「非連続の連続」とは一瞬一瞬が独立しており、時は法則的、継続的に流れるものではなく、過去の延長線上で未来は予測できないことを表現している。「歴史的世界」が、個が歴史的主体として各々世界の自己形成に参画し、常に創造され続ける世界であるとするなら、そこでの歴史は「非連続の連続」となる。こうした捉え方は、第一節において指摘した、現代の国際政治のカオス的性質と重なる。今日の国際政治は、瞬間瞬間における出来事の積み重なり、前触れなく起きたり、偶然重なり合ったりする出来事によって左右される性質が強まっている。たとえばテロリストの破壊活動が世界的な衝撃を与えることによって、一瞬にしてそれまでの文脈と異なる文脈が形成される。もちろんテロによる破壊が通常の意味での「創造」ではないが、世界が常に予測不能な時を刻みうるという点では「非連続の連続」の典型的な証左であると言えよう。

また、西田が政治、文化、宗教を総合するものとして歴史的世界を捉えている点が指摘できる。「歴史的世界は絶対現在の自己限定として、重要なる三つの契機を含んで居ると思う……。縦に時間的に何処までも形成的である、作られたものから作るものへである。そこには歴史的世界は何処までも動的に国家形成的である。……而してその自己限定の内容が文化と考えられるものである。それは長時間的である、イデア的である。……右の如く、絶対現在の世界は、時間的に、空間的に、動的に、静的に相反する両契機を含んで居ると共に、それ自身の自己限定として、矛盾的自己同一的に動静一如的である。……そこに世界は宗教的である。歴史的世界は宗教的契機を含んで居る。……そこでは我々の自己の一々が、世界の個として、一々が絶対的一者の自己表現点となる、一々の個が世界の出立点となるのである。これが世界宗教の立場である。(23)」もちろん西田の説くところは容易な理解を許さない。しかし歴史的世界における世界と個の関係の中に国家、文化、宗教という要素を織り込むことで、ドイツ歴史主義が陥らざるを得なかった国家と文化の対立を止揚しようとする企図は読みとることが出来よう。そして西田の「歴史的世界」観は、現代の国際政治が、地球全体の関連性の中で作用しているだけでなく、政治、経済、文化、宗教と言った諸要素の間に敷居が失われ、総合的な形での把握を要求するようになったグローバリゼーション時代の今と響き合っている。

おわりに

本稿では、啓蒙主義的な社会観に対して一九世紀ドイツで提唱された歴史主義がやがて国家と文化の相克の狭間に陥っていった一方で、二〇世紀に英語圏を中心とした国際政治学が一度はドイツ歴史主義を吸収したあと科学主義的傾向を強め、近年ではそれに対する一種の反省が生じていること、またこの流れと対比的に、日本においては、「歴史的世界」という言葉に集約される京都学派の歴史哲学が、ドイツ歴史主義を批判的に吸収しつつ、国家、文化、宗教を結びつけることでその限界と矛盾を止揚しようとしたことを見てきた。

こうした京都学派の「歴史的世界」の見方は、現代の国際政治の特徴を理解する上で英語圏の国際政治学が直面する課題に対して有力な手がかりを提供するもののように見える。たとえば、一見したところ、アメリカや中国に代表される大国が一九世紀ヨーロッパさながらの大国間競争を繰り広げているように見える。しかし今日の大国はいずれも多民族的であり、国民国家としての性質を後退させている。しかも現代の国際政治は、テロや金融危機の如く、いかなる大国も一国ではもちろん、大国間協力によっても国際政治に生じる諸問題を十分に制御する力は持っていないように見える。それは個人を含めた非国家主体の活動力が飛躍的に向上し、また、政治と経済、文化、宗教の敷居が大幅に失われたことによって、政治のカオス性（予測不能性）が大幅に高まったことによるのである。こうした包括的、分野横断的相互作用は、大国間権力政治の実相を捉えつつその克服を図った西田らの試みから捉え直すことができよう。

さらに国際政治の現状を、何らかの類型や法則的事象が繰り返される現象と見るのではなく、「非連続の連続」として個と世界が絶えず自己形成を行う変化の過程とみる歴史的世界という捉え方は改めて意義をもつものではないだろうか。かつて恒常性と因果法則を追求していた自然科学においても、宇宙論におけるビッグ・バン仮説や大陸プレート理論の発達によって自然現象が（人間にとっては超長期の）時間的変化の過程であるとの見方が強まっている。国際政治においても、それを絶えざる変化の連続として捉え、その舞台は超越的な世界全体の制御を図るものでもなく、個の内在的価値観に基づいて変革を図るものでもなく、各々の主体が世界の一部であることを自覚しつつ行動することによって世界の一体性を形成するという過程なのだと捉えることによって新たな実践的な倫理を見出す可能性があるだろう。

注

（1）近年、京都学派の思想に対する国際政治学者の関心は増している。酒井哲哉『近代日本の国際秩序論』（岩波書店、二〇〇七年）は京都学派に直接触れていないが、一九三〇年代の国際秩序論を分析することで当時の文脈を分析している。また、管見の限り、猪口孝や清水耕介が西田幾多郎について分析を行っているがいずれも国際政治思想としての独自性に着目している（猪口孝『国際関係論の系譜』（東京大学出版会、二〇〇七年）第六章、Kosuke Shimizu, "Nishida Kitaro and Japan's Interwar Foreign Policy: War Involvement and Culturalist Political Discourse" *International Relations of Asia Pacific* 11 (1) 157-183（二〇一一年）。

（2）この部分の記述については、拙稿「グローバル・カオス――複雑化する国際政治の構造」『ブリタニカ国際年鑑二〇一五年版』（ブリタニカ・ジャパン、二〇一五年）、一二二―一二六頁を踏まえている。

(3) 水野和夫『資本主義の終焉と歴史の危機』(集英社新書、二〇一四年)。

(4) 京都学派の歴史哲学について、特にそのエッセンスとなる論考をまとめた選集として、森哲郎解説『京都哲学撰書　第11巻　世界史の理論』(燈影舎、二〇〇〇年)が有益である。

(5) ドイツ歴史主義を概観した日本語文献として、岸田達也『ドイツ史学思想史研究』(ミネルヴァ書房、一九七六年)。

(6) フリードリッヒ・マイネッケ『世界市民主義と国民国家――ドイツ国民国家発生の研究』(矢田俊隆訳、岩波書店、上・一九六八、下・一九七二年)、同『近代史における国家理性の理念』(菊盛英夫・生松敬三訳、みすず書房、一九七六年)、同『ドイツの悲劇――考察と回想』(矢田俊隆訳、中公文庫、一九七四年)。

(7) フリードリヒ・マイネッケ『ランケとブルクハルト』(中山治一・岸田達也訳、創文社、一九六〇年)。

(8) カール・レーヴィット『ヤーコプ・ブルクハルト』(西尾幹二・滝内槙雄訳、ちくま学芸文庫、一九九四年)。

(9) E・H・カー『危機の二十年』(原彬久訳、岩波文庫、二〇一一年)、ハンス・モーゲンソー『国際政治』全三巻(原彬久訳、岩波文庫、二〇一三年)。彼らがドイツから受けた影響について、日本では葛谷彩『二〇世紀ドイツの国際政治思想　文明論・リアリズム・グローバリゼーション』(南窓社、二〇〇五年)、宮下豊『ハンス・J・モーゲンソーの国際政治思想』(大学教育出版、二〇一二年)、大原俊一郎『ドイツ正統史学の国際政治思想――見失われた欧州国際秩序論の本流』(ミネルヴァ書房、二〇一三年)などの研究がある。

(10) Kenneth Waltz, Theory of International Politics (Addison-Wesley, 1979)(邦訳 ケネス・ウォルツ『国際政治の理論』(河野勝・岡垣知子訳、勁草書房、二〇一〇年))。

(11) ジョン・ミアシャイマー『大国政治の悲劇』改訂版(奥山真司訳、五月書房、二〇一四年)。

(12) ウルリヒ・ベック『危険社会――新しい近代への道』(東廉・伊藤美登里訳、法政大学出版局、一九九八年)、ジークムント・バウマン『リキッド・モダニティ――液状化する社会』(森田典正訳、大月書店、二〇〇一年)。

(13) 前掲『京都哲学撰書　第11巻』の年表によれば、一九三七年に高坂正顕が『歴史的世界』を、一九三九年には鈴木成高が『ランケと世界史学』を公表し、一九三八年には西田幾多郎が「日本文化の問題」講演を京都大学で行っている。

(14) こうした主張は、西谷啓治に顕著である。「世界史の哲学」前掲『京都哲学撰書　第十一巻』一九―五八頁。

(15) 西谷「世界史の哲学」前掲書、五六頁。

(16) 西田の歴史哲学に関連する論文を集めた選集として、『西田哲学選集　第五巻「歴史哲学」論文集』(嘉指信雄解説、燈影舎、一九九八年）、『西田幾多郎日本論集』（書肆心水、二〇〇七年）が便利である。

(17)「国家理由の問題」前掲『西田幾多郎日本論集』一五三頁。

(18)「国家理由の問題」前掲『西田幾多郎日本論集』一五七頁。

(19)「国家理由の問題」前掲『西田幾多郎日本論集』一七一頁。

(20)「国家理由の問題」前掲『西田幾多郎日本論集』一七五頁。

(21)「国家理由の問題」前掲『西田幾多郎日本論集』一七五、一九二頁。

(22)「国家理由の問題」前掲『西田幾多郎日本論集』一七九頁。

(23)「国体」前掲『西田幾多郎日本論集』一三六―一三七頁。

第二章　力の対立と文明の相克

東郷和彦・滝田　豪

はじめに

本章では、まず、現在の国際政治の混迷の背景として、現代国際政治の骨格を創ってきた西欧とその現代における体現者たるアメリカの形作る「現状」と、これに対する二つの根本的挑戦者たる「イスラーム急進主義」と「台頭する中国」があることを分析する。

次に、日本の対外関係において目下、より喫緊の問題になっている「台頭する中国」が東アジアにおいて提起する諸問題を、これを迎える主要「現状」勢力たる米国との関係を中心に述べる。

更に、中国の台頭が、文明論的性格を持っていることに着目し、それを新しく支えるどのような思想があるかを考える。特に、新文明を支える思想の中に、東アジアをかつて被っていた「中華」を支えた儒教思想がどのような役割を果たしているかを検討する。

最後に、〈和らぎとしての国際政治〉を考える日本という場からの発信として、何を言いうるかを検討したい。

1　世界情勢の変化と中国の台頭

現代の世界情勢の分析をするにあたり、様々な理論的なアプローチがあるが、国家とそれを構成する人間の動きを把握するために形成された学問として一応の市民権をもっているのは、「国際政治学」ないし「国際関係論」であろう。

国際政治学の基礎は、ギリシアの思潮と哲学にある。トゥキディデスの『ペロポネソス戦争の歴史』がリアリズムの古典であり、プラトンの『国家論』は理想国家の在り方を考察するリベラリズムの古典と考えられる。しかし、学問として、今の形の国際関係論が登場したのは、第一次世界大戦の惨禍を二度と起こさないために、戦争と平和の問題を考えようとした時期であり、従って、ウッドロー・ウィルソンの理想主義に象徴されるリベラリズムがその先頭を切った観がある。けれどもその次の時代におきたナチズムへの対応と第二次世界大戦後直に始まった米ソ対立の中でパワーの活用とその均衡により平和を維持しようとするリアリズムが力をもち、共産圏の思想的核となるマルクシズムとあいまって、この三つの分析の流れが、国際政治学の中心となった。

ソ連邦の崩壊による冷戦の終了は、そういう事態に大きな影響を及ぼし、経済的下部構造の発展による社会進歩の学説たるマルクシズムに代わり、意識のありかた、すなわち、自己認識またはアイデンティティによって社会を変えていけるとするコンストラクティヴィズムが、リアリズム及びリベラリズムにつぐ、三本目の柱となって登場したのである。

さて冷戦後の国際情勢を眺めてみると、まずは、ソ連邦の自壊によって冷戦の勝利者となった米国は、この勝利を、米国が主唱してきた民主主義、自由、基本的人権、法の支配、といった価値の勝利とみなした。これらの基本的な価値に基づき、より平和で安定し豊かな社会の構築が可能になるとするリベラリズムが復権し、フランシス・フクヤマの『歴史の終焉と最後の人間(一九九二年)』は、この時代の高揚感を最もよく表現している。

しかしながら、現実の世界は、米ソの核対立という世界秩序の圧倒的な重しがとれたことによって、新たな種類の紛争と対立の中に投げ込まれた。サダム・フセインのクウェートへの侵攻、旧ユーゴスラビアにおける民族・宗教紛争が、九〇年代の新たな紛争として直に発生した。〇一年の「9・11」はイスラーム急進主義を背景とするアルカイダによる米国社会の心臓部へのテロ事件として、世界の戦争と平和の基本構造を変えかねないものとなった。

「9・11」に直面した米国は、アルカイダ討伐のためにアフガニスタンへの攻撃を開始、〇三年には戦争をイラクに拡大。オスロ合意が崩壊した後の中東では二〇〇〇―〇五年第二次インタファーダが発生。アラブの春(一〇―一二年)は部族対立をむしろ顕在化させ、一四年には、力の真空が顕在化したシリアとイラクを中心に「イスラム国」を自称するテロ組織ISISが急速な活動を展開しはじめた。イランの核化をめぐるイスラエル・サウディアラビアとイランの緊張は氷解するに程遠い。

冷戦後の世界において、中東世界を中心に発生したイスラーム急進主義の提起する問題は、これまで世界を形作った欧米の力と価値観に対する直接的な挑戦となった。イスラーム急進主義によるテロは、欧米にとっては絶対に許容できない武力による挑戦であり、力によって排除する以外の解決策のありうえない問題と映じている。しかしイスラーム急進主義にとっては、この問題は、欧米の価値に対し自らのアイデンティティをかけた挑戦であると言う意味で、文明論的な挑戦が始まったといってよいと思う。

冷戦後の世界におけるこういう新しい事態とともに、これとはまったく違うもう一つの挑戦者が現れた。それが「中国の台頭」であり、東アジアに位置し、歴史的にも地理的にも中国と深い関係にある日本は、イスラーム急進主義の問題というよりも、中国の台頭の問題に全面的に直面することとなった。

冷戦期の中国は、毛沢東主義の中国でもあった。その中国に鄧小平が出、七八年以来、「改革開放」の旗印の下で、経済面の自由化と政治面での中国共産党の力の強化・温存という新政策が登場した。

この政策は成功し、八〇年代頃に始まる二桁経済成長により、二〇一〇年GDPで日本をぬいて世界第二位、一二年には貿易総額世界第二位。一九九〇年代頃から政治面でも中国は、アジア太平洋の地域協力の中に根を下し、二〇〇〇年代頃から軍事面でも、急速な二桁予算の拡大とともに、東シナ海・南シナ海・西太平洋・インド洋での軍事権益を確保する新しい海洋戦略を明確化。更に、このような海洋戦略は、資源エネルギーの調達先のアフリカに対する貿易・投資・援助を組み合わせた急激な進出を下支えするものとしても注目されるようになった。二〇〇八年には「韜光養晦」の政策から転換し始め、またG20の主要国の位置を確保したのである。

中国の新しい海洋戦略は、第一次列島線から第二次列島線にいたる西太平洋以西の制海権の確立とA2AD(Anti-Access Area Denial)の確立に端を発する。そこからインド洋(アフリカへのアクセスを確保する)における交通路を確保する「真珠の首飾り」戦略が生まれ、最終的には東太平洋(中南米へのアクセスを確保する)への通路を確保し、北極海を含め、大西洋をのぞく世界の海への覇権を確立する試みといえるかもしれない。当面の緊張は東シナ海(対日本)及び南シナ海(対ベトナム、フィリピン)において顕在化し、更に南沙諸島における中国の構築物建設に関する直接の米中対立の様相を呈するにいたっている。

経済・政治・文化的には、中国は、アジア太平洋における地域共同体のありかたに根本的な影響を与える政策を取り始めた。これまでのアジアの地域共同体は、太平洋協力(PECC)に始まり、アジア太平洋協力に移り(APEC)、そこから、東アジア協力(APTとEAS)にいたっている。しかしながら中国は、この太平洋から流れ来る地域主義に対し、ユーラシア大陸を軸とする新しい地域主義に軸足を移しつつあるやに観察される。その出発点はSCO（上海協力機構）であり、CICA（アジア相互協力信頼醸成会議）という新しい枠組みを活用しつつ、これに中国の金融力を核とするAIIB（アジア・インフラ投資銀行）とNDB（新開発銀行）という二つの銀行を据え、「一帯一路」という形でユーラシア大陸を横断し欧州に至る新戦略を形成し始めたのである。

そういう中国の新戦略は、二〇一二年一一月に共産党中央委員会総書記兼党中央軍事委員会主席に、二〇一三年三月に国家主席の地位に就いた習近平の時代に顕在化したと見るべきであろう。総書記就任直後の一一月二九日習近平は、北京の国家博物館を訪問し、中国の新しいビジョンを「中国の夢」と定義し、「中国の特色ある社会主義の理論と実践を進め、相当程度豊かな国の建設を進め、生活水準を高め、党の建設を強化し、改革開放を深めねばならない」と定義した。国家主席就任直後の三月一七日第一二期全人代において習近平は、この夢について更に「絶えず努力し、不屈の意志をもち、中国の特色ある社会主義を前進させ、中華民族の偉大な復興と言う中国の夢を実現しなければいけない」と謳いあげたのである。

それからほぼ一年たった二〇一四年五月に上海で行われたアジア相互協力信頼醸成会議（CICA）の会合で習近平は、「新地域安全保障機構」の創設を提案、一国覇権主義の否定、歴史的背景とアジア安全保障の現実の是認、包括的で調整のとれたアプローチの必要性など、柔軟なアプローチを強調するとともに、「アジアにおける安全保障の問題は、アジア人自身の協力によって解決しなければならない」という方向性を明確に打ち出した。このコンセプトは、世界のパワーバランスの観点からいえば、アジアの地域関係からアメリカの影響力を排除しようというふうに理解されて仕方がない。CICAの大国は、中国・ロシア・インド・パキスタン・イラン・トルコの六か国であり、中国は疑いなくその第一人者である。ウクライナ問題が爆発して以来のロシアが、すでに、中国との距離を縮めていることも明白であり、これら主要国の中に核開発をめぐって緊張の絶えないイランがいることも、注目に値する。

続いて習近平は、二〇一四年一一月北京で開催されたアジア太平洋経済協力（APEC）首脳会議で、これからの具体的協力プロジェクトとして、「一帯一路」を謳いあげた。このコンセプト自体は、二〇一三年九月に「一帯」が、一〇月に「一路」が提起され、前者は陸路、北京から中央アジアを経由し、コーカサスから一部中東をへてヨーロッパを通る協力帯をさし、後者はこれを海路で補完し、南シナ海、南大平洋からインド洋を経て、アフリカから地中海をへてヨーロッパに到達する協力路をさす。北京会合で関係国からの圧倒的な関心を呼んだ模様である。

以上のような協力プロジェクトに経済的基礎構造を与えるものとして、中国が提起したのがアジア・インフラ投資銀行（AIIB）である。二〇一五年三月に行われた第一回の総会は、設立加盟国として英国を端緒としてEU諸国が雪崩をうって加盟を表明し、三月末までに創設加盟国として日米加を除くアジア太平洋主要五一カ国が参加するにいたった。CICAから「一帯一路」プロジェクトへの投資を担保するものとして、更に二〇一五年七月に正式に発足したBRICSによる新開発銀行（NDB）、中国の金融機関によるシルク・ロード基金が機動し始める。二〇一五年六月の時点で、中国からの拠出金総額は、AIIBに五〇〇億ドル、シルク・ロード基金に四〇〇億ドル、NDBに一〇〇億ドル、合計一〇〇〇億ドルと見積もられている(1)。

軍事力と経済力を合わせた以上の中国の台頭の動きは、力すなわちリアリズムの観点から分析するならば、ここで終わることになる。今中国が、「一帯一路」をもって協力の帯を作り上げようとしている地域は、その北方に、日本・中国・ロシア・ヨーロッパという強国を置いた、地政学的にみると力の空白があり、かつ、冷戦後の唯一の帝国と化した米国の力が必ずしも到達していない地域である。この地域の西側には「中東」という米国にとって最も難しい地域が存在している。中国の力の台頭が、陸海にわたりこの地域に集中してくることは、けだし、自然なことと思わねばならない。

けれども、軍事力と経済力の双方を駆使して台頭する中国は何をめざすのか。力の均衡（お互いの力を較量しどこで妥協するのが得策か）と利益の均衡（特に時間軸を導入した長期的な利益と目前の利益の均衡をどこで図るのが得策か）を図ることによって、共存を目指すことのできる相手なのか。それとも、何らかの形での欧米の価値に対する挑戦、更に自らのアイデンティティを賭けた挑戦という意味での文明論的な挑戦があるのか。而して、これに対して欧米は、対立的な対応しかありえないのか、それとも、相克を経つつも文明の共存が図られていくのか。

もちろん当面圧倒的に見える中国の台頭には、脆弱性の問題がある。急激な成長とともに起きている環境・格差・抑圧という三つのリスクは、持続可能な成長への大きな困難をつきつけ、二〇一五年六月からは、バブル化した株価崩壊が始まっている。この巨大な国の安定統治の破綻は予測しがたい困難を引き起こすし、また、経済困難が対外ナショナリズムに火をつけるなら、これまた、予測しがたい困難を引き起こす。しかし、そういう脆弱性をはらんでいればこそ、台頭する中国の意味を正確に把握しておくことには喫緊の重要性があるのではないか。

2　東アジアにおける中国の脅威と米国の対応

この中国の台頭に正面から対峙する国はどこか。言うまでもないが、アメリカである。現時点で判断する限り、経済力・軍事力・政治力において、アメリカの上に出る国はいない。いずれかの時点で、中国の力がアメリカを総合的に上回るという予測はある。けれども、しばらくの間、アメリカの力が引き続き世界の第一人者であり続けることも間違いない。(2)

アメリカは、台頭する中国の力の問題を明確に認識してきたと思う。冷戦期のアメリカの対中政策は、前半はソ連と同様の敵対者、デタント以降はむしろ協力者の位置にあった。けれども、ソ連邦崩壊後の中国は、天安門事件を契機として共産党支配を堅持しつつ、「改革開放」によって急速に経済力（やがて軍事力）を拡大する国となった。米国にとって、対立と協調が交錯する相手国となったのである。

二〇〇九年に成立したオバマ政権は、ブッシュ時代と一線を画するという意味で外交を「対話と協調」によって進める路線をとり、中国に対しても、〇九年一一月の訪中においてG2による協調路線をとり、人権などの難しい問題を正面から取り上げるアプローチを控えた。けれども中国の自主性に期待するアプローチは、時まさしく「韜光養晦」政策から転換しようとしている中国の抑制策を引き出すに至らなかった。

二〇一〇年二月の『四年ごとの防衛力見直し（QDR）』は対中国との「反接近（anti-access）」の戦いを明記。一一年一一月オバマ大統領は、訪問先のオーストラリアでの議会で、対中政策の重点を「関与」政策から「抑止」にきりかえる重要演説を行い、アジア回帰（アジアへの「軸心移動（ピヴォット）」ないし「リバランス」の姿勢を明確化したのである。

オバマの第二期政権と習近平政権が同時発足した二〇一三年の六月、カルフォルニアのサニーランズ荘園で非公式会談が開催された。会談で話しあわれたことの詳細は明らかになっていないが、オバマ・習近平による米中関係のコンセプトについては、中国側は「新型大国関係」設立への合意であることを報道において強調した。しかし、米国側は、慎重にこの言葉の使用を回避し、問題は言葉ではなく具体的行動であるとのメッセージを送った。

米中間の枠組みについて米国はその後、二〇一四年三月の『四年ごとの防衛力見直し（QDR）』において、中国の定義する「核心的利益」と米国独自の「核心的国益」は異なるとして、「米国と同盟国の安全保障・開放的な制度下での米国経済の成長・普遍的価値の尊重・国際秩序における米国のリーダーシップ」を明示し、両国関係についての米中の基本コンセプトには大きな隔たりが生じた。

このことは、①軍事的には、アメリカは、世界に展開する一一隻の航空母艦部隊を機動的に動かしながら、中国のA2ADへの対応を企図していること、②経済共同体については、「アジア太平洋」を軸とするTPPを主導し、中国が急速に重点を置き始めている「ユーラシア協力」との対立・競合関係が生まれつつあること、③そういう世界政策推進の根拠として、民主主義・人権・法の支配・市場原理に集約されるアメリカ（欧米文明）の価値を主唱し、ここからアメリカが撤退する考えはないこと、④最近のその最も明確な立場表明が南沙諸島において中国の人工構築物が設置された礁の一二海里内への米国軍艦の航行にあることを考慮するなら、米中間の共通項は容易には見出し得ないと看取される。

そのような状況下で米中間の対立の性質を理解するには、利益が衝突する個別問題を検討しなければいけない。オバマ・習近平の対立の焦点は「東シナ海・南シナ海・サイバー空間での対立」が最も大きな接点となった。

東シナ海では、中国と台湾が尖閣諸島の領有を主張した一九七二年以降、日中双方が問題の表面化をのぞまず、「現状維持」の政策を基調にしていた分、事態は平静だった。だが、二〇一二年以降、日本政府による尖閣三島の購入に端を発する中国国境警備当局による尖閣領海への侵入という事態を巡って、日中関係は、外交の失敗が武力衝突発生のリスクをもったという意味で戦後初めての緊張状態に入った。複雑に絡み合う諸要因の下で、オバマ大統領の決断は、二〇一四年四月二五日訪日の際に発表されたコミュニケに「米国の（安全保障上の）コミットメントは、尖閣諸島を含め、日本の施政の下にあるすべての領域に及ぶ。この文脈において、米国は、尖閣諸島に対する日本の施政を損なおうとするいかなる一方的な行動にも反対する」という強烈な言葉に現れた。まさに、これ以上明確な抑止政策はない。一三年一一月中国により一方的に防空識別区が設置され、米国の利益を直撃したと判断したことも、このような抑止政策の一因かもしれない。

南シナ海における中国と関係国との対立は、もっと複雑な経緯をたどっている。サンフランシスコ平和条約第二条（f）項で日本が権利放棄をした南沙諸島及び西沙諸島は、その後、関係国間での主権についての合意が成立しないままに推移した。しかし、冷戦の最中より、関係国の間で多数の紛争が発生しており、最も大きなものだけでも時には武力衝突を含む五回の紛争が発生している。①一九七四年一月中国が南ベトナムと戦って西沙諸島西部を占拠。②一九八八年三月南沙諸島の一つジョンソン南礁で中国とベトナム間で戦闘があり、中国がここを占拠。③一九九四年及び九九年南沙諸島のミスチーフ礁に中国が建造物を立て、フィリピンによる激しい抗議を誘発。

以上の状況に対しASEAN諸国と中国は二〇〇二年「行動規範宣言（DOC）」に合意し、法的規範力は無いもの「武力の行使または威嚇に拠ることなく平和的に解決する」ことに合意した。しかしながら、事態は沈静化せず、④一二年四月スカーボロー礁（中沙諸島内、フィリピンのEEZ内）に中国は建立物を建設、フィリピンとの間の紛争は年を越し、一四年三月フィリピンは海洋法条約に基づきオランダ・ハーグにある国際仲裁裁判所に提訴。⑤その直後の一四年五月西沙諸島に近いベトナムのEEZ内の沖合で中國は掘削活動を開始、現場におけるベトナム海洋警備船との衝突やベトナム国内での激しい反中デモを引き起こした。

ASEAN内では国による温度差はあるものの、総じて、中国の動向には批判的であり、DOCをより規範的性格をもたせる「行動規範（COC）」に格上げすべきとする声は強まっている。

南シナ海における中国の動きに対してオバマ政権は批判のトーンをあげており、フィリピンによる国際調停手続きへの提訴を支持する一方、一四年四月米比防衛協力協定を締結した。ベトナム沖における掘削行動に対しても、その後の米中外相電話会談などの場で中国を批判したことが伝えられた。また、「九段線」理論についても二〇一四年末国務省より詳細な報告書を発表し、その不明確性を指摘し始めた。

そのような状況下で一五年、南沙諸島の礁に中国が人工構築物を設置していることが大きく注目されるに至った。[3] 米国は様々な機会に工事の中止を要求、中国側はこれを峻拒、九月二五日習近平訪米でのオバマ大統領との話し合いも全くの平行線で終わり、一〇月二七日イージス駆逐艦「ラッセン」は、航行の自由を行動で示すためにスビ礁一二海里内を航行した。

サイバー空間における米中の不信の構造も、企業秘密に侵入する中国のハッキングへの対抗という個別具体的な対立が進行し始めた。以上の対立分野における個別問題を検討していくと、結局のところ、対立を除去しうるのは、力と利益の均衡によって共存関係を図っていくしかないように観察される。

更に、現在世界全体が抱えている様々な問題を考慮するならば、協力によって相互に裨益するべき場所はあり、二〇一四年一一月の北京で開催されたAPECにおける地球温暖化問題に関する米中合意はその成功例として一般に評価された。協力によって相互裨益の果実を拡大するとのアプローチは、対立による損失を縮小することの延長として位置づけうるものである。

3　中国における伝統思想研究の動き

けれども現在起きている事態を正確に把握するためには、本当にそれだけでよいのだろうか。中国の台頭が、何らかの形での欧米の価値に対する挑戦、更に自らのアイデンティティを賭けた挑戦という意味で文明論的な挑戦だという可能性はないのだろうか。

少なくとも、事態を即断せずに、いま中国が提起していることの意味、及び中国の中で起きていることについて、日本の研究者として考えておかねばならないことはないのか。

習近平の提起した問題設定について、日本の研究者としてすぐに気になる点が少なくとも二つある。先ずは、「アジアの安全保障はアジア人の手で」という問題である。日本の立ち位置を考えるなら、疑いなく日本はアジアの一員である。おそらくは、明治以降の欧米化、そして敗戦以降のアメリカ化の流れをへて、日本は、自らの限界をもちつつも、アジアの中で欧米の価値を最もよく学んできた国の一つであると言ってよいだろう。その日本外交の位置が、外交が失敗すれば戦争になりかねない状況を中国との間にもち、もう一つのアジアの隣国の韓国とは歴史問題によってかくも難しい対立関係に至っていることは、どのように考えても、好ましい状況ではない。この点は外交の問題として、歴史と領土をアジア外交の中で無害化し、アジアにおけるリーダーシップの位置を高め、中国が「アジア人によるアジアの安全保障」ということを言った時に、日本と話さずにそれが検討しえない現実的な状況をつくることが必要な目標となるのではないか。

もうひとつは「一帯一路」という形で中国が打ち上げている陸海のシルク・ロードの起点が北京になっていることである。「ちょっと待てよ」である。歴史を顧みるならば、西欧から到達した東洋文明の最後の終着点は、北京を越えて、日本ではなかったのか。しかも、江戸時代という世界に冠たる大文明を二六〇年の平和の下で創り上げた日本は、江戸末期から明治の初期に日本を訪れた欧米の旅行者を驚嘆させた文化力を持っていたのではなかったのか。

冷戦終了後に、「シルク・ロード外交」を最初に提案したのが、一九九七年橋本龍太郎総理だったことは何らの不思議もない。橋本総理のシルク・ロード外交は、日本を起点とし、中国とロシアとの友好関係を帯として中央アジアを通過し、カスピ海を経由してコーカサスを越え、イスラーム圏たるトルコを経てヨーロッパに至るという明確な地政学的な位置付けを持っていた。

残念ながら橋本総理のシルク・ロード外交は、外交のコンセプトとして日本外交の中には十分な定着をしなかった。しかしながら、少なくとも、歴史文化的視点にたって現代の外交を考えようとするときに、日本外交として

「一帯一路」について、なにか言うべきことはないのか。日本外交におけるコンセプト形成力の弱さという観点より、〇六年から〇七年安倍第一期政権のときに麻生外務大臣から提起された「自由と繁栄の弧」がその後少なくともコンセプトとして定着しなかったことと併せて、日本として検討すべき課題があるということになろう。

しかし、本稿でどうしても検討しなくてはいけないのは、中国においていま、何が検討されているかということである。習近平主席自身から発信されている「中国の夢」「中華民族の偉大な復興」「アジア人の手によるアジアの安全保障」などの概念からは、軍事力と経済力を高め中国の世界史的位置と発言権をたかめていくこと、その手段として、できるだけ自国に有利な軍事力と経済力の均衡を達成することを求めている以上の事は、読み取れない。

しかしながら、中国内部の知的状況は、もう少し活気に満ちているように見える。欧米流の民主化を理想とする自由主義の論者などは、習近平が鼓吹するような民族主義的傾向から明確に距離を置いている。また、民族主義的傾向を持つ思想潮流も、決して一枚岩ではない。例えば馬立誠が整理する八つの思潮の中では、強硬な対外姿勢を打ち出す「民族主義」以外に、「新左派」、「ポピュリズム」、「新儒家」といった思潮にも、それぞれ独自の形で民族主義的色彩がみられる。[4]

なかでも、第一節(1)と第二節(2)の内容を受け、文明論的視点に立つ本稿(3)において注目すべきなのは、「新儒家」とも呼ばれる現代の儒教研究の動向であろう。彼らの間では、ギリシア・ローマに端を発し、ルネサンスと宗教改革を経て産業革命に到達し、近代社会の形成のリーダーとなった欧米文明とは異なった中国自身の独自の思想と文化の形成をめざして、活発な議論と思索が展開されているようである。[5]

中国における儒教は、毛沢東時代、特に文化大革命の時代(一九六六―七六)大きな断絶をみたが、鄧小平の時代に入り状況は激変した。まず、文化大革命の惨状への反省から過去に対する批判が許されたが、それは、儒教から社会主義に至る過去全体として批判され、必ずしも儒教を許容するものではなかった。そういう過去に対する自由主義的な観点からの批判は、一九八九年の天安門事件によって勢いを失うが、この事件の余波が一段落した九〇年代から、様々な思潮が台頭し、その中に儒教に対する腰のすわった研究が始まったようである。

儒教研究を進めた学者は概ね二つの流れに分けられる。一つの流れは、儒教をして、現在の中国の体制を補完させるという意味で、現体制に対する肯定的立場に立つもの、もう一つの流れは、儒教をして現体制を批判する力となし、もって現体制に対する否定的立場を果たすものである。

体制肯定派の学者としては、まず甘陽がいる。甘陽は、〇四年ころより、「通三統」として、「道統（儒学）・学統（社会主義）・政統（市場経済）」の三者をもって中国の基本思想とする。儒学は、現共産党の公式の二つのイデオロギーと巧みに融合・補完されている。

もう一人の学者は、潘維である。中国の体制の在り方をめぐり、〇四年ごろから「北京コンセンサス」が議論された。これは権威主義体制下の中国で政府の介入によって経済発展が実現したことを評価し、自由市場経済モデルを主唱するアメリカ型の「ワシントン・コンセンサス」と対置する見方だった。この議論を発展させて、〇八年ごろより「中国モデル」論が提起されたが、潘維はその代表的な論客であった。彼の主張する「当代中華体制」は、「民本政治（民の重視であるが、政治は選挙によって選ばれたものではなく、推薦によって選ばれた選良集団によって行う）・社稷体制（家族が社会の基礎）・国民経済（土地の国有、国営企業など経済運営における国家の役割）」によって構成される。「修身・斉家・治国・平天下」に通ずる儒学的考え方がその全思想の中に現れているが、これもまた、現体制を肯定する思想と融合・補完されている。

体制批判派の学者としては、まず康暁光がいる。〇四年頃の彼の議論は、共産党統治の権威の維持の絶対的必要性を認めつつ、その権威の淵源としての社会主義を否定し、そこに、儒教による「仁政」の役割を主唱した。

ところが一一年頃からの論評は、国家の正当性に対する危機意識の深化から、「道統」を正当性の根拠として復興すべきと主張し、これを「儒家憲政」と提言しているのである。体制の根本的批判に一歩近づいているように見える。

体制批判の学者としてもう一人あげておきたいのは、姚中秋である。姚中秋は、西洋的な民主主義を理想とする自由主義者として知られる知識人であるが、積極的に自由主義と儒教を結合しようとし、その主張を、「儒家憲政」という康暁光と同じ言葉で表現している。康暁光と同じく現代の中国における政治的正当性への強い危機感を有しているといえよう。

最後にもう一人、儒教の研究者として高い声望をえており、その伝統に最も踏み込んだ研究をしておりながら、その目指す社会のありかたにおいて西欧哲学から発する自由主義の考え方とも一致をみている学者として蔣慶がいる。蔣慶もまた現代中国における政治的正当性の危機をみ、その根本を、公羊学の「王道政治」の正当性に求める。蔣慶は、体制の支持にまわる儒教研究家を「政治化された儒学」として批判。公羊学は皇帝による専制政治形成以前に形成されたものであり、君主は「王道政治」にかなっているかどうかで評価・制限される点に着目、体制に対する批判的視点を維持した現代の儒者の主張を「政治儒学」さらには「儒教憲政」と主張した。以上の思想の下で蔣慶は、現代中国に適用すべき様々な政治制度を提言するが、その中で、西欧民主義に通底する「チェック・アンド・バランス」の考え方を導入しているように見えるのである。

4 日本発の世界思想との接点

中国における伝統思想としての儒教の研究が、中国国家の行動にこれからどのような影響を与えていくかは定かではない。本稿はそこまでの分析を目的としていない。けれども、習近平が主唱する「中国の夢」「中華民族の偉大な復興」「アジア人の手によるアジアの安全保障」の形成にあたって、儒教を核とする伝統思想が何らかの役割を果たしていくのか。少なくとも現時点で、中国における儒教の研究が、中国の行動に対し、具体的な影響を与え、国際政治学の力による行動原理とは違った原理で行動していると言わせるものはないとみられる。

例えば、尖閣諸島問題という、外交・安全保障問題としての現下の日本外交最大の問題について考えてみたい。尖閣諸島問題は、これに対する中国の力の行使、それを許容し押し進める中国の国益観、その基礎にある経済力と軍事力を拡大し「中華民族の偉大な復興」をなしとげようとする「力への意思」と考えられがちである。

その時に、筆者（東郷。以下同じ）としては、中国の一部において研究されている儒教思想との関連で、こういう問いかけはできないかと考えてみたい。「前述のとおり、蒋慶は、現代中国における政治的正当性の危機をみ、正当性回復の根本を、公羊学の『王道政治』に求める。この『王道政治』という視点で、尖閣問題のような問題を見るならば、力の行使とは別の見方が登場しないのか。」全く異なった時代背景と体制の下で起きている問題とはいえ、考えてみるに値しないだろうか。

筆者は、瞬帝の時代の「王道政治」をもって理想とし、その理想をもって日本近代の道筋を示唆しながら明治二年に世を去った思想家横井小楠に注目してきた。筆者編著の“Building Confidence in East Asia: Maritime Conflicts, Interdependence and Asian Identity Thinking”[6]で筆者は、横井小楠の思想を、現下のアジアの国際関係の緊張をほぐす切り口として導入してみた。小楠の名著『国是三論』で提唱された「富国・強兵・士道」のうち「士道」について小楠は『書経』に述べられた瞬帝の徳「乃ち聖、乃ち神、乃ち武、乃ち文」これこそ真の武文」と述べ、中国の聖人の徳治を武士道の本義として示している。横井小楠が引用した「書経」も、蒋慶が準拠したであろう「春秋」も、九つの儒家経典の一つである。明治以降の日本の近代化において「富国・強兵」の道が大きな役割をはたしたことは多数の日本人の共通理解であろう。そうであればこそ、その時に欠けていたものこそ、「王道政治」を背景に持つ「士道」ではなかったかと問うことが可能となる。そこから、現在の日中の研究者の間で、共通の地盤に立つもの同士として「肩に力の入いらない」議論によって、現下の問題を考えていく一筋の道筋が生まれる可能性はないだろうか。

すでにして一九九〇年代前半、天児慧氏は、「中国脅威論」をめぐって、「中国は王道外交を歩むので脅威とはならない」と主張する馮昭奎氏に対し、「王道という発想自体が自分を周囲より上に立たせ、上から下を見下す発想だから問題である」と反論。中国の課題は、「アジアの一員」としての水平的アイデンティティを如何にして持つかであると論じている。[7] 筆者には、このような視点の転換による真摯かつオープンな議論の中から〈和らぎ〉としての国際政治の途が開かれる可能性があるように思われるのである。

もう一つ、現下の東アジアの緊張の大きな原因となっている歴史認識問題と、その核になる日本の認識の基礎となる村山談話について述べてみたい。筆者は、過去数年間、日本歴史認識問題に関心をもち、その中核となる一九九五年の村山談話についての研究をした。編著の“Japan and Reconciliation in Post-War Asia: The Murayama Statement and Its Implications”[8] 及び『歴史認識を問い直す』[9] において、鈴木大拙の思想を村山談話の基底においてみた。大拙が、敗戦後の日本再興の希望を託した伸びやかな「日本的霊性」は、鎌倉仏教の中に現れているが、その直観性と包摂性において、村山談話との共通性があるように見えた。筆者の説に対して、中韓米の言論人は、当初はまったく思ってもいない説明を聞いたという反応だった。けれども、加害者としての自己認識と謝罪の言葉の重みの中にそういういわば「東洋的な」発想があるということは、今までとは少し違った「肩から力をぬいた」説明として、一定の意味をもちえたと思う。二〇一五年八月安倍総理の戦後七〇周年談話が、村山談話を十分にひきつぎながらも、逆に、その西欧的な歴史観の個別具体的な分析によって批判を招きかねない現状において、村山談話の直観性・包摂性の意義が今また高まっているように思うのである。

おわりに

台頭する中国、これを迎え撃つ米国、力による激突に流れる現下の政治状況で、〈和らぎとしての国際政治〉を考える視点から日本は、何を発信できるのか。本章第四節(4)では、現下の日中の対立の根幹にある尖閣問題を考えるときに、日中双方が共通の歴史的知識として一緒に考えうる堯舜の「王道政治」とそれが現代においてもちうる意味はないのかを問うた。中国では、現代中国における政治的正当性の危機をみ、正当性回復の根本を、公羊学の「王道政治」に見る蒋慶がいる。日本では「富国・強兵・士道」のうち、「士道」の根幹を「王道政治」に求めた横井小楠がいる。「王道政治」が直に現代の政治の指標にはならないとしても、その意味を問う議論の中に、現下の政治的・思想的閉塞状況をきりひらく一筋の道筋はないだろうか。

更に、日本の歴史認識の根幹にある村山談話と安倍談話を考えるに当たり、ドイツの歴史認識の根幹にあるワイツゼッカー演説の背景にカール・ヤスパースの「四つの罪」思想があったように、村山談話の背景に、鈴木大拙の「日本的霊性」を置いて考えうるのではないか。横井小楠、鈴木大拙いずれをもヒントとして、日本という場所において生まれた思想を現代の問題に適用し、そこに、西欧のロジックだけからは生まれてこない、〈和らぎ〉の空間を見出すことはできないだろうか。

注

(1) David Cohen "China's 'Second opening': Grand ambitions but a long road ahead", ecfr *China Analysis* "*One Belt, One*

Road": China's Great Leap Outward June 2015, p. 3.

（2）この第二節の部分では、米中関係の最近の論考としての高木誠一郎「米国の対中認識・政策――第二期オバマ政権を中心に」（国際問題研究所プロジェクト）を参照しながら論述した。感謝を表明したい。http://www2.jiia.or.jp/pdf/resarch/H26_Views_and_Policies_vis-a-vis_China/04-takagi.pdf［アクセス二〇一五年一一月八日］

（3）諸報道によれば、既述のジョンソン南、ミスチーフに加え、スビ、ファイアリー・クロス、クアテロン、ヒューズ、ガベン、エルダッドの各礁で構築が進められ、スビ、ファイアリー・クロスでは三〇〇〇メートルの滑走路が建設されたと報ぜられている（二〇一五年一一月九日現在）。

（4）馬立誠『中国を動かす八つの思潮――その論争とダイナミズム』（本田善彦訳、科学出版社東京株式会社、二〇一三年一一月四日）。「八つの思潮」とは、「中国の特色ある社会主義」、「旧左派」、「新左派」、「民主社会主義」、「自由主義」、「民族主義」、「ポピュリズム」、「新儒家」のことである。

（5）以下の現在の中国における儒教研究の分析は、滝田豪「現代中国のアイデンティティと『伝統』――近代政治思想と儒教」（『京都産業大学世界問題研究所紀要』第三〇号、二〇一五年三月三一日）に依拠する。

（6）Kazuhiko Togo, "Beyond Power, Interests, and Identity: In search of 'Asian Thinking' to build Trust in East Asia" in Kazuhiko Togo and GVC Naidu ed. *Building Confidence in East Asia: Maritime Conflicts, Interdependence and Asian Identity Thinking,* (New York, Palgrave Pivot, 2015), pp. 66-70.

（7）天児慧「新国際秩序構想と東アジア共同体論――中国の視点と日本の役割」（『国際問題』第五三八号、二〇〇五年一月）四〇頁。

（8）Kazuhiko Togo, "The Historical Role and Future Implications of the Murayama Statement: A View from Japan" in Kazuhiko Togo ed. *Japan and Reconciliation in Post-War Asia: The Murayama Statement6 and Its Implications,* (New York, Palgrave Pivot, 2013), pp. 12-13.

（9）東郷和彦『歴史認識を問い直す――靖国・慰安婦・領土問題』（角川ＯＮＥテーマ21、二〇一三年四月一〇日）、一三四―一四〇頁。

第三章　日中関係の深層を探る――「文武と徳」の現実性と可能性

王　敏

はじめに[1]

本書第三部第二章「力の対立と文明の相克」で、東郷和彦氏は、横井小楠に定義された真の文武と徳の複合体が、今後日本がアジアに打って出ることには一つのモデルになるのではないかと、提示している。これに対して、本稿では、アジア地域の諸関係の現況を踏まえた上、中国の古典に由来する「真の文武と徳」（中国語では、「徳」という文字で表現する場合が多い）の範囲にも捉えられる事例を抽出して考察し、今後の日中関係の思考のためにその現実性と可能性の一側面を検討しようとしている。

1　「真の文武と徳」の現実性について

一般論として、学問の領域では横井小楠の思想は認められている。だが、「真の文武と徳」は、各領域の現場に応用される基本的指南としては位置付けられていない。他方、この類の思想は、日中両国にとっても無論、目指していく方向あるいは理想とされているし、多かれ少なかれ現行の政策にも反映されているように見られる。これについては中国を筆頭にアジア、世界にもある程度共有できる具体事例を拾って考察していこう。

考察（一）　中国人の伝統的な「大国意識」の基準

中国の伝統的な観念に基づけば、「大国」とは国が大きいという意味だけでなく、「徳と信」が大きいことを意味している。その根拠となるのは、主に以下二つの伝統的倫理体系からである。

一つ目は儒教哲学に由来する倫理、道徳、社会通念である。これらは今日に至っても一般教養の中核とされ、各領域における価値判断の基準の一部となっている。例えば、古来、中国の外交理念の中核にある、「以徳睦隣」という考え方がある。「対外則堅持以徳睦隣」「堅持以徳睦隣的外交理念」という文言にあるように、一九九八年に当時の江沢民国家主席が日本を訪問した際、北海道を訪問して「以徳為隣」（徳をもって隣と為す）と揮毫した。伝統的な徳の現代版だと言うことができる。

二つ目は老子（『老子道徳経』）および諸子百家の説く「大国」を治める方法論から吸収したものである。老子の教えを事例にすれば、『老子』第六一章には、次の一節がある。

故大國以下小國、則取小國。小國以下大國、則取大國。故或下以取、或下而取。大國不過欲兼畜人、小國不過欲入事人。夫兩者各得其所欲。大者宜爲下（故に大国もって小国に下《くだ》れば、すなわち小国を取る。小国もって大国に下れば、すなわち大国に取らる。故にあるいは下りてもって取り、あるいは下りて取らる。大国は人を兼《か》ね畜《やしな》わんと欲するに過ぎず、小国は入りて人に事《つか》えんと欲するに過ぎず。それ両者はおのおのその欲するところを得《う》。大なる者はよろしく下となすべし）。

つまり、老子の方法論によれば、謙虚な態度によって互恵関係が導き出されるというのである。道教哲学（老子道徳経）の説く「大国」を治める手法とは、調理法に例えられて論じている。「治大國、若烹小鮮（大国を治むるは小鮮《しょうせん》を烹《に》るがごとし）」（『老子』第六〇章）。小鮮とは小魚のこと。大きな国を治めるためには、小魚を煮るようにする。小魚を煮るときは、必要以上につついたり、掻き回したりしてはいけない。魚は煮崩れてしまうし、味も落ちる。大きな国を治めるときも、小さなことにいちいち目くじらを立てていてはいけないという。これが儒教の倫理重視思考に関する補完的発想であり、治世の現場に重点を置く観点と捉えられる。

考察（二）　国家関係における「真の文武と徳」というあり方の現在

「真の文武と徳」の理念は、現在の世界にまた日本でどのぐらい共鳴を得られるものだろうか。

一九九九年、当時の小渕恵三首相が首相の私的懇談会の「二十一世紀日本の構想懇談会」において、「経済的富に加え、品格のある国家、徳のある国家として世界のモデルを目指したい」と挨拶した。首相が主張した「徳」も伝統的な要素が大きいものと言えるだろう。ちなみに小渕首相時代の政権支持率は、組閣発足時より在位が延びるほどに上昇したという歴代首相には見られないパターンであった。通常、新しい首相が誕生すると組閣直後は内閣支持率も高いが、時間を追うごとに支持率が低迷するのが常である。政権の中盤から後半にかけて支持率が上昇というパターンは、小渕首相の政治理念の根底に「徳」があり、その効用の一因であったとも考えられないだろうか。

ここで言えることは、「徳」も含めた倫理重視の政治や外交思考というのは、少なくとも過去には日本と中国に共有できる接点でもあったと考えられる。現代の指導者たちにいかように「徳」重視の政治を継承しているか、要研究に値するが、少なくとも思想課題と精神向上の問題として生き残っていると言える。

考察（三）「真の文武と徳」の理念と多元的な国力判断基準の相関関係

日本をはじめとする先進諸国においては、多様な国力判断基準が用いられることは共通認識として受容されているが、中国でもこれまでの伝統的な観点から出発して、国力を判断する多様な基準を共有する取り組みが、積極的に進められている。それに関して事例紹介をしながら伝統的「徳」の理念との相関関係を見てみよう。

「国力」の判断基準に「総合国力」という概念を用いることが、一事例である。例えば、中国社会科学院が二〇〇九年十二月に発表した「国際情勢黄皮書」によれば、総合国力を比較分析したところ、領土、自然資源、人口、経済、軍事、科学技術、社会発展、持続可能性、安全と国内政治、国際貢献が評価対象とされており、総合国力の順位は、一位アメリカ、二位日本、三位ドイツ、四位カナダ、五位フランス、六位ロシア、七位中国、八位イギリス、九位インド、一〇位イタリア、一一位ブラジルの順序であった。総合国力は主権国家の生存と発展のために持つすべての実力と国際影響力の合算である。その構成は、物質的なもの、精神的なもの、実力、潜在力、潜在力が実力に転化する構造なども含む。ある国家の政治、経済、科学技術、文化、教育、国防、外交、資源、民族意識、団結力などの要素が有機的に結合し、相互作用する総合体であるという。

また、「総合国力」の定量研究も積極的に進められている。これは、一九六〇、七〇年代の「国力方程式」によって始められたもので、米国のジョージタウン大学戦略国際研究センター主任のクライン氏（CIA長官と国務省情報研究部の長官を歴任）が提案した「クライン方程式」として知られている。

クライン氏は総合国力を決定する要素を「物質要素」と「精神要素」の二つの部分に分別した。「精神要素」

の定義と内容を漢字によって読解される場合、「徳」の含蓄に近い傾向があると見受ける。とりわけ、中国人は自然に伝統的な「徳」の発想と連想させて理解するところがある。

考察（四）　東アジアにとって注目すべき基準の再提起

○国民総幸福量「ＧＮＨ（Gross National Happiness）」

一九七六年、ブータンのワンチュク国王がスリランカのコロンボにおける第五回非同盟諸国会議に出席後の記者会見で「幸福度」を提唱した。一九九九年にはこの指標に関連してブータン研究センターが設立されている。ＧＮＨの基本的な考え方は、物質的・経済的ではなく、精神的な豊かさ、幸福を求めようとする考え方である。

一九九八年十月、韓国ソウルで行われた国連開発計画（ＵＮＤＰ）のアジア太平洋地域会議（Millennium meeting for Asia and the Pacific）において、ジグミ・ティンレイ・ブータン王国首相がスピーチでＧＮＨの概念を紹介し、「Gross National Happiness はブータンの開発における最終的な目標である」と述べた。二〇〇七年に初めて行われたブータン政府による国政調査では、「あなたは今幸せか」という問いに対し国民の九割が「幸福」と回答したという。

二〇〇六年、イギリスのレスター大学の社会心理学者エードリアン・ホワイト氏が、全世界約八万人の人々に聞き取り調査を行った分析「ＧＮＨランキング」（紛争地域を除外した世界一七八カ国を対象）を発表した。

その結果によれば、ベスト一〇は以下のとおりである。一位デンマーク、二位スイス、三位オーストリア、四位アイスランド、五位バハマ、六位フィンランド、七位スウェーデン、八位ブータン、九位ブルネイ・ダルサラーム、一〇位カナダ。八二位中国、九〇位日本である。

○国民総魅力／国民総文化力・ＧＮＣ（Gross National Cool）

米国のジャーナリストであるダグラス・マッグレイ氏は、「国民総魅力（ＧＮＣ）」という指標を、外交雑誌『フォーリン・ポリシー』（二〇〇二年五・六月号）に発表した。文化という無形の価値を総合して一国の国力を評価しようという試みで、日本は「国民総魅力」のモデルに選出されていた。

上述した事例を通して検討を加えると、とかく精神性への重視面から考えれば、中国の古典に由来する「真の文武と徳」の発想に重なる部分があり、共感のリンクができると言える。また、経済的数値を絶対的価値にせず、精神面の向上を追求する趣が相互の接点となっている。よって、言い方が異なるが、「真の文武と徳」の発想がある程度複数の地域で共有でき、応用されていると認められよう。

2 「真の文武と徳」の可能性について

考察（一） 日本における「大国意識」の変化および文化への取り組み

近代日本における「大国意識」の変化を見れば、まず江戸時代の長期にわたるいわゆる鎖国から開国へ、「世界の中の日本」を意識し急速な近代化を進めたという歴史的な経緯を認識するベースが必要とされる。その後、富国強兵政策と第二次世界大戦の敗戦による「生活文化立国」志向が高まったことは軽視できない事実である。だが、一部の知識人やメディア中心の「生活文化立国」の提言があったものの、実際、「経済立国」の意見が広く支持され、戦後の高度経済成長は結局、「科学技術立国」政策を基本としてきた。バブル経済の崩壊後は、「経済大国」としての自信が揺らぎ、国際的な立ち位置についても動揺が続いている中、「文化大国」を目指すという努力目標に向かって新たな始動が見られている。

紆余曲折の歴史経過を省略させて頂くが、とくに二〇〇一年（平成十三年）度に成立した「文化芸術振興基本法」は、「文化芸術の振興に関する基本的施策」をまとめたものである。これに牽引されるよう、二〇〇一年以降は文化や芸術に関する法律が相次いで制定され、「コンテンツの創造、保護及び活用の促進に関する法律」（平成十六年六月四日法律第八一号）、「海外の文化遺産の保護に係る国際的な協力の推進に関する法律」（平成十八年六月二十三日法律第九七号）などが打ち出された。

文化発信についての取り組みは、二〇〇四年十二月から二〇〇五年七月までの期間、当時の小泉純一郎首相の私的諮問機関である「文化外交の推進に関する懇談会」は、『文化外交の平和国家』日本の創造を」という報告書をまとめた。

二〇〇五年十一月から二〇〇六年三月までは、内閣府の「国際文化交流推進会議・有識者会合」、二〇〇七年四月から二〇〇八年四月までは、国土交通省の「文化観光懇談委員会」が立ち上がり、観光立国実現のため国際競争力ある観光地づくりやビジット・ジャパン・キャンペーンを通じた日本の魅力の世界への戦略的発信について、異文化交流の視点から提言を行った。

文化庁では二〇〇七年に「文化発信戦略に関する懇談会」を設置し、文化発信の戦略に関する総合的な議論を行ってきた。

考察（二）　習近平国家主席が率先した「文化面」向上への参与

習近平氏が「アジア人によるアジア」、「アジア的価値」の創造の具体の内容に関連して、中国における儒教の再認識を進めているように認識されている。それについては、習近平氏の講演内容を二例検証してみたい。

一例目。二〇一三年四月七日ボアオ・アジアフォーラムにおいて習近平は「アジアと世界の素晴らしい未来を共に切り開こう」という演題にて「アジアの課題と中国のあり方」を中心に五つの要点を述べた。一点目は発展モデルチェンジとレベルアップが必要であること。二点目は地域の長期的な安定を実現するには、地域諸国が相互信頼の増進をすること。三点目はアジアの協力の実現に対してもう一段の工夫が必要であること。

四点目は四つの方法論を提案した。第一に勇敢に変革、自己変革と世界の発展の相乗効果を生み出さなければならない。第二に平和的共同発展のための安全保障。第三に、共同利益の接点を絶えず拡大し、発展の成果を世界経済の成長に貢献すること。第四に、開放と包容の精神を堅持し、共同発展（利益共用）のために広い空間を提供すること。第四は国の発展はアジアと世界の繁栄と安定に共にあること。中華民族の偉大な復興という中国の夢を実現させること。

五点目は安全保障の重視として中国人民は自らの発展のためにも周辺諸国および世界と地域の平和・安定の大局のために対話と交渉によって適切に諸問題を解決するようにたゆまぬ努力をしていくこと。「親仁善隣」という中国古来の価値を引用し、伝統の重視を強調した。

二例目。習近平氏は二〇一四年五月二一日、ＣＩＣＡ(2)において「アジア安全観を積極的に樹立し、安全協力の新局面をともに創出しよう」の演題にて「中国の安全保障をめぐる思考と実践」を中心に講演した。

最初に、習近平氏はアジア的安全保障観、安全理念を従来のものを革新した上で樹立することを述べ、次にアジアとの運命共同体の理念の提案をした。最後に、周恩来の主張・「平和共存五原則」(3)の基礎の上で世界各国との友好的協力をより発展させると発表した。具体的にはアジア法執行安全協力フォーラムやアジア安全緊急対応センターなどの設立を検討し、アジア文明対話会議などの方法を通じて、異なる文明、異なる宗教が互いに交流し、学び合い、ともに進歩するように推進することを提案していくことを述べた。

それを展開するには、儒教を核とする価値観が主張されている。

考察（三）　近・現代における儒教の運命

中国では一九一九年の「五・四運動」(4)以来、封建主義・帝国主義・植民地主義打倒というスローガンの中で、儒教打倒も含まれてきたが、その後儒教が再び復活した。実際、儒学推進のために中国政府はここ三〇年、政府主導で儒教の普及に努めてきた。その最初の一〇年は一九七九年から一九八九年であり、「孔子と儒学に新たな位置付けを」ということを強調した。次の一〇年は一九九〇年から二〇〇〇年であり、「孔子と儒学に新たな生命力を」ということを旨とした。ここ一〇年の二〇〇〇年から二〇一〇年では「孔子と儒学を世界へ」というように、世界各国に孔子学院(5)が設置されるようになった。「孔子と儒学を中核の一部とする民族精神（アイデンティティ）の復興」を軸にして、更なる儒学の発展と普及を目指していくとする。

民衆の生活に生きた知識として息づいている儒学であるから、政府主導の三〇年は、民間の推進による儒学普及の三〇年の歩みと言い換えることもできる。政府と民間の共同活動の背景には、四点の要因が挙げられる。

一点目は一九八〇年代、孔子及び儒学の名誉回復が行われた。鄧小平の南巡講話(6)に牽引された文化自覚の一環であり、文化革命から文化建設へ意識の転換が呼びかけられた。

二点目は一九八四年、政府主導のもとで当時の副総理であった谷牧氏(7)をリーダーとする中国孔子基金会が設立されたこと。その後一九九四年、谷牧氏を中心に「国際儒学聯合会」が誕生し、儒学を本格的に社会理念とさせることができた。

三点目は「依法治国と以徳治国」「中華文化を広げ、民族共有の精神郷を建設せよ」という精神に導かれて、「国学ブーム」が生成されたことである。

四点目は二〇〇四年に韓国にて世界に先駆けて「孔子学院」の設立が誕生したことである。現在、全世界で三

○○校以上設立され、儒学の国際化が加速されている背景がある。

考察（四） 習近平氏の儒学観

（1）二〇一三年一一月、曲阜と山東省を視察した際、以下のように述べた。「国と民族の強さは、いつも文化隆盛を以てその支えとしており、中華民族の偉大な復興は中華文化の発展と繁栄を条件としなければならない」。孔子と儒家思想は「人類思想宝庫における重要な内容であり、それは人類に多くの基本的な観念を提供し、期せずして世界で共鳴を引き起こしている。その思想は中国の伝統文化における重要な構成部分であり、歴史上で極めて大きな役割を果たしたことがある」。

（2）二〇一四年初、中国共産党中央政治局の勉強会で次のように述べた。「中華の伝統美徳は中華文化の真髄であり、豊富な思想道徳の資源を含んでいる。中華民族が創造した精神的財産を活用し、文化をもって人民を教化し、文化をもって人民を育成することに努めなければならない」。「中華民族の優れた伝統文化における仁愛を重んじ、人間本位を重んじ、信義・誠実を守り、正義を尊び、和合を尊び、大同を求めるという時代の価値を突っ込んで掘りおこし、中華民族の優れた伝統文化を社会主義の中核的価値観の重要な源泉とすべきである」。

（3）二〇一四年春、ヨーロッパにおける講演で次のように指摘した。「私たちの祖先が数千年前に創造した文字が今なお使われている。二〇〇〇数年前、中国では諸子百家の盛況が現れ、老子、孔子、墨子など思想家が天文・地理を究め、人と人、人と社会、人と自然の関係の意味を広範に探求し、学識が広くて深い思想体系を確立した。彼らによる多くの理念、例えば、『孝悌忠信（母に孝行で、目上の人によくしたがい、真心をこめて偽りのないこと）』、『礼儀廉恥（礼を尊び、儀を重んじ、清く正しく、無欲で恥を知る）』、『仁者は人を愛す』、『人に善をなす』、『天人合一』、『道法自然』、『自強して息《や》まず』など、今なお中国人の生活に深く影響している」。

(4)二〇一四年五月四日、北京大学で「天人合一」、「和して同ぜず」、「大道の行われるや天下を公と為す」、「天下の興亡、匹夫に責あり」、「言は必ず信、行は必ず果《か》(言ったら必ず実行し、実行したら断固としてやり抜く)」、「徳は孤ならず、必ず隣あり(徳のある者は孤立することがなく、理解し助力する人が必ず現れる)」、「仁者は人を愛す」、「人に善をなす」、「己の欲せざる所を人に施すなかれ」などの引用をして講演した。

(5)二〇一四年九月九日、「教師節(教師の日)」を翌日に控えた九日午前、北京師範大学で次のように述べた。「国家百年の計は教育にあり、教育の計は教師にあり。国の繁栄、民族の振興、教育の発展のために、我々は人徳が高く、技量に優れ、構造が合理的で、活力に満ちた、質の高い専門的な教師陣を育成する必要がある」とし、「今の学生は、将来、中華民族の偉大なる復興という中国の夢を実現する主要な力だ。教師の皆さんは、この中華民族の『夢のチーム』を生み出す人々。」と呼びかけた。

(6)九月二四日、人民大会堂で孔子生誕二五六五周年記念国際学術シンポジウムおよび国際儒学聯合会第五回大会の開幕式に出席し、重要な演説をした。

(7)二〇一四年一〇月一五日、一〇月一五日、習近平が北京で文芸工作座談会を主宰し、新時代の文芸活動の発展方向を明示した。

考察(五) 国際儒学聯合会の活動

国際儒学聯合会は、七〇年代の経済を中心とした国づくりを決めた鄧小平時代の副総理であった谷牧が創設した。現在中国以外に韓国・日本・アメリカ・ドイツ・シンガポール・ベトナム・香港・台湾などの研究所・研究者たちが参加している。その活動内容の一端を七点にまとめたい。

（1）二〇〇五年一一月、国際儒学聯合会、北京東方道徳研究所[8]などの部門が共催した「第一回儒家倫理と東アジア地域公民道徳教育フォーラム」が四川省宜賓市で開催された。中国大陸と香港、台湾地域からの六〇数人の専門家・学者が出席した。

（2）二〇〇六年一〇月、国際儒学聯合会・北京東方道徳研究所・香港中文大学教育学院・新亜書院と澳門大学教育学院が共催した「第二回儒家倫理と東アジア地域公民道徳教育フォーラム」が河南省新郷市で開催された。中国大陸と香港、澳門、台湾など一四の省市・地域及びマレーシアからの四〇数人の専門家・学者が出席した。

（3）二〇〇七年一一月、国際儒学聯合会・国家教育行政学院・マレーシア孔学研究会と北京東方道徳研究所が共催した「第三回儒家倫理と東アジア地域公民道徳教育フォーラム」が国家教育行政学院で開催された。韓国・フィリピン・シンガポール・マレーシアなどの国及び中国大陸・香港・澳門・台湾地域からの六〇数人の専門家・学者がフォーラムに出席した。

（4）二〇〇八年一一月、国際儒学聯合会・香港中文大学教育学院・新亜書院・北京東方道徳研究所・浙江省儒学会・マレーシア孔学研究会が共催した「第四回儒家倫理と東アジア地域公民道徳教育フォーラム」が浙江師範大学で開催された。

（5）二〇一一年一〇月、国際儒学聯合会・香港中文大学新亜書院・北京東方道徳研究所が共催した「第五回儒家倫理と東アジア地域公民道徳教育フォーラム」が北京市にある蟹島会議ビルで開催された。中国大陸と香港、澳門、台湾地域及びシンガポール・マレーシア・インドネシアなどの国からの七〇数人の学者が出席した。

（6）二〇一三年一一月、国際儒学聯合会と北京東方道徳研究所などの部門が共催した「儒学普及と団地和諧建設・第六回儒学普及活動座談会」が北京市通州区で開催された。中国大陸と香港・澳門・台湾地域及び韓国・シンガポール・マレーシア・インドネシアなどの国からの一〇〇人近くの代表らが出席した。

（7）二〇一四年六月六日、習近平国家主席は第七回世界華僑華人社団聯誼大会に出席し、一一九の国と地域からの五〇〇余名の華僑団体の責任者と会見した。そこで「中華民族発展の新しいページを共に描く」を演説し、「中華民族の偉大な復興の実現は、国内外の中国人の共通の夢である」と述べた。

3　漢字文化の現代的価値——日本の潜在性は漢字文化の共有に有り

儒学を核心とする中国伝統文化を価値とするものが今後の方向性を示すことがあれば、その基礎となる漢字文化に可能性を秘められていると思われる。

記紀によれば、日本列島に漢字が体系だって伝えられたのは応神天皇の代であったとされ、五世紀前半とされる。それ以来、列島の人々の有識者の間で漢字との格闘が始まった。漢字に取り組んだ日本人は難関を乗り越えて日本語表記の道具として揺るぎないものにしたといえる。漢字が日本に伝来したとされる五世紀初頭には、中国ではより多くの漢字が揃っていたと考えられる。平安前期の八九一年ごろまとめられた『日本国見在書目録《げんざいしょ》』によると、このころ宮中の所蔵漢籍は一万六七九〇巻もあったという。古代日本人は少なく見てもこれだけの漢籍を咀嚼《そしゃく》できたと想像できる。

漢字の日本語表記の上でここまでの漢字、漢文の受容と吸収の初期段階を一次加工とするなら、国字創作は進化した二次加工に当たるだろう。

「国字」は和字、倭字、皇朝造字、和製漢字ともいわれ、日本語の漢字表記の中からやむにやまれずつくりだされたもので、日本人の独創である。日本書紀に、天武天皇（在位六七三―六八六年）が境部連石積《きょうぶのむらじいわつみ》に命じて「新字」を作らせたとある。室町時代の記録書『貞永式目抄《じょうえいしきもくしょう》』に「畠の字は日本にて一千余字の作り字の内なり」とある。国字の誕生は漢字の恩恵を受けながらの再生産の範疇に入れられる。

日本は幕末維新期、西洋という新しい異質の文化に遭遇したときも漢字における創作力を発揮した。新たに漢字を創出するのではなく、それまでの既成の漢字を使って新しい西洋的概念をもった熟語を次々と創った。個別の漢字の組み合わせによる新熟語の創出というもので、これは漢字の三次加工といってもおかしくない。西洋化・近代化が必須の環境の中で、日本語の本質を失わず、翻訳によって新しい学問や科学、思想を理解していく方法を確立した。平安期に発揮された「和魂漢才」の精神が換骨奪胎され、幕末維新期に「和魂洋才」として結露したといえよう。

幕末維新期の賢人は漢字創作能力をベースに西洋の書物を翻訳した。「幹部」「政策」「経済」「投資」「社会」「経営」「自由」など、日本製漢語が一〇〇〇個を超すという（山室信一『思想課題としてのアジア』岩波書店、二〇〇一年）。漢字の本質を知り抜いた的確な訳語という印象である。漢籍に精通した「漢才」が生かされた結果である。日本文化に広くいきわたった漢才の素養を前提にしないと生まれなかった訳語ばかりである。漢字の一字ごとの意味はたいてい中国と共通であり、これらの訳語の多くが中国でも採用されて、日中文化交流の実績となったことは強調されてもよいだろう。

一九世紀、東アジアに西欧列強が進出し、日本は開国を決断すると西洋化・近代化に進んだ。一八九四―一八九五年の日清戦争と一九〇四―一九〇五年の日露戦争の勝利によって列強の隊列に入る日本を、中国は西洋化のモデルとして見直した。

清朝政府は一八九六年六月一五日、日本に第一回目の官費留学生一三人を派遣した。以後、伝統の科挙の廃止もあって西洋教育を受容する必要に迫られ、日本留学は右肩上がりに急増した。一九〇五年には私費留学の急拡大によって一万人近い中国の若者が日本で学ぶようになった。中国の近代文学の父といわれる魯迅（一八八一―一九三六）、社会主義中国の指導者周恩来（一八九八―一九七六）、孫平化（一九一七―一九九七）、郭沫若（一八九二―一九七八）のほか、軍事家の蔡鍔（一八八二―一九一六）、美術家の張大千（一八九九―一九八三）、科学者の李四光（一八八九―一九七一）らも、日本での体験を通じて中国再建に必要な知的資源を養ったのである。

二〇世紀初めは、中国の教育界が近代教育に脱皮していく陣痛期と位置づけられる。日本の教育方式の模倣から始める際、留学生たちは日本で使われている各科目の教科書を中国語に訳して活用した。これを可能にしたのは、漢字表記の日本語の読み方がわからなくても漢字の意味における共通性があったからである。西洋思想や科学、学術の日本語訳は漢字によって表現され、その造語が中国留学生の翻訳により中国語化され、日中の漢字リレーによって漢字文化圏がさらに豊かになった。日中共同チーム主導の〝漢字革命〟であり、五世紀初頭の日本への漢字伝来から数えれば第四次加工ともいえよう。

中国語に外来語としての日本語の大量流入が二度あった。漢字の母国の中国による逆輸入である。一回目は明治維新の後から戦前までとすれば、二回目は二〇〇〇年に入ってからであろう。

例えば、漫画の表象イメージから抽象的漢字・言葉にする場合、「特萌」（すごく可愛い）、「我倒」（ショックを受けたときに使う擬態語に近い表現）などが創られた。いずれも中国語の従来の枠組では考えられない、説明できない、かわった漢字の組み合わせと思われる。抽象と具象の有機的関連を象徴する可能性をみせてくれている。

西洋語や中国語の対極がおそらく日本語であろう。日本語は感性を大切にする文化にふさわしい。その象徴が和製漢字「侘《わ》び」「寂《さ》び」の精神界であろう。論理性の強い漢字と漢字文化が感受性の強い日本に出会うとき、化学的反応が起こった。陰陽相克のみではなく、相関、相和、相溶、相好でもある。漢字のこうした性格を通して東アジアの文化関係およびグローバル化の記号・英語に応答できるアジア的記号の行く先が見えると思われる。

おわりに　日中の深層関係と漢字力の未来

日本は今後中国とどのように付き合っていくか、漢字力の活用によるところが大きいと思われる。ただし、それは言語という側面だけでは捉えられなく、漢字語の意味及びその活用を指している。それを理解できこなすことができるのは日本人である。言い換えれば、中国人と疎通できる基礎にあたる漢字に対する読解力は日本人に限られている。漢字力に秘められた潜在性への自覚と合わせて、恐らく参考となる事実を述べさせていただく。

（1）二〇〇一年九月、韓国歴代大統領十数名による「小学校教育課程における漢字教育実施提案書」が提案された。そこには小学校教育から漢字教育を始めようとする動きがみられる。

（2）一九九五年にフランス人研究者レオン・ヴァンデルメールシュが第三者の立場から漢字文化をどうとらえるかという重要且つ啓発的な発表を行った。[9]「漢字文化諸国の間に存在している分断的諸要因は、今や衰微の段階に入ったばかりでなく、むしろ逆の方向へと強力な統一要因が動いている。それは経済的発展と文化的均質性の相乗作用である」。

（3）二〇一三年一〇月に、日中韓三国の専門家による共同研究の成果が報告された日中韓三国協力賢人会議が開催され、三カ国間で八〇八の漢字を共同使用することが決定された。また、二〇一五年五月二〇日、韓国・済州島で開催された「済州フォーラム２０１５」で、三国の相互理解や交流を推進し、関係をより良くするために、共通する漢字文化の果たす役割の重要性を再確認すると同時に、八〇八漢字表の活用方法等三国間のコミュニケーションを円滑に行うための提案がなされた。

（4）二〇一四年五月、孔子の生誕の地である尼山にてユネスコの支援で世界文明対話フォーラムが開催された。東アジア共有の文化を中心に議論され、イスラムからチベットまでの世界一七カ国が参加した異例のフォーラムとなった。

（5）筆者は日本の民間研究家とともに二〇〇六年から日本各地にある中国初代王朝である夏王朝始祖の禹王に関連する史跡調査をしている。二〇一五年九月現在までは調査中の対象を除けば、九三の史跡が判明している。禹王を治水神として受け入れ、地域の発展に禹王を生かした日本は、古の昔、多元文化を自ら取り入れ、発展させた事実をもって、世界でも希有の存在である。

最も代表的な例として、京都御所の御常御殿の「中段の間」にある襖絵「大禹戒酒防備図」を挙げられる。禹王は前述の中国の古典『書経』「大禹謨」に、治水成功のモデルとして記されている。この大業を通して天下太平が得られた状況を四字熟語「地平天成」と書く。現在の日本の年号「平成」の出典でもある。二〇一四年末に出版された拙著『禹王と日本人』[10]の表紙に、京都御所の襖絵・大禹戒酒防備図を使わせていただいた。二〇一五年の元日の日入りの時間に合わせてNHK新年番組にて「黄金の襖絵」というタイトルで放送されたほど、禹王は歴史・文化・生活に重要性を持っていることを改めて認識させられた[11]。

特筆したいが、禹王をモデルに仕立てた『書経』を参照枠にしていたのが『国是三論』であり、「真の文武と徳」を唱えた横井小楠の代表作である。「文武ということが記録の上に現れてくるのは、『書経』の「大禹謨篇」によるもので、日本近代政治の規範となったのも『書経』が示した「堯舜三代の善政」であると小楠が明示した。

こうした横井小楠の活動を通しても、和魂漢才の知恵を活用した日本という「教材」について、再認識の必要があると思える。日本の歴史的文化的な発展を考察する際に、日中の文化関係が参考のヒントとなろう。例えば、二〇一〇年三月にＮＨＫで放送された歴史ドラマ「大仏開眼」（上下二回放送）では、天平六年（七三四年）、唐での学問修業を終えて帰国した吉備真備のありかたを、日本と中国の結び目として描いた。ドラマでは、吉備真備が論語の「子路第十三」を講釈する場面が描かれていた。「君子泰而不驕、小人驕而不泰（子曰《いわ》く、君子は泰《やす》くして驕《おご》らず。小人は驕りて泰からず）」を強調した。この教訓は「真の文武と徳」に通用した内容であり、現代人にとっても啓発となると考える。

日中の間をつなぐ最大公約数として位置づけられるものは漢字以外にないのではないか。漢字を使っての表記を守り続けている文化は日本と中国しかない。漢字文化を共有していることを両国関係の有利な条件として生かす工夫がもっとなされてよいはずである。同じ漢字を使っているから同じ文化であろうという「同文同種」の落とし穴にはまりこむことは避け、お互いの文化を異文化としてリスペクトしていく姿勢が必要である。漢字は相互理解を進めるための鍵という認識が不可欠である。そうすると漢字の共有という角度から日中関係の深層が見えやすく、「真の文武と徳」の含意も明晰に浮き上がることになる。これこそ「日本という場」から発せる思想であり、「アジア的価値」にリンクできる接点と考えられる。

注

（1）本稿は、拙著『鏡の国としての日本――互いの、〈参照枠〉となる日中関係』（勉誠出版、二〇一一年）の一部を加筆修正したものが含まれている。

（2）アジア信頼醸成措置会議の略称。この時の第四回大会は上海で開催され、四七か国が参加した。

（3）一九五四年の周恩来＝ネルー合意である平和五原則を基に、一九五五年アジア・アフリカ会議（バンドン会議）にて共同声明という形で平和十原則が発表された。

（4）一九一九年のヴェルサイユ条約（第一次世界大戦の講和条約）の結果に不満を抱いた学生たちが中華民国の北京から抗日・反帝国主義を掲げる大衆運動である。五月四日に始まったため、日付にちなんで名称となっている。

（5）海外の大学などの教育機関と提携し、中国語や中国文化の教育及び宣伝、中国との友好関係醸成を目的に設立した公的機関である。教育部が管轄する国家漢語国際推広領導小組弁公室が管轄し北京市に本部を設置し、国外の学院はその下部機構となる。孔子の名を冠しているが、あくまでも中国語語学教育機関であって、儒学教育機関ではない。

（6）鄧小平が一九九二年一月から二月にかけて武漢、深圳、珠海、上海などを視察し、重要な声明の発表及び関連する政策を決定。

（7）谷牧（一九一四年九月～二〇〇九年一一月六日）中華人民共和国の政治家、第五期国務院副総理、第七期全国政治協商会議副主席を務めた。

（8）北京東方道徳研究所は一九九四年一一月に創立された。共産主義青年団北京市委員会・北京社会科学院・北京青年政治学院と協力して、道徳の研究と普及に関する独立法人研究機関。

（9）レオン・ヴァンデルメールシュ『アジア文化圏の時代』大修館、二〇一五年。

（10）王敏『禹王と日本人』ＮＨＫ出版、二〇一四年。

（11）二〇一五年一月一日朝七時頃・三月七日ＮＨＫのＢＳ３チャネルにて一九時半～二一時「京都御所・至高の美」黄金の障壁画一八〇〇枚が放送された。

第四章　地理、文明、そして日韓関係——地政心理的分析

ロー・ダニエル

はじめに——人間は心理的な動物である

政治学を political science と称することに現れるように、科学的思考を重んじる西洋人は国際関係を論じることにおいて、国家を行動主体（actor）と理解する。この思考の中では、国家関係は「合理的行動主体」の相互関係やそこから派生するさまざまな現象を分析することが、主流の方法論になっている。無論、現実主義的な価値観と科学的思考から脱皮して国際関係を議論する視角も多様にある。人文科学と社会科学のインターフェースという脈絡で日本と世界の関係を眺望するこの本の方向性に適応し、この論文では日本と韓国という二つの国家を「文明」という視点から捉え、その関係の模様や性質を試論することとする。

国交正常化が一九六五年になされてから、いつの間にか半世紀近くもの歳月が流れた日韓関係。その関係が今、危機の局面を迎えている。韓国人の心から日本が遠ざかり、日本人の韓国に対する親しみが冷めつつある。振り返ってみると、近代が始まった二一世紀以降、日本による韓国の占領から一〇〇年が過ぎた今まで、日韓の間に

は同等な隣人としての真の意思疎通は乏しかった。友好な雰囲気も「歴史問題」をめぐる些細な摩擦ですぐ消え、不安定で予測ができない間柄が続いている。これが、人口五千万人の韓国と一億二千万人の日本との間を、毎年五〇〇万人以上もの人々が行き来している日韓関係の驚くべき現実である。一体なぜだろうか。私は、その疑問を解いて日韓が未来志向の関係を築いていくためには、両国民の間に絡まる心理の複合を理解することが切実な課題だと考える。

人間は心理的な動物である。したがって、一人の人間が他の人間のことを思索したり関係を結んだりする時には、心理が交差して関わるようになる。国家とは心理的動物である人間の共同体であり、そのため、国家間の関係にも心理の複合が交差すると推論される。特に国家間の関係には、歴史的に形成された国民感情、偏見、パターン化された見方などが介在している。精神医学者カール・ユングにより使われ始めたコンプレックス（complex）という言葉は「複合心理」と翻訳されるが、ユングはこれを「感情により調節された思考の塊」（feeling-toned complex of ideas）と呼んだ。この思考の塊は、人間の無意識層の「結節点」（node in the unconscious）と同じものであり、考えや信念の結び目のようなものである。これは説明がし難い行動にて間接的に表出されるとしている。

その複合心理を分析する角度は多岐にわたろうが、この論文では地理的条件という「非形而上学的」観点からアプローチする。人間は「生まれながらの地理学者」であるという言葉がある。肉の塊である人間という小さい生物的存在は、自分を囲む自然と気候のあらゆる条件によって生のあり方が決められる。自然条件への従属は個人にとどまらず、個人の集合体である国家に当てはまる。「国は引っ越しができない」という素朴な考えを少し難しく言い換えると、「埋没性」（embedded-ness）と変換することができる。ベッドに埋もれ横になった人間の肉体的、精神的状態は、そのベッドが与える条件と環境により影響を受ける。同様に、特定の場所に定着する人間の共同体は、その場所が持つ地理、気候、風土的、物理的なつながり、そして隣接する共同体との関係という政治、経済、社会などでのつながりに影響を受ける。そして、これらの影響が永遠に続いて行くとき、そこに住む人々に共通の気質をもたらすだろう。

過去二〇年あまり、サミュエル・P・ハンティントンの『文明の衝突』が注目を集めた。ハンティントンは文明の興亡盛衰を文化力に基づく競争の結果と解釈することによって文明の「先験的」(a priori) 序列性を否定する見方を披歴した。しかし、彼は事後的、結果的 (a posteriori) 序列性を示唆することとなる。こういう発想の背景にはアーノルド・トインビーの『歴史の研究』、シュペングラーの『西洋の没落』などの著作があった。この三人の思想を貫くものは文明の事後的選別による序列性である。それは結局のところ、現実の国際政治での事実上 (de facto) の覇権文明の研究と等しい。

日韓関係を文明の観点から論じる本論文は序列性を排除する。その代わりに、文明をブローデルが言った「集合心理構造」(la mentalité collective) として理解したい。この集合心理構造は、一時代の歴史的・社会的事件や状況ではなく、その社会に長期間に存在する無意識体系によって形成されるものである。さらに、その集合心理構造を決める主要な要因が地理的条件であるという仮説をもって議論を進めたい。

1　「地政心理」という試論——日韓の比較

地理的条件は、国の地政学的な基礎であり、他の変数に大きな影響を与える。こうした視点から、私は日韓両国民の集団心理構造を「地政心理」と概念化する。本書で「地政心理」とは、「ある政治的共同体が特定の地理的条件に埋め込まれた (embedded) 状態で長い年月を経て醸成された心理体系」と定義する。地政心理を形成する代表的な集団心理構造として、私は自然観、社会観、そして歴史観に注目する。

(1) 地理の対比——山がもたらしたもの

日本国は六八五二の島から成る島国である。その島々を列島と呼んでもいいし、群島と呼んでもいい。他方、韓国と北朝鮮という二つの政治共同体は、中国大陸に繋がる半島に立地している。伝統的に「朝鮮八道」と表現されるその半島には、北朝鮮の方に一〇四五、そして韓国の方に三一五三の島がついていると、韓国の海洋水産部の公式統計が報告する。朝鮮半島は面積が約二二万平米で、三八万平米の日本列島の約三分の二に満たない半島である。その半島は南北の長さが一一〇〇キロメートルで東西幅は広い部分で三二〇キロメートル、狭い部分は二〇〇キロメートルほどの細長い半島である。韓国で「白頭山から三千里」と歌うこの半島は、北側が大陸に面して、西側は「黄海」、そして東側は「東海」(日本での日本海)に突き出している。それらの海は中国大陸と日本列島に囲まれた、比較的浅くて静かな海である。その静かな海に囲まれた半島は延べ一万七五八〇キロメートルの海岸をもつ。

日本人と韓国人の一つの共通点は「山」という自然オブジェに対する深い関心であろう。両国民が見せる山の礼賛は「神格化」のレベルに達する。日本人の「自然崇拝」に登場するいろんなオブジェの大半は山に存在するものである。一方、朝鮮半島に住むひとびとはその半島についての「三千里錦繡江山」という認識を子供の時から準本能的に持ち続ける。それだけ関心の高い山の事情は、列島と半島を比べてみると大きな差異があり、その差異は両国民の暮らしの模様や心理体系に大きな影響をもつ。

朝鮮半島が中低山型の山地となっているのに比べ、日本列島は高山型である。一般財団法人・国土技術研究センターの情報によると、日本の国土の七割が「山地」と「丘陵地」で構成され、標高〇～一〇〇〇 mの地域が国土全体の四分の一を占める。特に、標高五〇〇 m以上の地域が国土全体の四分の一を占めている。また、森林が豊富で、その面積は約二五万平米であり、国土のおよそ三分の二が森林である。日本の山地についての他の特徴は、まるで背骨のような山脈が連なっていて、太平洋側と日本海側とに分けているということである。東北地方のように山脈や山地がとなりあう平野や盆地との間をへだてている地域では、都市と都市との距離が長くなる。だから現代のような交通設備がなかった時代には、峠をこえて地域と地域を往来することが難しかった。

一見単純に見えるこの山地の形態の比較は、前近代における人間の生活の文脈に戻って考えると、大変大きな意味がある。「登山」ではなく「山歩き」に慣れた人々には、標高一〇〇〇メートル以下の山であれば人間の力だけで登れることがわかる。こうした観点からみれば、朝鮮半島に住んでいた人々にとって「山」とはそんなに難しくて怖い存在ではない。汽車や飛行機がなかった時代にも、朝鮮人の認識の中で「山」とは「越えられる」ものであった。この認識は長い歳月を通じて引き継がれる中で「越えなければならない」対象になっていく。朝鮮半島が日本列島に比べて非常に平坦な陸地の続きであるということ、そして日本列島には人間の体力で平気で越えることができない山岳が沢山あるということは、つぎのような政治的含意をもつ。

朝鮮半島は北東地方の山岳地帯を除けば、細長くて、平坦な土地の塊になる。それに比べて、日本列島は全ての島に山がぎっしりと入っている。そのせいで、まとまった平野があるのは、本州では関東と近畿、そして北海道くらいである。この条件の差異は両国民の政治体系を含む生活の全般に決定的な影響を及ぼしたと思われる。古代史において、朝鮮半島の上で「律令国家」という形を整えた政治的共同体が共立したのは、「三国時代」だった。高句麗、百済、そして新羅である。この三国時代は新羅によって統一され、その統一新羅が高麗を経て李氏朝鮮という統一王国につづいた。「朝鮮八道」と要約されたその統一王国が現在は南北に分かれたのである。こうした政治史の最大の含意は、朝鮮半島の中で形成された政治共同体は、明治維新以前の日本の前近代的政治共同体より物理的に大きかったということである。

朝鮮半島に現れた律令国家は日本の律令国家より地理的に規模が大きいだけではなく、長く続いた。統治の対象になる国土が平坦であることは、武器と輸送体系が発達していなかった中世及び前近代では中央集権が形成されやすいし、一旦形成されると長く守れる可能性が高いということを意味した。半島が狭小で、それも山を敷いた平地という〝政治的空間〟が小さな地理的条件は、政治権力を集中させ、維持するのが容易だった。韓国史において重要だった李朝が五百年間続くことができたのは、そういう理由だった。その結果、韓国では政治が一元化、同質化、可視化した。

ながらく既得権を保つことができた朝鮮半島の律令国家では、政権の座に座るエリート層の腐敗に繋がりやすかった。中央政権が決めることが民の生活の質に直接に繋がったからである。その結果、民の政治性が高まった。民の目で中央政治が日常的に見えてきたのである。その傾向は、地形の広さと平坦さと結合して、民による反乱を誘った。平坦な地域に散らばって住んでいた民たちは、数時間歩けば政権を倒せる力を集めることができたのである。また、前近代の軍隊の武装は貧弱なもので、鎌や竹槍を一本くらい持った数百、数千の民が集まれば、官軍に対敵することができた。韓国・朝鮮の近代の黎明といえる一八九四年の農民革命（甲午農民戦争）はこういう地理的な条件の中で可能だったのである。

他方、日本は多くの高い山が自然に分けた地域を単位として「国」と呼ばれる共同体を成して生きてきており、世界史でも独特な封建制度と空間の概念を形成したと考えられる。日本で封建制度が形成されたことを地理的に説明する際にもう一つ重要な要因は、日本列島の地形が非常に多様であるということである。細長い群島の中で山と川に区切られ数多く存在した日本の「国」はまさに「政治的なパッチワーク」だった。

朝鮮半島の人々にとって、西の黄海の重要性には内部的な要因もある。それは外部を望む朝鮮半島の地勢である。朝鮮半島は「東高西低」の地勢をもっている。この条件は日本列島の「東低西高」な地勢と極めてはっきりとした対照になる。この対比の一番大きな意味は、人間の大規模集落地が朝鮮半島には西側にあり、日本列島には大体東側にあることである。

地政学的に言えば、朝鮮半島にとって、「西」とは災厄と祝福の源だった。五九八年に中国の隋王朝が高句麗を侵略して以来、全ての外侵は西側から始まった。また、次第に中国を「事大」しなければならない運命の中で、西は政治、経済、文化のあらゆる面で関心の方向だった。内部的にも、朝鮮半島の中心は西にあった。現在の朝鮮半島の政治的な仕組みの原型が形成された「三国時代」以降、主な政治首都は新羅の慶州をのぞく西側に位置した。六〇〇年も続いた李氏朝鮮の「鎖国」を破ったのは外国勢力で、その勢力がやってきたのも西側の「黄海」であった。現在も韓国の人々の脳裏で黄海は「東アジアの地中海」なのである。それに比べて朝鮮半島の東側にある「東海」は海水が冷たくて遠いというものである。その大きなイメージの差異は、地理的な要因に由来する。

この条件が示唆する重要な点は、朝鮮半島で国をリードする政治エリートたちが生涯望んで意識するのは黄海の向こうにある中国大陸であるということである。一方、日本の大規模集落地は列島の東側にあり、近畿と関東という二大生活圏を形成した。こうした生活圏に定着した政治エリートたちは、西側の山脈を越えて朝鮮半島や中国大陸を日常的に意識するより、太平洋の向こうにある西洋に憧れを持ちやすかったことである。

これに対し日本列島は西高東低の地形で、限られた平野は東にあり、主要な都市はすべて東を港として太平洋に面している（その中で唯一の例外が京都である）。島々で成る群島の中で形成された国家の権力を握ったエリートたちが住んでいる場所がすべて太平洋に面した港であるため、日本は自然的に海洋国家になる条件を備えていたのである。こうした意味で、日本の指導者たちが海洋国家であるという意識を持ちやすい条件を「偶然にも」備えていた。歴史において仮定するのは意味のないことであるが、時には興味深い思考実験を可能にする。もし、日本も東高西低の地形を持ち、東京を中心とする関東圏、大阪を中心とする関西圏が、日本海を挟んで元山と釜山の向かいあうところにあったとしたら、日韓関係、ひいては東アジアの歴史はどのようになっていただろうか。

(2) 風土と生活の模様——人々の流動性

朝鮮半島と日本列島の相異なる地理的環境は、その中で暮らす人間の生活模様にも大きな差異をもたらした。朝鮮半島と日本列島の地理条件から類推できるもうひとつの差異として、流動性に着目する必要がある。険しい山と多数の川によって分かたれた日本列島での人間の流動性は制限されていたはずである。さらに、中世以降の日本では移動の物理的困難に加え、数多くの封建政府の規制があった。これに比べて低くて平坦な地帯が半島の西南部に広がる朝鮮半島では、人間の移動がわりと容易であった。さらに、相対的に広い領地をもつ朝鮮半島の律令国家にとって、住民の移動を規制するには行政力が足りなかった。朝鮮時代を背景とする歴史ドラマで、「両班《ヤンバン》」というエリート階級の婦人が身分の低い作男と恋に陥って、二人が町から逃げて、他の町で生きていくストーリーは定番の一つである。

人間が自力でコントロールできず影響されることが避けられない自然的条件として、風土を考察する必要がある。『大辞林』は風土を「土地の状態。住民の慣習や文化に影響を及ぼす、その土地の気候・地形・地質など」と定義している。こうした風土は地政心理に深い関わりがある。日本列島にも季節風は大きな影響を与えるが、朝鮮半島の季節風は冬の「大陸風」と夏の「熱帯風」の交差が劇的な対比になる。日本も四季の区別がくっきりとした気候をもっているし、その一番大きな原因は季節風である。風が作り出す気温だけをみると朝鮮半島が日本列島より厳しい自然環境をもつように見える。

しかし、二つの地域の中に存在するもっとも劇的で重要な差異は、自然災害の内容と比重である。極端に言えば、朝鮮半島には自然災害(地震、津波、台風、山崩れ、火山など)は基本的にないし、日本列島は自然災害に満ちているのが現実である。そうした意味で、朝鮮半島に住む人の脳裏において「災害」とは人間による「人災」であり、日本列島に住む人の脳裏にある災害とは自然災害である。風土によるこうした認識の差異は、日韓両国民の自然に対する思いや態度に対照的な差異をのこす。簡単に言えば、韓国人にとって自然とはそんなに怖い存在ではなく、むしろ自分の幸福のために材料として使い、また克服できる「征服の対象」である。

朝鮮半島と日本列島の地理的条件と風土の相違は、農業の姿と、そこに基づく食生活のパターンの相違につながる。この点についてはあまり議論されたことがないが、日韓の地政心理を理解するには非常に重要な意味合いをもつ。朝鮮半島は日本列島に比べて広い平野をもつ。米が主食である両国の民たちは古代から稲作を生存のための基本的な経済活動として営んできた。朝鮮半島と日本列島の一七五〇年の耕地面積を調べたある研究によると、同年において日本の人口は三一一〇万人で、耕地面積は八九億一三〇〇万坪だった。人口一人当たりの耕地面積が約二八七坪である。一方、同年の朝鮮半島の人口は一八六六万人で、耕地面積が一一四億坪で、一人当たりの耕地面積は六一一坪だった。朝鮮半島の農民は日本列島の農民より二倍以上の耕地をもつことが可能だったのである。

朝鮮半島を囲む東西の海には、それぞれ寒温の海流が交差する特徴がある。また、朝鮮半島の雨量は日本の約半分で、植物と動物の生存に必要十分な量になる。朝鮮半島の地質は大体満州や中国北部と似ていて、鉱物資源が豊かに含まれているし、土地に栄養分が豊富である。こうした環境で朝鮮半島の人々は、食生活においては日本列島の人々より優れた生活を過ごしたと思われる。この条件が長らく続いた結果、朝鮮半島の人々が日本列島の人々より肉体的に優れて、また、比較的に強い肉体的関心と欲望をもつこととなったと考えられる。

朝鮮半島の人々は与えられた地理や風土の条件の中で大家族制度を形成した。これには、人間が食べていくために営む農業の形態と深い関連がある。日本の農家より広い耕地をもっていた朝鮮の農家は、家族全員が一つの単位になって農業に携わった。こういう労働形態は、大家族主義を発達させる大きな動因であった。これは儒教が要求する「孝悌」の家族倫理とも一致した。朝鮮半島で住む人々にとって、儒教とは宗教より生活規範体制だった。これは後で言う「当為主義」の歴史・文化的背景になる。

大家族主義という血縁の組織体系を引っ張っていく大きな原動力は、家族礼儀という現世の行動原理と、死んだ先祖を祭るシャーマニズムの結合だった。それが形として現れた「ジェサ」（祭祀）という行事では、故人毎に命日や祝祭日に全家族が集まり法事を上げることで、血族集団の内部結束を維持してきた。この家族儀礼をどれほど徹底的に行うのかによって、その門中の倫理と道徳のレベルが判断された。そういう社会の雰囲気のなかで家族と親族は血縁集団としてよりも儀礼集団としての重要性があった。血統による因縁の重視は、社会構造が複雑化するなかで、学校の同窓関係に基づく学縁、同じ地域出身を優遇する地縁などの排他的関係が強力な結束力として働くこととなった。その現象が長い間に「慣行」として働いた揚句、社会的風潮となった。縁故主義は利益の計算と情緒という二つの側面で理解できる。

韓国の大家族制度に比べて、日本は小家族制度を形成した。地理的には、日本の農家の耕地は山の急傾面にあり、それには急流の利用が必要だった。そうした条件は耕地の小規模化につながった。こうした農業は小家族主義をよんだ。日本は高い山と急傾斜、急流の地形に沿った小規模の土地が農業の基本的な姿であった。そういう地形には川の氾濫、地震、山崩れなどの災害が多い。そうした環境は小規模家族の集団的対応を必要とした。頻繁にやってくる自然災害に複数の農家が集団的に対応する過程で、それをまとめる中心的権威への百姓の政治的忠誠心が助長された。そうした風土の中で、家族間では対等な関係での協力と実力主義が重視され、地域共同体が機能を中心に形成されたといえる。こうした生活パターンは家族間の能力中心の機能保全を重んじることとなった。これが、右で言った韓国の当為主義と対比される日本の「機能主義」の根源であろう。

2　地政学、人間、世界

(1) 半島と列島の地政学

韓国人が国家を形成し暮していることの地は、漢字で「半島」と呼ぶ。朝鮮半島に対して韓国人たちはどのようなイメージを持っているのだろうか。六〇年代に小学校に通った私は、子供の頃に朝鮮半島がウサギのようだという大人の言葉を聞いて、本能的に窮屈で弱い否定的な印象を受けたことを覚えている。朝鮮半島の地政学的立地について朝鮮半島の人々がもつ自己認識には、閉塞感や挫折が反映されている可能性がある。世界地図で朝鮮半島を見て感じる最初の感想は「閉じ込められている」ということだ。西には巨大な中国大陸、北はロシア、東は日本列島が取り囲んでおり、太平洋につながる南の海も、中国と日本が関門の形を成している。そして先の三国は、歴史的に韓国より大きな力を持つ「列強」である。この三国が常に韓国に戦略的利益を持って干渉、侵略し、影響力を行使してきた。

今はあまり使われない言葉だが、かつては韓半島の運命を「崎嶇《きく》」という形容詞で表わすことが多かった。崎嶇という漢字は、山道が険しく平坦でなく、紆余曲折が多く、容易くないという意味である。韓国がG20の国に成長したと自負心を持つ昨今では耳にすることができないが、筆者は子供の頃「統一行進曲」という歌をしばしば聴いていた。その歌は「圧迫と悲しみから解放された民族、闘いぬいて建てた国」で始まる。この歌詞には、韓国人が長きにわたり圧迫と悲しみを経験した原因が、民族の無能さや不誠実のせいではなく、地政学的な位置に起因しているという意味が込められている。

日本の地政学的位置は、韓国とは全く異なる。日本は、世界でも珍しい島嶼国である。大陸と断絶しており、四方を海に囲まれた六八五二の島で構成されている。いわゆる「海洋国家」である。日本でよく使われるこの言葉には、民族を「圧迫と悲しみ」で苦しめる「崎嶇な」運命というイメージではなく、何の干渉もなく、遠くを見つめる開放感が入り込んでいるように感じられる。日本人がよく自らを説明するときに使う「島国根性」という言葉が閉鎖的で縮小志向的な印象を与える反面、「海洋国家」という言葉は開放的で進取的な感じを与える。世界を駆け巡る強い海軍、そして世界を相手に通商する大英帝国を模範とする日本人の心は、ここから来ているのである。

（2） 政治冷淡 vs 政治加熱

地理および地政学的条件によって朝鮮半島のひとびとは濃密な政治化の道を歩んできた。前述したように、朝鮮半島には統一新羅以降九〇〇回を上回る侵略が外部からあった。戦乱は民に危機感と不確実性の中で生を営むことを要求する。結局、普通の民も「国際政治」を生活に織り込まなければならない。朝鮮半島の人々が政治に敏感になる理由は「内治」にもあった。まず、地理的に平坦な環境で中央政権の政策や取締りが全国に伝え渡る環境で、朝鮮半島の民には中央の政治が見え、結局中央政治に日常的に関心を持っていたのである。

この朝鮮人の「政治化」にくらべて、日本人は「お国」の「政《まつりごと》」に従うが、それに対して「政治的意識」をもつ背景は弱かったのである。封建主義を経験した日本社会は、機能的に統合された環境を持つようになった。山に満ちた日本列島が一〇〇以上の「国」（藩）に分かれ、それぞれの国が農業をするための土地を中心として機能的な人間関係を形成した。英語の feudalism の漢字訳である封建主義の「封」という字は、圭（地面と草木の形）＋寸（手の形）の合わさったもので、自然の中での生産を意味している。建は、これらの生産が可能な領地をもとに共同体が作られたというものだ。国土全体が島から成り、さらにその列島の七〇％以上が海抜千メートル以上の「山地」という非常に厳しい自然条件を生活環境として生活共同体が形成される。

そのような環境で、地方の城主たちが連合し中央の政治権力を倒す「クーデター」や反乱は、物理的に極めて難しいものであった。さらに、日本を統一した徳川幕府は、地方の大名の反乱を防ぐため、彼らが定期的に都である江戸に来て勤務をするという参勤交代という一種の人質制度を実行した。最終的に、これらの歴史的経験は、日本人にとって「革命」よりも「安定」を重視する「学習に基づく傾向」（習性）を持たせたのである。

3 地政心理と行動的特徴——韓国の当為主義、日本の機能主義

地理、風土、そして地政学的条件によって歴史的に醸成された日韓両国民の「心理・行動的属性」（psycho-behavioral attribute）としてどういうものがあるのか。仮説的に、次の三つの側面に絞ってみたい。

（1）人間と自然の関係

第一に、人間と自然の関係である。人間は生まれてから死ぬ時まで自然の中で生をいとなむ。従って自然との関係において様々な思いをもつ。これは個人にとどまらず、同じ自然環境で暮らす政治共同体も固有な自然についての思い、そして心理・行動的属性を持つこととなる。

イギリスの哲学者トマス・ホッブズ（Thomas Hobbes）は、代表的な著作『リヴァイアサン』において人間の自然状態を自己保存の本能のために闘争する状態にあると規定した。生命活動を根元とする生物一般の一部分である人間は、固有のものとして将来を予見する理性をもつ。その理性は、現在の自己保存を未来の自己保存の予見から導く。これは、現在ある食料などの資源に対する無限の欲望という形になる。人間の欲望は無限であるが、

自然世界の資源は有限であるため、欲望は満たされることがない。人間にはそれを予見する理性があるから、未来の自己保存のためにつねに争うことになる。これがホッブズのいう「万人は万人に対して狼」、「万人の万人に対する闘争」である。こうした思想をホッブズは、人間がどういうふうに国家を形成するのかという理論に導いた。

私も人間の本性は欲望充足を第一義的行動原理とする自然体である、ということを論理的前提とする。そこで、国家や民族という政治共同体の差異は、人間の原初的な欲望追求そのものではなく、それを実行するパターンや文化という集団的仕組みや儀式（ritual）にあると思う。その仕組は、主としては、権威と恐怖を基にした政治や法律体系などの公式的秩序維持メカニズム（ordering mechanism）である。しかし、私が注目するのは、公式的メカニズムの基盤ともいえる共同体を形成して生を営む人々の「集団的メンタリティー」である。特に、人間が欲望を追求することにおいて自然との関係をどういう風に持つのかに関心がある。

日本には特殊な秩序維持システムがあると思われる。それを、日本の「風土」を研究している人は、自然の「畏敬」と呼ぶ。つまり、日本人は自然に対する恐怖と尊敬を持っており、歴史的または文化的に欲望を節制する傾向があるというのである。このような観点から、私は日本の文明を「欲望の抑制型」文明と性格づけようと思う。それに比べ、韓国の文明は「欲望発散型」である。韓国人は欲望を追い求め、それを実現するにあたって、日本人とは比較にならないほど積極的である。欲望発散型の韓国文明に目立つ側面の一つは、自然に対する畏敬の念が弱いということである。日本人が自然を尊重する世界観の中に暮しているのに対し、韓国人は自然に対抗して戦うという精神が強い。人間の欲望の表現と具現は、行動と言語に影響を及ぼし、対外行動にも現われる。言動に慎重な日本の視点から見ると、韓国の対外行動が「情緒外交」に映る理由はここにある。

(2) 人間と社会の関係

第二には、人間と社会の関係である。原始的「自然状態」を抜けた人間は、政治共同体を作ってその中で集団的生活をいとなむ。政治とは様々な定義があるが、「希少価値を権威的に配分」する過程およびその現象といえる。そうした意味で政治に関する心理とは、政治的権威に関する心理といえる。しかし、その権威(特にそれを独占するエリート)に対する社会一般(特に被支配者層)の認識と態度は普遍的なものではない。日本と朝鮮半島の比較では、その差異が極めて鮮明である。

かつての日本では「政治」を「まつりごと」という表現を使った。無論、これは現代日本政治の解説に当てはまる用語ではないが、日本民衆の政治への態度を窺わせる。『日本書紀』の「孝徳天皇」のところで、天皇が「天下を治め、人民を治めるためには何をすればよいのか」と尋ねられると、大臣の蘇我石川麻呂が、「まず神祇を祭りによって鎮め、それから政事を行うべきです」と答えているという。さらに、江戸の国学者本居宣長は『古事記伝』に、「祭事(まつりごと)と政事(まつりごと)とは同語で、その語源は奉仕事(まつりごと)から来たのであろう。天皇に仕え奉ることを服従(まつろう)と言い、神に仕えることを祭りと言うも、本は同じである。」と説いた。

こうした政治観には「奉」という字が浮き彫りになる。これに対して朝鮮半島の政治観を縮約する一文字はなんだろうか。それは、哲学者小倉紀蔵の分析を借りると、「理」である。すなわち、「権力の中心という単極磁場に、社会のあらゆる活動的分子が吸い上げられる渦巻だということである……ここで中央とはつまり中心=〈理〉なのである。中心の〈理〉が社会の隅々にまでその光を及ぼす」(小倉紀蔵『韓国は一個の哲学である』講談社現代新書、一九九八年、一七二頁)ということである。

私はこの対照を「権威への服従」(日本)と「権威に対する反抗」(韓国)と縮約したい。日本の政治は、国民のほぼ無条件に近い従順によって安定を謳歌してきた。明治維新以後の近代国家日本では、国民の全国的なデモと暴動がなかった。戦後は、一九六〇年代初頭の「安保闘争」があったものの、これは、政権を打倒するための市民革命ではなかった。そのような社会的雰囲気の中で、自由民主党（自民党）という保守政党は、戦後七〇年近くもの間、数年の「例外」を除き、「一党支配」をしてくることができたのである。つまり、日本の「近代政治」では、民意を基にする「政権交代のない政治」が長い間持続されてくる過程で定着し、これが市民社会とはかけ離れた世界になってしまったわけである。

言い換えれば、朝鮮半島での政治は奉仕事（まつりごと）ではなく、理をめぐる「是是非非」なのである。その是是非非の伝統は、「既存の権威と利益体系の破壊＝正義」のような政治哲学の方程式を生みだした。それで、その方程式が働き、一九四八年に策定された今の共和国制度の中で、一〇人の大統領が誕生した。ところが、その中の一人が殺害（朴正熙《パクチョンヒ》）、一人が自殺（盧武鉉《ノムヒョン》）、一人が亡命（李承晩《イスンマン》）、そして二人が裁判所で有罪判決（全斗煥《チョンドゥファン》、盧泰愚《ノテウ》）を受け、二〇一三年に大統領職から退いた李明博《イミョンバク》は、引退後の住宅建設のための土地購入をめぐり不正疑惑が起きた。そして、現職の朴槿恵《パククネ》においては、朴氏と私的関係を持つ人々「秘線実勢」が「国勢を壟断《ろうだん》」してきたという大きな疑惑が浮上し、現在、弾劾が韓国政治の最大のアジェンダになっている。それこそ、韓国政治のあだ名になった「渦巻」（vortex）なのである。

（3）人間と歴史の関係

第三は、人間と歴史の関係である。同じ寝床で異なる夢を見る様子を、同床異夢という。ところが、二〇一六年という「デジタル時代」に、韓国と日本は多くの歴史的事実（historical fact）について全く別の解釈と立場をとる「同事異知」の争いを演出している。歴史的事実が整理されていないアフリカの部族国家でもない、世界をリードするこの二国が絶え間なく演出するこの不可思議をどのように理解すべきなのだろうか。異なる地政心理に由来する相違した「歴史観」を、日本の「機能主義」と朝鮮半島の「当為主義」と縮約して比較する。

機能主義的な思考は、日本特有の形式主義、そして国家運営における圧倒的な官僚主義とつながっている。山川によって分断された多数の律令国家の中で日本の人々は「和の文化」を構築した。その文化の要諦は集団の秩序と安寧を守ることを最高の価値とし、それを達成するために手続、手順、礼儀、作法を重視した。昨今の言葉に書き換えると、複数の信号を整合性と効率性を保ちながら処理する「プロトコル」(protocol)を大事にすることである。こうした秩序観は物事の正当性をその物事がもつ機能から見出す。歴史的事実や事件は what is もしくは what it does という観点から解釈して正当化する。その機能による正当性を確保してくれる一番強力な根拠は法律、条約、(密約を含む)取決めなどの「超時間的道具性」である。

これに対して、朝鮮半島の人々が重んじる歴史観は歴史を構成する事実、事件、出来事の結果的当為性である。言いかえれば、歴史の上での物事は what is もしくは what it does ではなく、what it ought to be である。この当為性は、朝鮮半島が外勢による侵略や挑発によって受動的、敗北者的立場に置かれてきたという地政心理に基づく。そうした観点からみると、法律、条約、(密約を含む)取決めなどの核心的価値は「超時間的道具性」ではなくその道具のもとにある「精神性」である。

代表的な例を挙げれば、独島・竹島問題をめぐる異なる歴史観である。双方が主張する「歴史的、法的」に自国の領土であるという命題の後ろには、相違する認識と判断がある。韓国の領有権の主張は歴史的な淵源に基づく当為性を強調している。他方、日本の主張はサンフランシスコ講和条約という法的道具が与える権利を強調している。

おわりに――異なる外交観念

最近の日韓関係をみると、両国の認識体系が異なることが目立つ。日韓の歴史認識の根本的な対立が一番鮮明に現れる側面として、私は日本の「機能主義」と韓国の「当為主義」の衝突があると思う。

機能主義的思考は日本の外交認識や行動の様々な分野で見つけることができる。竹島・独島という領土問題、従軍慰安婦、在日韓国人、略奪文化財の返還など、日韓の主要な懸案に対する日本政府の姿勢にこれが現われている。日本外交の機能主義が集約された例としては、日韓の歴史問題は一九六五年の国交正常化によって全てが機能的に「決着」がつけられたという命題があげられる。こうした発想の延長線上では、三六年間の日帝の占領も「実際は朝鮮に有益な機能を果たした」という命題にも繋がる。この機能主義的思考は、西欧の論理が世界の普遍的論理となった現在の世の中において、今もなお非常に強力な力を発揮している。

これに対して韓国人や政府の歴史認識や行動は当為主義という概念に集約することができる。認識や価値判断において、現実（what is）よりも当為（what ought to be）に焦点を置くし、そのためには名分が重要である。いまだに国際政治学の主流のパラダイムとして通用している「現実主義論」（realism）では、外交とは国家の利益を最大化する努力であり、その国益とは「力で決められる」という。この命題の後ろに座する多様な意味合いの中の一つは、外交で実利を得るためには感情を介入させてはならないということである。しかし、韓国の外交において、国家の行動は現実的計算のみにもとづくものではなく、「正義」に関する観念や認識も重要である。それを日本では「情緒外交」や「感情外交」という。

しかし、韓国人の認識は異なる。日韓関係において、韓国の主張は歴史的当為性を核心としているのである。

例えば、独島は歴史的に韓国の領土であり、日本が主張する一九〇五年以降の領有権説は、当時の日本が帝国主義的な侵略行動の一環として、自国の領土に強制的に編入したという背景から理解するとき、これは不当であるというものである。「狭意的」かつ「機械的」な、徹底して機能主義的な日本の主張は、韓国から見ると名分に合わない話である。そこで、歴史的に韓国の領土であることが明らかであり、当為論的に韓国が所有すべきである独島に対し領有権を主張する日本の行動を「不謹慎な野心」と表現する。

以上、簡単に議論したように、自然観においての日本人の消極主義と韓国人の積極主義の対比、社会観においての日本人の権威への順応と韓国人の権威への反抗の対比、そして歴史観においての日本人の機能主義と韓国人の当為主義の対比は、昨今の日韓関係を織物のように構成している。

第五章　アメリカ外交における理念と力——国際環境の変容とアメリカの位置*

高原秀介

はじめに

二一世紀を迎えて、今日国際社会はグローバル化に直面するなか、難民問題などに代表されるように、国境の枠を越えた諸問題の解決を迫られている。また、中長期的には新興諸国の台頭が想定される一方、財政・金融危機からの脱却に苦悩する先進諸国は、国際政治秩序の模索を続けつつも、その理想的将来像を未だ十分には描き切れていない(1)。

とりわけ、アメリカ外交のあり方は、イラクやアフガニスタンへの軍事介入、さらにはシリア内戦への躊躇を経て、国内外から常に期待と幻滅を集めてきた。そもそも、二〇世紀以降アメリカが国際政治に積極的に関与する端緒となったのは、ウィルソンによる「一四カ条」の平和原則の公表であった。国際連盟への加盟は実現せず、一九三〇年代には「孤立主義」がアメリカ史上最高潮に達したにもかかわらず、二つの世界大戦を経て、「国際主義」の伝統は現代アメリカ外交の普遍的特質として今日定着するに至っている。

この「国際主義」の伝統は、今後アメリカ外交の普遍的特質として定着し続けるのか。定着し続けるとしたら、その伝統はどのように変貌を遂げていくのか。経済の相互依存とグローバル化が進む現代国際政治において、アメリカはもはやかつてのような孤立主義を選択し得ない。以上のような常識的な前提を考慮した場合、この命題は重要な意味をもつ。もちろん、アメリカは、第二次世界大戦後の国際秩序の維持がさまざまな困難に直面しつつある現況に鑑み、打開策や処方箋を模索している。しかしながら、同時にオバマ大統領が「われわれは世界の警察官であるべきではない」と発言した背景には、アメリカ世論の内向化や財政的制約という現実が存在することを十分念頭に置く必要がある。(2) かかる状況下において、国際的関与をめぐるアメリカの一挙手一投足に関心が集まらざるを得ないのは必定であろう。(3)

したがって、本稿では、上述の問題を考えるための一つの手がかりとして、アメリカの国際政治学者が現在の国際政治状況をどのように分析しているかについて、三つの立場を紹介しつつ、より望ましいアメリカによる国際的関与のあり方について検証を試みたい。具体的には、いずれもアメリカの外交専門雑誌である『フォーリン・アフェアーズ』に掲載された、各々立場が異なる三つの論稿を素材としたい。(4)

1 「地政学の復活」？――ウォルター・ラッセル・ミード

外交問題評議会元研究員のミード（Walter Russell Mead）は、二〇一〇年代の国際政治状況を地政学的競合関係の復活と捉える。冷戦終結後、米欧は領土や軍事的問題などの地政学的対立を過去の遺物とみなし、国際関係を「プラス・サム」の視点でとらえ、「ウィン・ウィン」の環境を育むことを重視してきた。主要なテーマとなったのは、貿易の自由化、核不拡散、人権、法の支配、さらには気候変動などのグローバル・ガバナンスであった。ミードは、米欧がポスト冷戦思考に陥った原因として、ソ連崩壊の意味を読み誤った点に着目する。フクヤマ（Francis Fukuyama）の『歴史の終わり』での議論が、過去との断絶を意識させたように、ソ連の崩壊には共産主義に対する資本主義の勝利という側面があった。だが、米欧はその点で視野狭窄になってしまい、共産主義の敗北が地政学的思考やハード・パワーの消滅に直結するものではないことを見落としていたとミードは指摘する。そして、ロシアによるクリミア併合、中国の海洋戦略、イランの核開発といった国際関係に新状況をもたらしている特定の国家を「リビジョニスト・パワー」（現状変革国家）と呼称し、冷戦後秩序の動揺の主要因と位置づける。

ポスト冷戦世界への米欧のアプローチは確かに「合理的」であり、選択の余地が限られていたことを認める。しかし同時に、一九九〇年代初頭に特有の地政学的基盤が現出したからこそ、米欧はこのアプローチを選択し得たという点にミードは着目している。欧州では、ソ連崩壊・ドイツ統一・拡大するEUとNATOが前提となった。中東では、湾岸諸国やエジプト、トルコなどのスンニ派国家の優位が顕著となる一方、イランとイラクへの二重の封じ込めが基調となった。また、アジアにおいては、アメリカ・日本・韓国・豪州・インドネシアなどによる安全保障関係の緊密化が図られ、戦略的優位を確立した。しかし、以上の状況はあくまでポスト冷戦世界の一時的な地政学的環境に過ぎず、イデオロギー抗争の終焉によって、このような地政学的基盤が維持されると見なしていたところに問題の本質があった。米欧の人々は、「歴史の終わり」と「地政学の終わり」を混同してしまったのである。

国際政治に対する楽観的な姿勢が大勢を占めるなか、アメリカでは国際システムにこれまでのように投資しなくともより好ましい未来を実現できるといった意識が拡がり始めた。軍事費を削減し、危険地域に軍事的に関与しなくとも、リベラルな資本主義と自由の実現は約束されていると考えられた。このような認識は、クリントン政権の時代に始まった。そして、ジョージ・W・ブッシュ政権期に9・11後のアフガニスタンやイラクへの軍事介入という振幅はあったものの、オバマ政権期になってもその基調に変化はない。むしろ、山積した外交課題を積み残したまま、経済危機以降のアメリカは国防予算の大幅削減を余儀なくされるに至っている。欧州や中東に対する関与低下の方向性は明らかであった。

リビジョニスト国家は、現状変革を進めるうえでアメリカが障害となっていると見なす点で認識を共有している。しかしながら、ロシア、中国、イランの三者の関係には互いに対立する側面があり、戦略的同盟関係を構築するレベルには至っていない。まさにそれがゆえに、そしてイデオロギーを纏ったかつてのソ連のような可視化されたライバルとは異なるがゆえに、米欧はユーラシア大陸で現状変革を推進するリビジョニスト国家の問題を看過してきたのである。

リビジョニスト国家は、ポスト冷戦時代のユーラシア秩序を覆していない。しかし、少なくとも現在の秩序を不安定化させていることは確実であり、問題の過小評価は危険である。もっとも、その原因は米欧とリビジョニスト国家が互いに共有しえない諸側面に起因するとミードは結論において指摘する。『歴史の終わり』をすでに経験した近代的米欧社会と、まだ歴史が動いているリビジョニスト国家の間には一種の断絶がある。異なる社会は異なる性格と価値を生み出すだけでなく、制度の機能の仕方も違う。異なる思想によって、大衆の立場が形成されてゆくものと考えられる。

このように、ミードは米欧とリビジョニスト国家の地政学的競合関係の危険性に警鐘を鳴らすとともに、その問題解決が容易ではないことから、まずは近代的米欧社会とリビジョニスト国家の世界がいかに異なったものであるかを相互に理解するというスタートラインに立つべきであると提唱するのである。

2　リベラルな秩序の優位性？——G・ジョン・アイケンベリー

プリンストン大学教授のアイケンベリー（G. John Ikenberry）は、リベラルの代表的論客としてつとに知られた存在である。オバマ政権発足前には、政権発足後に国務省政策企画室長に就任したスローター（Anne-Marie Slaughter）や外交問題評議会のハース（Richard N. Haass）とともに、アメリカの国家安全保障・外交戦略について包括的な政策提言を取りまとめた。二一世紀の国家安全保障政策のビジョンを示した「プリンストン・プロジェクト」と呼ばれるこの政策提言は、超党派の専門家によって策定され、事実上オバマ政権の対外政策の方向性に大きな影響力をもったとされる。そこでは、「法に基づく自由世界の支持、希求、および確保」が提唱され、「アメリカは成熟したリベラル民主主義の世界において、より安全で、豊かな、かつ健全な存在でありうる」として、国際社会や国際機関の改革に「民主国家連合」がいっそう積極的な役割を果たすべきと主張した。(5)

その後、二〇〇八年の金融危機を経験したアメリカによる国際関与のあり方と国際政治の現状を踏まえつつ、アイケンベリーはリベラルな秩序が依然として優位性を保持していることを前提に議論を展開する。論文の冒頭でミードの論稿を引用しながら、アイケンベリーは現在の世界秩序がミードが考えている以上に安定性と持続可能性を持つものであると主張する。そして、リビジョニスト国家の挑戦はその脆弱性に起因するものであって、外部世界に魅力を与えられないがゆえに失敗に終わるケースが大半であったという。また、全てではないにせよ、中国に代表されるように、リビジョニスト国家の一部は、その利益が世界経済とそれを統治する制度に深く組み込まれているために、リベラルな秩序への挑戦はかえって自らの国益を害すると分析する。よって、リビジョニスト国家の能力は過大評価されており、これらの国々は「現状錯乱者」にすぎないと断定する。

アメリカ主導の国際秩序の構築は、冷戦終結を機に突如始まったわけではなく、第二次世界大戦以降の七〇年間に徐々に築かれてきたものであるとアイケンベリーは主張する。この間、アメリカは、現状変更を試みる大国やリビジョニスト国家に対抗していくために、自らの能力、パートナーシップ、そして原則を整備してきた。同盟関係、パートナーシップ、多国間主義、民主主義といったアメリカのリーダーシップのツールは圧倒的である。さらに、アメリカはその地理的位置ゆえに地政学的にも優位にあるという。それは、二つの大洋によって遮断され、他の大国に取り囲まれていない唯一の大国であった。そうしたアメリカに正面から挑むよりも、各国はそのパワーを利用して地域秩序の安定という役割をアメリカに担わせようとしたのであった。アメリカが模索したリベラルな国際的枠組みは普遍的な訴求力をもっており、近代化や経済成長の達成を希求する潮流の受け皿となった。逆に、リビジョニスト国家がリベラルな秩序に代わる新たな近代化の道筋を示しうる状況にはほど遠いとして、アイケンベリーはリベラルな秩序の圧倒的な優位性を説くのである。

もちろん、リベラルな民主国家が万能であるというわけではなく、その多くが大きな問題に直面していることをアイケンベリーは認めている。何よりも、二〇〇八年の経済危機は我々の記憶に新しい。また、経済の停滞、社会格差の拡大、政治の機能不全は先進資本主義諸国における共通の問題となっている。だが、一九七〇年代末に始まり、冷戦終結以降さらに加速したリベラルな民主世界の拡大が、アメリカの優位性を一層高める役割を果たした。アイケンベリーはむしろこの点に着目するのである。

民主主義の拡大とその優位性を検証するにあたって、かつてリベラルな民主国家が世界に占める割合がいかに小さかったかを想起すべきとアイケンベリーは喝破する。二〇世紀以前には民主国家は西洋とラテンアメリカの一部に限定されていたが、第二次世界大戦後の自治拡大に伴い民主化は進んだ。そして、一九七〇年代末には南欧、ラテンアメリカ、東アジアがいわゆる「民主化の第三の波」(Samuel Huntington)によって包摂され、冷戦終結後には東欧の旧共産主義圏が民主化への移行を志向した。一九九〇年代末までには、世界の六割の国が民主体制を採用するに至っており、この現状が民主主義への肯定的受容を裏書きしているとアイケンベリーは主張する。

さらに、より注目すべき存在として挙げられるのが、民主体制をとる中進国の成長と台頭である。一部には「中進国の罠（中所得国の罠）」という問題を抱える国が存在するものの、今や中進国は国際システムにおけるステークホルダーとして、多国間協調や平和的な手段を通じて影響力を行使し始めている[6]。この傾向が中国、ロシア、そしてリビジョニスト国家をいっそう守勢に立たせる結果となっており、昨今の中国やロシアによる力による現状変更の試みは、劣勢を挽回するためのやむにやまれぬ打開策と理解すべきとアイケンベリーは述べる。

くわえて、そもそも中国とロシアは本当のリビジョニスト国家であろうかとアイケンベリーは問いかける。両国はともにアメリカのリーダーシップに反発しているものの、米欧主導の国際システムを支えている枠組みそのものを崩そうと試みているわけではない。ロシアの行動は米欧によって地政学的に疎外されていることへの反発であり、中国の対外姿勢は国内の政治・社会・経済の問題解決と共産党の支配体制の維持という目的から派生したものである。アメリカに対する中露の対抗意識は、自国の必要に見合うようシステムを方向づけ、システム内での両国の立場を強化するためのものであり、システム自体を置き換えるという意図に基づくものではないとアイケンベリーは分析している。

欧米型秩序の優位性は何に求められるのか。結論においてアイケンベリーは、次のように述べている。仮に中国とロシアが現在のグローバルな秩序を根底から覆そうと試みた場合、それはアメリカとの対決を意味するだけではない。その挑戦は、とりわけ第二次世界大戦終結以降、七〇年という長期に亘って営々と築かれ定着してきたリベラルな民主国家による世界秩序に対抗するに等しい。リベラルな国際秩序には、台頭する国家をシステムに受容する寛容性があり、その秩序は多様な政治・経済制度からなる諸国家の繁栄と政治の安定化に寄与している。つまり、国際秩序が成功し存続できる条件とは、ひとえに「正統性」と「実務処理能力」にある。各国がその国際秩序には正統性があると見なしているか、また、その国際秩序において、弱小国と大国がともに警戒する問題を実際に解決できるかにかかっている。したがって、アメリカはこれまでと同様にグローバルな問題を解決し、国際的な規範を形成する地道な努力を継続していかなければならないとアイケンベリーは結んでいる。

3 国際政治における構造的変化――無極世界・多極世界の到来？（リチャード・N・ハース）

ハース（Richard N. Haass）は、ジョージ・W・ブッシュ政権期に国務省政策企画室長としてパウエル（Colin Powell）国務長官の主要なアドバイザー役を果たし、現在外交問題評議会会長を務めるアメリカの外交評論界きっての著名な論客である。

まず、現在の国際政治状況に関して、「秩序維持の流れ」よりもむしろ「秩序解体の流れ」にいっそう傾斜しつつあるとハースは分析する。そして、その原因の一部は構造的なものではあるものの、重要な主要国による誤った政策判断にも起因しており、その是正が必要であると主張する。

ハースが「秩序解体の流れ」の地域的な具体例として挙げるのが、中東（破綻国家）、欧州周辺地域（ウクライナ危機）、そしてアジア（中国の海洋進出）である。

中東の現在について、ハースはかつての「三十年戦争」との類似性を指摘しつつ、自国の領土を適切に管理する能力を欠いているために、内戦と国家間戦争が頻発する地域となる一方、域外諸国は当該地域を安定化させる意志と能力を持ち得ないと分析する。欧州周辺地域での動向については、ロシアが欧米秩序から距離をおいて周辺諸国と緊密かつ独自の関係構築を進めていると見る。そして、アジアでは皮肉にも諸国の安定性と経済発展のゆえに、一方では軍事力の増強が進み、他方では歴史問題と領土紛争という将来的な対立要因や北朝鮮などの不確定要素を抱えていると評価する。

地域的な新現象に加えて、グローバル化の危険な側面（テロ、ウィルス拡散、温室効果ガス、ポピュリズムの台頭と格差の拡大）にもハースは着目する。これらの脅威に対処するための制度的メカニズムの不在と、グローバル・ガバナンスを改善するための国際協調の欠如を問題視する。さらに、既存の国際ルールの揺らぎ（力による現状変更を志向する勢力の台頭）や「保護する責任」という国際原則の希薄化をハースは憂うのである。

もちろん、ハースは国際秩序が一気に崩壊するとは考えていない。相互依存の深化によって、大国間の戦争は双方にデメリットを与えかねず、起こりにくい状況となっている。過去七〇年におよび培われてきたリベラルな秩序は、ロシアの行動によって完全に覆されることはなく、欧州やアジアでの平和的安定、さらには新興国の経済発展と密接に結びついている。相互依存の下での経済発展は、今や例外ではなく規範となっているとハースは分析する。

このような「既存秩序の支持勢力」対「現状変更勢力」といった二項対立的な伝統的分析手法にハースは疑問を投げかける。なぜなら、双方の側には当然ながら実は強みと弱みがあり、それらを過小・過大評価する危険性があるからだ。しかしながら、有力なアクターが増加したために、国際政治におけるアメリカの相対的な地位の低下が見られることは否定できない。とりわけ、過激派の行動を牽制するための意志と能力を国際社会が十分に共有できていない状況下において、アメリカが指導力を発揮できず、国際公共益よりも自国の国益を優先的に追求する国々が増加しつつある。このような状況を、ハースは「ポスト冷戦秩序の崩壊」と捉えて極めて憂慮するのである。

では、なぜこのような国際政治環境の変化が生じたのか。ハースはその要因を主に以下の三つの点に見出している。第一は、国際的パワーが非常に多くの多様なアクターに分散しているために、問題解決のためのコンセンサスの形成が困難になっていることである。第二の要因は、アメリカの政治・経済モデルがかつてに比べてソフト・パワーとしての魅力を低下させてしまっていることである。そして第三の要因は、アメリカがとる政策的選択によって、アメリカの世界情勢に対する脅威認識やアメリカに対する信頼に疑念を抱かせる結果となっていることである。第一、第二の要因が構造的な問題である一方、第三の要因は多分にアメリカ自身の意志と決断の欠如が招いた問題であるとハースは分析する。

問題解決の処方箋はあるのか。ハースは、アメリカがより賢明かつ建設的な選択を行う意志と能力を発揮できなければ、今後事態は一層悪化の一途を辿ることになるだろうと警鐘を鳴らしている。アメリカによる「道義的レトリック」と「不作為」の組み合わせは、アメリカへの幻滅に一層拍車をかけたという意味においてこの上ない過ちであった。そもそも外部のアクターが他国の社会を民主化させるのは容易ではないことへの理解が欠如していた。また、一旦介入した後の撤退時期についても、スケジュールに拘泥するのではなく、利益と状況に応じて判断されなければならない。このようにハースは、アメリカの無理解と不作為がもたらした結果を批判的に検証する。

その一方で、ハースは、外部アクターが貢献できる施策として、市民社会の形成に対する支援、難民の救済、テロへの対策、大量破壊兵器の拡散防止などを挙げている。イスラム国との戦いは関係諸国との連携を通じ長期的な視点で対応すること、アジアにおいてはリバランス戦略の実施が重要であり、ロシアに対しては経済制裁と同時に外交的な歩み寄りの機会を提供する必要があると指摘する。そして、グローバルな課題の解決に関しては、アメリカがアジェンダの管理・調整役としての役割を果たすべきであると主張する。

同時にハースは、アメリカの国内環境基盤を整えることの重要性を忘れていない。格差の是正、国防支出の適正レベルへの回帰、インフラの整備、移民政策の改善、財政赤字の縮小、政治の機能不全の解消などを、アメリカが直面する課題として挙げている。

最後にハースは、国際秩序の崩壊が構造的要因に起因することを部分的に認めつつも、アメリカ自身が適切な道を選択することが実は有力な問題解決策にもなりうることを暗に示唆している。アメリカによる国際関与の重要性を語り、国内の経済的繁栄を損なわずに積極的な対外政策を展開できると説得に努めることこそが、大統領の役割ではなかろうかと問いかける。ハースの提言は、アダムズ(John Q. Adams)やケナン(George F. Kennan)が指摘する「外交における慎慮」を思い起こさせるものがあろう[7]。

4　アメリカのゆくえ——現状と課題、理念と力の適切かつ効果的融合はありうるか？

これまでに見た三つの論稿は、いずれもアメリカと現代国際政治の現状を正確に捉えている点で秀逸である。もっとも、疑問に思われる点が皆無であるとは言いがたい。ここでは、それぞれの論稿に対してあえて批判的な考察を加え、その内容を簡潔にまとめておきたい。

まず、ミードによる地政学的な視点については、タイムスパンをどう設定するかという問題点がある。リビジョニスト国家や中国・ロシアの脅威は、どのようなタイムスパンで現実的となるのか。短期的視点と中・長期的視点では、これらの脅威の程度は大きく異なるものであり、さらに国際政治構造全体の捉え方もまた違った様相を呈するものと思われる。

一方、アイケンベリーによるリベラルな視点には、問題点はないだろうか。もちろん、国際政治におけるバランサーとしてのアメリカの優位性や、アメリカ自らが開放的な消費市場として世界経済の牽引役を担うなかで多くの国々がその恩恵に浴してきた事実、そして非欧米諸国の秩序参加に寛容であった欧米型秩序の普及力は否定すべくもない。しかしながら、中国やロシアが民主国家に取り囲まれているとすれば、劣勢に立たされている中露やリビジョニスト国家に対して、優位性を保持する米欧はより慎重に対処する姿勢が求められるのではないだろうか。国際政治における武力による現状変更が容認すべからざる行為であることは言を俟たない。だが、リベラルな秩序の価値観の拙速な押しつけや非自由主義勢力に対する排除の論理ではなく、多様な政治体制が平和的に共存できる道を模索することもまた必要であろう。「慎慮」と「模範者としての健全性」が求められるゆえんである。

一方、ハースによる無極世界・多極世界という視点についてはどうであろうか。アメリカ主導の一極世界はもはや幻想であり、今後いかに国際秩序を保っていくべきかという問題提起は極めて示唆的かつ論争的である。(8) リベラルな民主国家が築いてきた自由や民主主義といった価値の普遍性を肯定しつつも、その潮流を牽引する意志と能力をアメリカはかつてと同様には保持し得ない。この状況を打開するための具体策を、内政・外交の両面において、問題別もしくは地域別に示しており説得的である。ハースの議論で特徴的なのは、アメリカ国内社会の諸問題の解決を重視している点である。(9) アメリカ自身の内在的変化（人口構成の変化、党派的対立の激化、貧富の格差の拡大、インフラの劣化など）に伴う不確実性と、それがもたらしかねない悪影響は深刻なレベルに達しつつある。だが、最も懸念されるのは、アメリカの大戦略のなかに国内環境の整備・改革をどう位置づけつつ、対外問題への対処といかに両立させていくかという点であり、その可能性はいささか未知数であるように思われる。

おわりに

以上に見たように、現代の国際政治環境において、アメリカが直面する状況をどう捉えるかという視点は実にさまざまである。それは、アメリカと世界の関係を語る際に最も議論を呼ぶ関心事であることは否めない。もっとも、これらの分析には共通する側面があることもまた無視し得ないであろう。非先進国（特に中進国）の台頭に伴うアメリカの国力の相対的低下、軍事的超大国の能力に釣り合わない地上兵力投入への慎重姿勢、などはその典型といえる。二〇〇八年の金融危機によって打撃を受けたアメリカは、大幅な軍縮に舵を切らざるを得ず、世論による対外的関心の低下が進んでいる。軍事力の行使という物理的手段が限定され、その動向が常に鍵を握る世論が対外関与への消極性を強めている。さらに、対外政策面でのアメリカのレトリックと行動の乖離は、国際社会に再び大きな期待と幻滅をもたらしている[10]。

このような状況下で、アメリカが持ちうる能力以上の期待にいかに応えうるかという問題はとてつもなく大きな課題である。そのためには、何が求められているのであろうか。第一に、限られた財政的・物的・人的資源をどのように有効活用できるか、内政・外交の双方において優先順位を定めることが不可欠となろう。第二には、アメリカは対外関与のあり方を慎重に考慮することが必要である。思慮を欠いた過剰介入であれ、無関心と利己主義に起因する過小介入であれ、いずれも国際社会に悲劇をもたらす。第三は、より具体的な問題ではあるが、世論や情報戦への効果的対策である。大統領は過激なナショナリズムや内向的になりがちな世論を説得により啓発する一方、サイバー・テロに代表されるような、いっそう高速化・高度化する情報戦に備えなければならない。アメリカは先進国共通の課題を内に抱えつつも、同時に国際公共財を支える大黒柱としてリーダーシップを発揮することが求められているのである。

二〇世紀以降、アメリカは、民主主義や自由という普遍的価値に立脚した秩序に世界を作り替えたいという「ウィルソン主義」的・理念的衝動にたびたび駆られてきた。[11] このような伝統的潮流に対して、ある種プラグマティックな政治手法を用いてその再構成を試みたのがオバマ政権であるのかもしれない。ニーバー（Reinhold Niebuhr）のキリスト教的現実主義に心酔したオバマ大統領の前述の発言は、軍事力という手段の優先順位の格下げを意図したものであった。[12] オバマ大統領にとって、政策課題に占める内政の優先順位は終始高かった。外交問題をめぐって国内政治におけるリスクを最小限に抑えるために、大統領は国外での米軍の駐留規模を縮小し、ライバル国家との協調に腐心した。オバマ大統領にとっての最も主要な政策上の関心事は、つまるところ国内政治の領域において革新的な変革という遺産を残すことにあるといわれる。[13] その意味において、評論家のリンド（Michael Lind）がアメリカの世紀は「一九一四年」に始まり、「二〇一四年」に終わったと表現しているのはいかにも象徴的である。[14]

現代の国際政治環境においては、アクターの多様化に伴い、過去に比べて圧倒的に不確定要素が増大している。しかもアメリカは相対的な国力の低下が顕著であるだけに、山積した諸問題への対処が非常に困難となっている。とりわけ問題解決の妨げとなっているのは、国内政治の分極化であろう。民主・共和両党ともにかつての中道保守・穏健派は陰を潜める一方、党派的対立の激化によってアメリカの政治・外交は機能不全に陥っている。[15] さらに、外交政策を実際に遂行するレベルにおいても、民主主義体制の下では説明責任と透明性が要求され、ますますハードルが高くなっている。このような環境においては、イデオロギーに過剰に傾斜した、あるいは逆に対外的不関与を公言するような、「単純明快な外交・安全保障政策」を選択することで、かえって問題の解決を困難にしかねない。むしろ、アメリカは、手段と目的、そして優先順位を明確かつ柔軟性を持って設定しつつも、軍事力の行使を含めたリーダーシップを発揮できる「洗練された外交・安全保障政策」を展開していく意志と能力を示すことが求められているのではなかろうか。

（二〇一五年一二月三日脱稿）

＊本稿は、二〇一五年から二〇一六年にかけてフルブライト客員研究員として在外研究中に脱稿された。執筆にあたって、入江昭・ハーバード大学歴史学部名誉教授、およびハーバード大学ライシャワー日本研究所より多大なご協力をいただいたことを、心より感謝申し上げたい。

注

（1）National Intelligence Council, *Global Trends 2030: Alternative Worlds* (Washington, D.C.: Office of the Director of National Intelligence, 2012); Craig Cohen and Melissa G. Dalton, eds., *2016 Global Forecast* (Washington, D.C.: Center for Strategic & International Studies, 2015).

（2）President Barack Obama's Speech on Syria, September 10, 2013; *President Obama's National Security Strategy in 2015* (Washington, D.C.: The White House, February 2015), p. 4.

（3）最近のアメリカ政治・外交のあり方を批判的に論じた興味深い著作として、以下を参照のこと。Bret Stephens, *America in Retreat: The New Isolationism and the Coming Global Order* (New York: Centinel, 2014)［藤原朝子訳『撤退するアメリカと「無秩序」の世紀』ダイヤモンド社、二〇一五年］; Ian Bremmer, *Superpower: Three Choices for America's Role in the World* (New York: Portfolio Penguin, 2015); Colin Dueck, *The Obama Doctrine: American Grand Strategy Today* (Oxford: Oxford University Press, 2015); Richard N. Haass, *Foreign Policy Begins at Home: The Case for Putting America's House in Order* (New York: Basic Books, 2013); Joseph S. Nye, Jr. *Is the American Century Over?* (Malden, MA: Polity, 2015); 久保文明・中山俊宏・渡辺将人『オバマ・アメリカ・世界』（NTT出版、二〇一二年）、中山俊宏『介入するアメリカ――理念国家の世界観』（勁草書房、二〇一三年）、渡辺靖『沈まぬアメリカ――拡散するソフト・パワーとその真価』（新潮社、二〇一五年）。

（4）本稿の執筆に際して素材としたのは以下の論稿である。いずれも『フォーリン・アフェアーズ』所収の論稿である。Walter Russell Mead, "The Return of Geopolitics: The Revenge of the Revisionist Powers," *Foreign Affairs*, Vol. 93, No. 3 (May/Jun 2014), pp. 69-79; G. John Ikenberry, "The Illusion of Geopolitics: the Enduring Power of the Liberal

Order," *Foreign Affairs*, Vol. 93, No. 3 (May-June, 2014), pp. 80-90; Richard N. Haass, "Unraveling: How to Respond to a Disordered World," *Foreign Affairs*, Vol. 93, No. 6 (November/December 2014), pp. 70-[ii].

(5) G. John Ikenberry and Anne-Marie Slaughter Co-Directors, *Forging A World of Liberty Under Law: U.S. National Security in the 21st Century: Final Paper of the Princeton Project on National Security* (Woodrow Wilson School of Public and International Affairs, Princeton University, 2006); Melvin P. Leffler and Jeffrey W. Legro, eds., *To Lead the World: American Strategy after the Bush Doctrine* (Oxford: Oxford University Press, 2008).

(6) アイケンベリーが民主体制をとる注目すべき中進国として挙げている国々は、オーストラリア、ブラジル、インド、インドネシア、メキシコ、韓国、トルコなどの国々である。なお、ブラジル、インド、インドネシア、トルコに加えて、南アフリカ、アルゼンチンなどが、「中進国の罠」を脱却できるか否かが、民主体制の拡大と安定にとって重要であるという。

(7) George F. Kennan, "On American Principles," *Foreign Affairs*, Vol. 74, No. 2, (March 1995), pp. 116-126.

(8) 国際政治学者のジョセフ・ナイは、「アメリカの世紀」の終焉という議論に懐疑的である。アメリカの国力は、あくまで新興国の台頭によって相対的に低下していると見るべきで、そのソフト・パワーは未だ世界を引きつける魅力を十分持っており、今後特に人口動態の面でも優位性を保持しうると指摘している。Nye, *Is the American Century Over?*, p. 26, pp. 29-30, p. 34, pp. 74-77.

(9) 前述のブレマーも、今後アメリカが世界で例外的な役割を担うことはより困難となるため、世界にとって我が国の本当の価値とは何かを今こそ国内で再定義すべき時期が来ていると指摘しつつ、同じくアメリカの国内問題の解決に優先的に取り組むべきとしている。Bremmer, *Superpower*, pp. 198-204.

(10) Stanley Hoffmann, *Chaos and Violence: What Globalization, Failed States, and Terrorism Mean for U. S. Foreign Policy* (New York: Rowman & Littlefield, 2006), pp. 203-205.

(11) 拙著『ウィルソン外交と日本——理想と現実の間 1913-1921』(創文社、二〇〇六年)、三—七頁。

(12) David Milne, *Worldmaking: The Art and Science of American Diplomacy* (New York: Farrar, Straus and Giroux, 2015), pp. 466-467.

(13) Dueck, *The Obama Doctrine*, pp. 1-11, 241-247.

(14) Nye, *Is the American Century Over?*, pp. 5-6.

(15) アメリカ国内政治の分極化をめぐる諸相については、以下が詳しい。五十嵐武士・久保文明編『アメリカ現代政治の構図——イデオロギー対立とそのゆくえ』(東京大学出版会、二〇〇九年)、西川賢『分極化するアメリカとその起源——共和党中道路線の盛衰』(千倉書房、二〇一五年)。

〈コラム〉

ＩＳ問題と国家崩壊

北澤義之

イラクとシリア国境地域を中心に両国の主権の及ばない空間が広がっている。その中でＩＳが力と恐怖によって影響力を保っている。アメリカが中心となってイラク・シリア国内で二〇一五年六月までに五〇〇〇回数以上の攻撃を実施し、部分的な失地回復は見られるものの、一気に形勢を逆転するにはいたっていない。その間、犠牲者や難民は増え続けている。そもそもいくらイスラム教徒が主流の地域とはいえ、現代においてカリフ国の樹立を宣言しそれを力ずくで実現しようとする極端な行動がまかり通るのは、国家への信頼が失われ、絶望的な現状の変更をそれに託さざるを得ない住民が増えたことも一因である。

例えばイラクはバース党支配時代には、スンニー派を中心とする利益配分システムが存在していた。少数派に対しては飴と鞭の政策をとるか力でそれを抑えることが可能であった。しかし、イラク戦争後の利益分配はバース党時代の反動としてシーア派とクルド人が優遇される政治体制となった。新政府は少数派に転落した旧バース党員と多くのスンニー派住民を懐柔できず、あるいは力で抑えることもできなかった。他方、政府の主導権を握っているクルド人とシーア派がイラク社会で一体となることはなく、それは政治レベルでも同様であった。国家統合が弛緩したことに付け込んだのが、極端主義者であり、その一つがアルカーイダ系のルーツを持つＩＳ（イスラム国）であった。ＩＳはカリフの復活を宣言し、イスラム法の厳格な支配に基づくイスラム国家の確立と支配地域の拡大を目指している。

＊　＊　＊

多くの一般のイスラム教徒はもちろんＩＳの極端なやり方を支持していない。しかしＩＳが敵視する欧米の価値観や力の外交は、一九九〇年代以来、特にこの地域の多くの住民からの評判は芳しくない。かつての一方的価値に基づく十字軍のイスラム地域への侵略の歴史を連想させるのであろう。ブッシュ政権の反テロ戦争やイスラム教徒の過激派へのヨーロッパを中心とする社会的抗議のうねりは、暗に正しさや正義のおしつけと映るのである。欧米社会やそれと価値を共有している社会にとっては、この反十字軍的な認識は理解しがたいものかもしれない。それが新たな緊張や不信感の連鎖を生み出す。これを「文明の衝突」と片付けるのは簡単だが、そのような本質論的な世界観は絶望的な対立しか生み出さない。ＩＳの極端な行動を生み出した直接的な背景は、一九九〇年代以降、特に表面化した同地域の政治・経済の貧困であることを改めて想起し、ＩＳのような極端主義者による宗教の政治シンボル化と文明論的な正義と正義の対立をあおる状況を克服し、極端主義者の活動の場をなくす必要がある。そのためには、この問題に関して文明論的対立認識連鎖から脱却させ、ＩＳの排除という本来の目的に集中し、当該地域の社会の再統合を補助する役割が求められる。

終章　無《む》、間《あわい》、和《やわらぎ》——日本の思想の問いかけるもの

中谷真憲

1　言葉が消える先を見る、ということ

本書のもとになった共同研究は、日本の哲学、公共論、外交の間に、なんらかの橋を架け渡す、という意図をもって始められた。これはもとより無謀というほかない試みである。冷徹なリアリズムは外交にとってきわめて重要であり、十全な安全保障環境の構築は、軍事戦略面を直視しつつ、現実的かつ緻密に進めていかねばならない。一般的に言えば、哲学や市民生活感覚とは、あまりに離れた領域であるということになるだろう。

ただ、リアリズムとは、国ないしネーションの総体としてのありように関する、深い思索と結びつくことで、その奥行きを獲得するものではないのか。外交は時に、国やネーションの究極の意志を体現する。であれば、思想的な「根」をなんら持たず、市民社会の公共感覚からも完全に遊離した外交、というものは本来的に言ってありえず、維持もできない。

この思想ないし哲学が、まっすぐに外交を規定する、というのではない。哲学の認識論と、外交的決断との間

には、率直に言って巨大な距離があるだろう。しかし、大きな政治的決断であればあるほど、それはある種の哲学的感覚の消息を裡に秘めている。

これはたとえば保守思想と自主防衛路線の主張の結びつき等の、特定の政治家や政党が明確に主張するような、政治思想と政策との緊密な連関のことではない。外交がリアリズムであることを認めたうえでなおその奥に、この日本というネーションが歴史的現在に至るまでどこかで深く保持し続けているような、世界観や自然観、死生観の消息を尋ねてみる、ということである。

私たちは、その一つの例として第一部で西田幾多郎ら京都学派の「無」という思想を取り上げてみた。これは主体と客体によって截然と分かたれたデカルト的世界とは異なり、主客未分離の純粋経験そのものを成り立たしめるような「場所」を問題とする。それは、意識野が物事を対象化する時、その意識野と対象との関係そのものを超越しながら包み込むような「場所」であり、主客の区別を持たない「真の無の場所」である。

「有が有に於てある時、後者が前者を有つといふことができ、顕れた有が顕れない有に於てある時、前者は後者の顕現であり後者が働くといふことができるが、有が真の無に於てある時、後者が前者を映すといふの外はない。」

（西田幾多郎『全集（三）』四二九頁）

西田の言葉は難解だが、純粋経験の底に、物がただありのままの姿において映し出されている場を措定することの感覚に、日本人としての自然観になにがしか近いものを感じることは事実である。恣意的に認識する、ということを超えてただ「見る」とき、そこには「見られる」物も「見る」私も区別がない事態が現れる。意識からの「働き」かけを行わず、流れの中にうかぶ一本の葦をただ「見る」とき、私はその葦そのものであり、流れでもある。そしてその葦であり流れである私を成立せしめているなんらかの場を「無の場所」というのであれば、それはたしかに自己も世界も区別せず、すべてを包摂しているのである。この一瞬、言葉そのものは消失している。世界は意識的に理解されるのではなく、ただ開示されたのであり、なおまた、その世界は私と未分離である。あえて言えば、日本人は真理を、意識の「働き」として恣意的に「見る」のではなく、言葉を超えた先に求め、また、思惟の究極に自己そのものをも消失することにすら感覚的な親しみを持ってきたのではないだろうか。そして本来的には、このような感覚は、主体と主体が、互いに相手を操作可能な客体とみなして、ゼロサム的な主張のせめぎあいを繰り返すような、ロゴス優位の西洋的世界観とは、距離があるかに感じられる。

2 今日のグローバリゼーションと対立の世界

私たちは「無からの包摂」を手掛かりとして、ロゴスとロゴスの対立ではない形での世界理解の手がかりを得ようとした。日本の哲学が、言葉の消失していく先に、それでもなお真理を探求しようとしているのであれば、その「無」には何か豊かな可能性が秘められているのではないだろうか。

とはいえ、現実には、各国首脳が只管打坐《しかんたざ》し、心身脱落することで、国際会議が進むなどとても考えられるものではない。

ありえるとすれば、主客の分かち方そのものが対立を作り出している、その構造を問い直すこと、激しい主張と主張をぶつけあう二者を止揚するというよりも、その二者を成立せしめる「場」に降りたつこと、である。

これは無に立ち帰るということではない。主体を排棄することは哲学的、禅的には可能でも、政治世界に近づくほどにそれは不可能である。政治とは本質的に法的・制度的にまとまりを有した集団同士の言語ゲームであって、主体間の闘争である。しかし、何がその言語ゲームを成立させているかを考えることはできる。対立とは、なんらかの共通の場を有するがゆえに、対立として成立する。したがって、双方の「認識」が生み出される場そのものを問い直す視点をもつことは、つねに原理的に可能である。これはいずれか一方を責める、非難するということではなく、どのような場からそうした対立（時に融和）の関係性が出現してくるのかを考えるということである。この時、問いなおされるのは「主体」の自明性である。主体と主体が関係性をもつ、というよりも、場の上に現れ出る関係性の端と端に「主体」が表れるのである。

こうして私たちは、哲学から現実世界への足掛かりを探す中で、新たに「関係性」という視点を得た。言い換えれば、現実社会そのもののうちで、物を考える基点を「主体」ではなく「間」に求めること、としたのである。これが第二部となった。この視点はそのまま「公共する」ことそのものである。

＊　＊　＊

さて、この稿を書いている折にも、まさにこの「公共する」ことを厳しく求めねばならない事態が出来した。二〇一六年六月二三日の国民投票による、イギリスのEU離脱決定である。発足以来、拡大の一途をたどってきたEUにとって、はじめて参加国が縮小することとなる。また、アメリカ大統領選挙でも、「アメリカ・ファースト」を過激なまでに主張するトランプ氏の当選が決定している。一般にグローバリゼーションを主導してきたと見られるアングロサクソンの二大国がともに政治的な激震に見舞われたわけだが、どちらにおいてもネーションの乱暴なまでの分断状況が浮き彫りとなっている。

イギリスとアメリカはシティとウォール街という、世界に冠たる国際金融センターを有し、一九八〇年代以降、基本的には新自由主義色の強い経済政策と自由貿易政策の担い手であった。しかしいま、その二国こそがグローバル化の中での閉塞感にひどく苛まれていることが明白である。反移民感情、エスタブリッシュメントへの強い反感、そして国家主権の弱体化についての反発等は両国に共通する現象だろう。

ここには一つの大きな皮肉がある。冷戦後の一九九〇年代は、グローバル化とは、ほぼアメリカ化であるように見えた。あるいは、アングロサクソン型資本主義こそが世界の勝者、あるいは少なくとも最も強力な範例であるかに見えた。だが二〇一〇年代半ばの現地点から眺めてみれば、それは決してアメリカ国民やイギリス国民が世界の勝者となることを意味してはいなかったのである。中国国民もまた、勝者となることはないだろう。グローバリゼーションは、圧倒的な「所与の世界」であり、巨大で激しい海流のようなものである。いずれの国も、大きさの違いはあれど、その上を漂う船に過ぎない。

グローバル化のもたらす、知識や情報や市場へのアクセスの容易化が、根本的には万人にとってのチャンスを拡大する基盤を形成していることは間違いがない。途上国の若者が、ハーバード大学やスタンフォード大学の講義をオンラインで受講することも可能な時代である。EUのように人の移動の自由を保障したメガリージョンでは、さらによい勉学環境を求めて国を超えて進学したり、同じ技能職でも、故国よりもずっと実入りの良い他国での就職を目指すことが非常に容易である。高度な人的資本に依拠する先進産業においては、より開かれた人材市場から自由に人を採用できることで、閉じた人材市場しか持たない国の企業よりも、相対的に優位に立つこともできる。シティやシリコンバレーの成長は、高度な知識とチャレンジ精神を持つ移民人材抜きには考えられない。先進国の経済成長にとっては、高付加価値型産業、知識産業の発展が鍵を握るため、グローバリゼーションは人の移動の自由や外国からの投資に対してオープンな市場環境をもたらすものとして、積極的に推進せねばならない政策となる。つまり、自国を取り巻く「所与の世界」がすでにグローバル化している中、保護主義的な経済政策に偏重することは自殺行為であり、国として理性的にはより開かれた労働市場、資本市場、消費市場を追求するよりほかない。
他方、ブルーカラー層の多い労働集約型の産業や、高度な知識に立脚するのではない一般的な職においては、移民の流入は労働コストの切り下げ競争を意味する。そうでなくとも、労働者は他のより人件費の安い国への製造拠点移転の可能性や、他国の労働者との潜在的な競争圧力に常にさらされ、雇用の不安定化を日々感じることとなる。かくして安定していた見慣れた世界は消え、言語による意思疎通も不確かな「他者」と、労働空間や生活圏において隣接する中、ネーションのあり方が変容しつつあるという不安が増大していく。これは当該の国、社会のアイデンティティにかかわる問題であり、であれば多分にemotion（感情）の絡む問題でもある。

重要なことはかくして、グローバル化した世界においては、理性と感情の相克が不可避的に増大していく、という点である。念のため言えば、理性の側に従うことが常に正しいわけではない。世界はロゴスからのみ成り立っているのではない。

*　*　*

本書の第一部を受け直して述べれば、ロゴスだけでは届かない情意がたゆたう次元があり、それが人間の生きる現実である。ロゴスのみに依拠して世界を対象化することは、「図」だけを眺めているに等しく、そもそものロゴスがそうしたものとして言表されざるをえない根源についての洞察を欠く。

イギリスのＥＵ残留派の主張や、それを後押ししたオランド仏大統領らＥＵ政治家達のあやまりは、まさにこの狭い意味での理性への従属を知的で正しい態度と評して、離脱派の感情論を反知性主義のように見なした点にあった。これはむしろ離脱派の反発を招いていたのではないか。レイシズムや偏狭なナショナリズムをあおる言説ならともかく、労働空間や生活空間の変容を危機と感じる、その感情自体は決して反知性主義と同じではない。

経験主義的で漸進主義的と信じられてきたイギリス人が突然、反知性的な方向へと走ったかのように見られがちだが、そうではない。あえて言えば、ともにいくぶん視野の狭い、理性と感情が衝突したのだが、そうした知と情が同時に出現してくる、その仕掛けの方にこそ目を凝らすべきであったのである。残留派の理性も「図」であるが、離脱派の感情もまた「図」である。それはグローバリゼーションという「地」の上に必ず現れるものであって、だからこそ同じような理性と感情の宿命的な衝突が、他のEU諸国でも、そしてトランプ現象に示されるようにアメリカにおいても見られるのである。

この意味でグローバル化とは巨大なニヒリズムである。グローバル化（zation）という語が示すように、これは地球全体のネットワーク化に向かって半ば自動的に進む運動体であって、凝集性のある一個の法的、政治的制度のユニットによって統制されているのでもなければ、出自の明確なイデオロギーでもない。むろん、多国籍企業、IT産業、IMF、世界銀行、G7、G20といった主要なプレイヤーは存在するが、たとえばApple、Google、Facebook、Amazonのサービスを使うその一瞬ごとに、私たちはみなグローバリゼーションを後押ししているのである。

3　ポピュリズムに抗して

このグローバル化した世界は決して、自己と明確に切り離して対象化されるような客体とはならない。いや、第一部で示されているように、そもそも本質的に「世界」とは人間存在にとって対象的なものではない。ハイデッガーにならえば、客体としての世界があってその中に人間があるのではなく、人間としてのありよう自体が世界内存在である。しかしグローバル化による世界の変容が自己を圧倒するがゆえに、人はその世界を自己の外部にそびえたち、時に自己に襲い掛かる客体物とみなす。主体としての自己と、客体としての世界が分離され、自己のアイデンティティは世界とは別個に存在し、世界から独立して操作可能ななにものかとして意識される。それはなんらかの「一者」に自己を同定させる作業である。たとえば民族であり、宗教であり、そこまで偏狭でなくとも何らかの国民の伝統である。

イギリス人としての、アメリカ人としての、日本人としての、かつて存在した、ないし、かくあるべき別の一世界が措定され、その狭い世界と私との間が、一即一の関係にあると見なされる。しかし実際には自己もまた世界の一部であり、自分という「一」は「多」である宇宙（世界）と別のものではない。「華厳経」の論理でいえば一即多である。

問題は、現実から遊離して自らが切り出したある特定の世界と自己を短絡させる思考は、個々に断片的な世界観を拡散させるのみで、自己の存在の基底へと至ることもない、という点だろう。これらの分裂した世界観の間に、統合でなくともせめて対話は存在しうるのだろうか？

立ち止まって考えてみれば、私は世界と対立して存在しているのではない。私自身が、その世界によって作られるとともに、またその世界を作っているのである。そしてこのことは、哲学的な議論を離れたとしても、グローバル化した世界と私との具体的な関係において、非常によく妥当する。今日、人は皆、好むと好まざるとにかかわらず、グローバル化のゲームに参画しているプレイヤーであって、その恩恵にしろ矛盾にしろ、免れているものは誰もいないのである。認識のみならず行為において、主体と客体が判然としない主客未分離のグローバル化の現実が不断に進行する中、そうした現実を「見る」とは、自己が生み出され、また生み出しているこの全体世界を直観する、ということである。これは世界の矛盾そのものを、自己の矛盾としても直観することであり、この直観をあらためて反省する意識の働きも生まれるだろう。この時はじめて現実に対する自己の責任が自覚されるのではないか。

＊　＊　＊

筆者には難解な西田哲学を論じる能力はなく、その言葉に触発されて今日の政治世界を論ずることしかできない。が、この「見る」という行為が成立するためには、「見る」自己をも包摂している真の「場所」が必要だろう、と理解する。それが「無の場所」ということであれば、この「無の場所」から考え直すことこそが、複雑な世界の現実とその世界そのものでもある自己を直視し、そこから逃げない、ということにつながるのではないだろうか。このとき、自己は矛盾したままにおいて理解される、総体としてのなにものかである。

輻輳する矛盾の総体としての自己を意識し、世界に対する自己の責任を自覚する人間は、おそらくグローバリゼーションに盲従的でもなければ、偏狭なナショナリズムからも遠いだろう。自己と世界を、自国と他国を対立的にとらえるのではなく、自己の矛盾も互いの矛盾も包摂したまま住まうことができる世界をつくること。明確な一者と一者、ないし有と有が対峙、対立する世界ではなく、矛盾に満ちた自己と世界のありようを深く自覚することで、無からそのいずれをも包摂していくこと。こうした日本的思惟の型が、アングロサクソン諸国もが陥ったグローバリゼーションの罠を超えていくためにも、いま静かに必要とされているのかもしれない。彼らの失敗は、自己が必ずその恩恵も受け罪をも背負わねばならない今日のグローバル化した世界の本質的問題を、その問題に付随するに過ぎない論点と取り換え、あまつさえ単純な二項対立の構図に仕立てて、激しい対立を煽ったことにある。ポピュリストは必ず、世界を対立の構図でとらえる。間《あわい》から考える、間《あわい》を紡ぎ直す、そうした思考はポピュリズムからもっとも遠いものである。

4　そして、「和《やわらぎ》」へ

トランプ現象にせよ、ＥＵ離脱・残留論にせよ、私たちは、日々の生活の問題が、大きな外交問題に仮託して語られたことに注意しておかねばならない。メキシコ移民を追い出し、中国製品に高い関税をかけ、在日米軍の駐留費をすべて日本に負担させることが、アメリカの生活空間を再建するかのような語り口は、世界がアメリカを必要とするだけでなく、アメリカが世界を必要としている、そうした相互依存性と複層性を乱暴に切り捨てている。イギリスとＥＵとの関係も同様である。

ＥＵ残留をめぐる国民投票では、ロンドンと若者層が残留に七割以上の賛意を示し、地方と高齢層では離脱派が圧倒したことが知られている。これは疲弊した地方が、ＥＵに、グローバル化に反対した、ということなのだろうか。

たしかにグローバル資本主義のインサイダーとアウトサイダーで賛成反対が明確に分かれたのは事実である。ただしこれは、生活空間の再建の問題、不可避的にグローバリゼーションの進む世界と地方との関係をどう結び直すべきか、という根本的イシューが、ＥＵに賛成か反対かという大雑把な二者択一的対立軸に乗っ取られ、争点が国家外交の問題へとずらされた、その結果である。

争点がひとたび単純化され、外交問題の層に上げられてしまえば、「間」の思考はしばしばいかにも弱体である。「間」から見る世界は、実際に自己が日々生きていく社会に根を下ろして、プレイヤーの間にひとつひとつ信頼を築き上げていくものであるから、争点の単純化とはそもそもかみ合わない。

したがって私たちは、いったん成立した外交問題については、「間」だけではなく別の思考態度をもって考えるのでなければ、結局のところは、言葉のみが激しあうロゴスとロゴスの対立の世界から抜け出すことはできないだろう。

もっとも、やっかいなことだが、ポピュリストが無知な大衆を先導する、ということが最大の問題なのではない。あるロゴス的な正しさ、すなわちある言説的正しさと、別の言説的正しさが、どちらも自己の正しさを確信するがゆえに、感情的対立を激化させていく、という点が問題なのである。乗り越えることのできない深刻な対立は、むしろ正義と正義の間に生じるのであって、善と悪の間に生じるのではない。

私たちはひとまず、こうした対立の激化とは、ロゴスそのものに由来し、やがて感情に飛び火する構造的なものと押さえておいた方がよいだろう。ＥＵ残留派の女性議員が実際に暗殺もされている悲劇は、ある種、ロゴスの対立から生まれる構造的な病なのである。そう認識しておくことで、私たちはつねに「正しさ」が解決なのではない、ということを、「自覚」しておくことができる。とくに、争点が宿命的に単純化されやすい、国家間外交においてこれは重要である。互いの「正しさ」を互いの矛盾のままに包摂するようなあり方への模索をつねに意識化しておくこと、そうした精神的態度こそが、リアリズムの中でも求められるべきではないのか。

こうした精神的態度を私たちは「和《やわらぎ》」と表現することにした。第三部の主題である。外交は「力」対「力」、「ロゴス」対「ロゴス」に尽きるものではない。戦略的な優位を目指し、国際的な討議の場においては、国家としての主張を冷静に展開すること。これはむろん徹底して必要である。しかしその底には、相手を完膚なきまでに叩きのめし屈服せしめるような対立の思想ではなく、「正しさ」がぶつかりあう哀しさを自覚し、自他を包摂していく場を創り出すような「和《やわらぎ》」の思想が要るのではないか。

あえて言えば、筆者が考える、正しさがぶつかりあう世界の哀しさ、とは「無常」の別の表現である。自己の主張があり、自己の正しさを信じようとも、その自己もまた、自他を包み込む流れの中に没し、流れそのものに一体化してやがて消えゆく。しかし、そのうたかたの世界であるからこそ、「生命」が輝くのである。

互いに呼応しながら川の流れの中で明滅する蛍と蛍のように、日本人にとって世界とは、主体と主体、ロゴス対ロゴスというよりは、主客なき「生命」がそこここに生まれ、交歓し、明滅する場なのである。ロゴスとパワーによって支配される世界にあってなお、日本人は、敗者を神とし、小さな滝にも神性を見る、そうした感性を捨ててはいない。神が人にとっての絶対的な客体である西洋的世界観とは異なる感性である。

* * *

敗者も含め、やがてすべてが無のもとに包摂されていくようなこの世界観は、正しさと正しさが争う息苦しい世界、生きづらい世界に、和らぎを与える。

ロゴス的争いは、弁証法的対立およびその止揚として、決着を見ることとなるが、そうした論理的克服とはまた異なる道がここにはあるのかもしれない。

対立ではなくまず相手を受容してみること、自らをも否定して、「無の場所」から考え直してみること、これは止揚ではなく、自他共の基底に降りてみることで得られる、とらわれなき自由の感覚に通じている。

外交の目的は、相手を完璧にやりこめることにあるのではない。正しさと正しさがぶつかりあう哀しさを自覚したうえで、問題を生じさせている場それ自体を徹底的に考えぬき、双方を包摂する場をあらためて見いだすことにある。争点を無理に単純化すること、矛盾を完全に取り除くことは、ロゴスとしての整理、解決であって、それのみに頼ることは、心をもつ人の生きる世界、「生命」の明滅する世界を窒息させる可能性がある。

私たちが日本の思想から汲みだすべきは、そうした対立的世界ではない。「無《む》」と「間《あわい》」を根底的に意識することでえらえる「和《やわらぎ》」の世界なのである。

参照文献

『西田幾多郎全集』岩波書店（二〇〇二年―二〇〇九年）
小林敏明『西田幾多郎の憂鬱』岩波書店、二〇一一年
柄谷行人『日本精神分析』講談社学術文庫、二〇〇七年
東郷和彦『危機の外交』角川新書、二〇一五年

謝辞

本書作成の経緯は、序文「本書はいかにして書かれたか」に詳述したとおりである。私たちは、二〇一二年に研究を思い立って以来、三回のセミナーと一回のシンポジウムを開催しつつ、研究をすすめた。

本書の編者としては、最終的に二〇名という形で本書の著述に参加していただいた各位に、まずは感謝申し上げたい。さらに、上述の一連の会議では、その他に多数の内外の研究者の参加をえて真剣な議論がくりかえされた。二〇名以外の参加者全員をここに紹介する余裕はないが、京都産業大学外から参加され、主要な発表・意見表明をされた方を御紹介し、謝意に代えたい。

第一回セミナー（二〇一三年三月二九日）「現代日本の〈世-界〉理解の問題――日本思想（京都学派）の可能性」

遊佐道子在米ワシントン大学教授、美濃部仁明治大学教授、岡田勝明姫路獨協大学教授、大熊玄立教大学准教授（西田記念哲学館）、松本直樹京都府立医科大学講師、香西克彦京都建築専門学校講師

第二回セミナー（二〇一四年三月一四日・一五日）「アジアにおける〈普遍〉思想のゆくえ――儒教の再考と日本思想（西田哲学）」

崔相龍高麗大学教授、呉光輝厦門大学教授、寥欽彬国立台湾師範大学助理教授、張政遠香港中文大学講師、林永強東京大学准教授

第三回セミナー（二〇一五年三月一三日及び一四日）「「日本という場所」からの「世界」思想の探求」

安部浩京都大学大学院人間・環境学研究科教授

シンポジウム（二〇一六年三月二六日）「「日本の普遍性」を問う――「見るもの」から「働くもの」へ」

大橋良介・日独文化研究所長、川勝平太静岡県知事

本書の出版は、藤原書店の積極的な協力なくしてはまったくできなかった。全く違った学問分野の研究者によって書かれ、よしやその達成しようとする目的は天をつくものであっても、本という形にするには多くの困難が予想される中で、欣然として出版にふみきってくださった藤原良雄社長には、感謝の言葉もなく、深く敬意を表明するものである。さらに、緻密な編集事務のすべてを担当していただいた山﨑優子氏の献身的な努力なくして本書が世に出ることは無かった。改めて深く感謝の意を表明したい。

最後に、本書の出版に当たり、大学の規定に従った出版補助を頂戴した京都産業大学に対し、また、本研究を推進するにあたって問題点克服のための貴重なアドバイスをいただいた大学研究機構の各位に感謝の気持ちを表明したい。

二〇一六年一一月二三日

東郷和彦
森　哲郎
中谷真憲

ロー・ダニエル（Roh Daniel） 1954年ソウル生。マサチューセッツ工科大学政治経済学博士。香港科技大学助教授、中国人民銀行客員教授などを経て、コンサルティング業に携わる。アジアリスクモニター㈱代表取締役。著書に『竹島密約』（草思社）、『地政心理で語る半島と列島』（藤原書店）等。

高原秀介（たかはら・しゅうすけ） 1968年大阪府生。神戸大学大学院法学研究科博士後期課程修了。博士（政治学）。京都産業大学外国語学部教授。アメリカ外交史、日米関係史。著書に『ウィルソン外交と日本』（創文社）等。

北澤義之（きたざわ・よしゆき） 1956年岩手県生。東京外国語大学卒業。同大学院地域研究科修了。ヨルダン日本大使館専門調査員。1994年京都産業大学講師。2004年同教授。著書に『アラブ連盟』（山川出版社）等。

金泰昌（キム・テチャン）　1934年韓国清州生。1957年延世大学校政治大学政治外交科卒業。国立忠北大学校行政大学院院長。「東洋日報」企画東洋フォーラム主幹。政治学。『公共哲学』全20巻（共編、東京大学出版会）等。

岑智偉（シン・ジエ）　1961年中国上海生。京都大学大学院経済学研究科博士後期課程単位取得満期退学。京都大学経済学博士。京都産業大学経済学部教授。マクロ経済学。論文に「Rent − Seeking活動を伴う公的支出による成長モデル」（京都大学『経済論叢』）、「国際関係のカタストロフィー現象とその解釈」（京都産業大学『世界問題研究所紀要』）等。

焦従勉（ジャオ・ツォンミィエン）　1969年中国河北省生。京都大学大学院人間・環境学研究科修了、博士（人間・環境学）学位取得。京都産業大学法学部教授。環境ガバナンス論、公共政策学。著書に『日中通商交渉の政治経済学』（京都大学学術出版会）、共著に『比較環境ガバナンス——政策形成と制度改革の方向性』（ミネルヴァ書房）等。

植村和秀（うえむら・かずひで）　1966年京都府生。京都大学法学部卒業。京都産業大学法学部教授。政治思想史・ナショナリズム論。著書に『日本のソフトパワー』（創元社）、『ナショナリズム入門』（講談社）等。

中西 寛（なかにし・ひろし）　1962年大阪府生。京都大学大学院法学研究科修士課程修了。法学修士。京都大学公共政策大学院教授（法学研究科兼担）。国際政治学。著書に『国際政治とは何か——地球社会における人間と秩序』（中公新書）、共著に『国際政治学』（有斐閣）、共編著に『高坂正堯と戦後日本』（中央公論新社）等。

滝田 豪（たきだ・ごう）　1973年大阪府生。京都大学大学院法学研究科博士後期課程単位取得満期退学。京都産業大学法学部教授。中国政治。共著書に『ポピュリズム・民主主義・政治指導』（ミネルヴァ書房）、『中国における住民組織の再編と自治への模索』（明石書店）等。

王 敏（ワン・ミン／おう・びん）　中国河北省承徳市生。大連外国語大学卒、四川外国語大学大学院修了、人文科学博士（お茶の水女子大学）。法政大学教授。日中比較文化。現代中国における最初の賢治翻訳及び賢治研究、作家。著書に『日本と中国』（中公新書）等。

執筆者紹介

秋富克哉（あきとみ・かつや）　1962年山口県生。1991年京都大学大学院文学研究科博士後期課程満期退学。京都工芸繊維大学教授。哲学。著書に『芸術と技術　ハイデッガーの問い』（創文社）、共編著に『ハイデガー読本』（法政大学出版局）等。

ロルフ・エルバーフェルト（Rolf Elberfeld）　1964年生。哲学、日本学、中国学、宗教史をヴェルツブルグ、ボン、京都の大学で履修。ヒルデスハイム（Hildesheim）大学・哲学教授。間文化哲学。著書に『Moderne japanische Philosophie und die Frage nach der Interkulturalität（近代日本哲学と間文化哲学）』（Amsterdam）等。

氣多雅子（けた・まさこ）　1953年静岡県生。1982年京都大学大学院博士課程満期退学。京都大学大学院教授。宗教哲学。著書に『ニヒリズムの思索』（創文社）『西田幾多郎「善の研究」』（晃洋書房）等。

ブレット・デービス（Bret W. Davis）　1967年米国カリフォルニア州生。ヴァンダービルト大学大学院（Vanderbilt University）哲学科博士課程修了、2001年博士号。哲学。米国のロヨラ・メリーランド大学（Loyola University Maryland）哲学科教授。著書に『Heidegger and the Will: On the Way to Gelassenheit（ハイデッガーと意志——放下への道）』（Northwestern University Press）等。

福井一光（ふくい・かずてる）　1948年神奈川県生。バーゼル大学大学院哲学・歴史学科博士課程修了（哲学博士）。鎌倉女子大学学長。哲学、比較思想。著書に『ヒューマニズムの時代』（未來社）、『哲学と現代の諸問題』（北樹出版）、『人間と超越の諸相』（理想社）等。

川合全弘（かわい・まさひろ）　1953年大阪府生。1983年京都大学大学院法学研究科博士課程単位取得満期退学。1983年京都産業大学法学部講師、1994年同教授。ドイツ政治思想史。著書に『再統一ドイツのナショナリズム——西側結合と過去の克服をめぐって』（ミネルヴァ書房）等。

小倉紀蔵（おぐら・きぞう）　1959年東京都生。1995年ソウル大学哲学科博士課程単位取得退学。京都大学大学院人間・環境学研究科教授。著書に『創造する東アジア』（春秋社）、『朱子学化する日本近代』（藤原書店）、『韓国は一個の哲学である』（講談社）等。

編著者紹介

東郷和彦（とうごう・かずひこ）　1945年長野県生。東京大学教養学部卒業、外務省に入省。2002年退官。2009年ライデン大学人文博士。2010年より、京都産業大学教授・世界問題研究所長。国際政治論。著書に『北方領土交渉秘録』（新潮文庫）、『危機の外交』（角川新書）等。

森 哲郎（もり・てつろう）　1950年金沢市生。京都大学大学院文学研究科博士後期課程満期退学。京都産業大学文化学部教授。宗教哲学。編著『世界史の理論』（燈影舎）、共編著『禅と京都哲学』（燈影舎）、共著『禅と現代世界』（禅文化研究所）等。

中谷真憲（なかたに・まさのり）　1969年長崎県生。京都大学大学院法学研究科博士後期課程単位取得満期退学。京都産業大学法学部教授・NPO法人グローカル人材開発センター事務局長。市民社会論、公共政策、フランス政治史、政治社会学。編共著に『覇権以後の世界秩序』（ミネルヴァ書房）、『市民社会と市場のはざま――公共理念の再生に向けて』（晃洋書房）等。

日本発《にほんはつ》の「世界《せかい》」思想《しそう》 ――哲学《てつがく》／公共《こうきょう》／外交《がいこう》

2017年1月30日　初版第1刷発行 ©

編著者　東郷和彦
　　　　森 哲郎
　　　　中谷真憲
発行者　藤原良雄
発行所　株式会社 藤原書店

〒162-0041　東京都新宿区早稲田鶴巻町523
電　話　03（5272）0301
FAX　03（5272）0450
振　替　00160-4-17013
info@fujiwara-shoten.co.jp

印刷・製本　中央精版印刷

落丁本・乱丁本はお取替えいたします
定価はカバーに表示してあります

Printed in Japan
ISBN978-4-86578-107-6

一人ひとりから始める

「自治」をつくる

〈教育再生／脱官僚依存／地方分権〉

片山善博・塩川正十郎
粕谷一希・増田寛也・
御厨貴・養老孟司

「自治」とは、狭義の地方自治にとどまらない。一人ひとりが、自分の生活を左右する判断を引き受けて、責任をもって参加すること。そのために、今なにが求められているのか？　気鋭の論者が集結した徹底討論の記録。

四六上製　二四〇頁　二〇〇〇円
（二〇〇九年一〇月刊）
◇978-4-89434-709-0

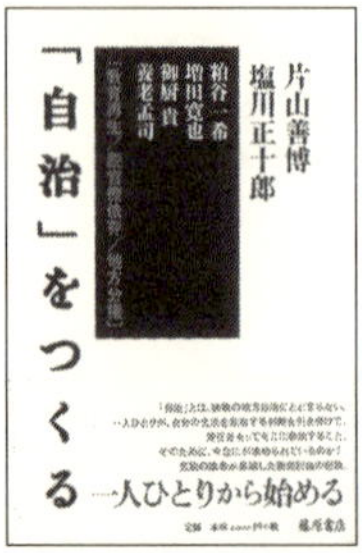

二十一世紀日本の無血革命へ

新しい「日本のかたち」

〈外交・内政・文明戦略〉

武者小路公秀編

川勝平太・姜尚中・榊原英資・
武者小路公秀

外交、政治改革、地方自治、産業再生、教育改革…二十世紀末から持ち越された多くの難題の解決のために、気鋭の論客が地方分権から新しい連邦国家の形成まで、日本を根底から立て直す具体的な処方箋と世界戦略を提言。

四六並製　二〇八頁　一六〇〇円
（二〇〇二年五月刊）
◇978-4-89434-285-9

西欧近代の裏面史を浮彫る

ナショナリズム・反ユダヤ主義・ファシズム

M・ヴィノック
川上勉・中谷猛監訳

西欧精神の土壌に脈打つ反ユダヤ主義とナショナリズムの結合の産物としてのファシズムに迫る。三二〇点の写真・関連年表等を附した決定版大鑑。

菊上製　五九二頁　六六九九円
（一九九五年四月刊）
◇978-4-89434-013-8

NATIONALISME, ANTISÉMITISME ET FASCISME EN FRANCE　Michel WINOCK

歴代政治家が思わず洩らしたことばの数々

政治家の胸中

〈肉声でたどる政治史の現場〉

老川祥一

岸信介、佐藤栄作、田中角栄、三木武夫、福田赳夫から小泉純一郎まで約四十年、戦後政治の激変期の中で、第一線の政治記者として著者が間近に接してきた政治指導者の肉声から迫る、政治家の器量と、政治の真髄。前首相官邸写真室長による貴重な写真も多数収録。

四六上製　三五二頁　口絵一六頁　二八〇〇円
（二〇一二年九月刊）
◇978-4-89434-874-5

市民活動家の必読書

NGOとは何か

〈現場からの声〉

伊勢崎賢治

アフリカの開発援助現場から届いた市民活動（NGO、NPO）への初のラディカルな問題提起。「善意」を「本物の成果」にするために何を変えなければならないかを、国際NGOの海外事務所長が経験に基づき具体的に示した、関係者必読の開発援助改造論。

四六並製　三〇四頁　二八〇〇円
（一九九七年一〇月刊）
◇978-4-89434-079-4

一日本人の貴重な体験記録

東チモール県知事日記

伊勢崎賢治

練達の"NGO魂"国連職員が、デジカメ片手に奔走した、波瀾万丈「県知事」業務の写真日記。植民地支配、民族内乱、国家と軍、主権国家への国際社会の介入……。難問山積の最も危険な県の「知事」が体験したものは？

写真多数

四六並製　三二八頁　二八〇〇円
（二〇〇一年一〇月刊）
◇978-4-89434-252-1

国家を超えたいきかたのすすめ

NGO主義でいこう

〈インド・フィリピン・インドネシアで開発を考える〉

小野行雄

NGO活動の中でつきあたる「誰のための開発援助か」という難問。あくまで一人ひとりのNGO実践者という立場に立ち、具体的な体験のなかで深く柔らかく考える、ありそうでなかった「NGO実践入門」。

写真多数

四六並製　二六四頁　二二〇〇円
（二〇〇二年六月刊）
◇978-4-89434-291-0

雇用創出と災害復興への道

サードセクター

〈「新しい公共」と「新しい経済」〉

A・リピエッツ
井上泰夫訳＝解説

市場とも、政府とも異なる「新しい公共」、「新しい経済」として期待されている社会的企業、ソーシャル・ビジネス、NPO法人。だが、その理念や方法論は極めて曖昧だった。これらを「サードセクター」として再定義し、新たな需要に応えると同時に、新たな雇用を創出するその意義を説く。

四六上製　二九六頁　三〇〇〇円
（二〇一一年四月刊）
◇978-4-89434-797-7

POUR LE TIERS SECTEUR　Alain LIPIETZ

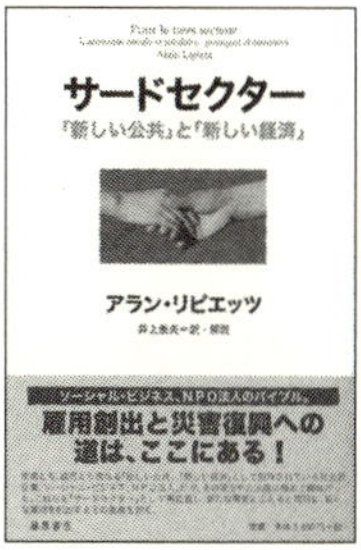